中国创新创业教育大事记

（1978~2018）

The Chronicle of
Innovative Entrepreneurship Education in China (1978-2018)

王占仁 / 主编

社会科学文献出版社
SOCIAL SCIENCES ACADEMIC PRESS (CHINA)

目　录

绪　论

当今，在国家的大力推动下，大众创业、万众创新已经深入人心，创新创业已经成为国民经济和社会发展的动力引擎，作为培养创新创业人才的创新创业教育也得到了全社会前所未有的重视。但是，由于社会上多数人对创新创业知之甚少，只有从历史上把中国创新创业教育的来龙去脉说清楚才能够从根本上廓清一些理论和实践中存在的问题。编写《中国创新创业教育大事记》就是要从纵向上对中国创新创业教育的演进历程进行系统梳理，对中国创新创业教育的本土创造、“六年研究”和实践创新进行“鸟瞰式”的巡礼，整体纵贯了1978年以来的40余年历史，在此基础上科学研判中国创新创业教育的发展趋势，以期以史鉴今，述往思来。

一　中国创新创业教育的本土创造

改革开放40余年来，随着我国经济社会的飞速发展和全球化进程的不断加快，创新创业在驱动国家发展、促进经济提质增效升级过程中愈加发挥重要作用。从教育与经济社会发展的互动来看，大力发展创新创业教育，是教育在知识经济时代主动迎接经济变革的必然选择，更是教育自身改革与发展的客观要求。经过40余年的发展，我国创新创业教育领域已取得一定成效。纵向对比其在发展进程中的不同特点，总结历史经验，不仅能找准现实问题，提高创新创业教育质量，而且有利于把握未来发展的方向，推动创新创业教育更全面深入的开展。

第一，创新创业教育的政策环境基础。

1978年起我国陆续出台政策文件，从“国有经济和集体经济的必要补充”[①]，到“公有制经济的必要补充”[②]，赋予个体经济“合法的权利和利益”[③]，分层次支持和发展私营经济。1988 年宪法修正案“允许私营经济在法律规定的范围内存在和发展”，承认非公有制经济的合法性地位，创业活动也逐步得到认同。教育体制改革促进创业活动由被动向主动演化。1978 年，邓小平强调“整个教育事业必须同国民经济发展的要求相适应”[④]。1985 年，《中共中央关于教育体制改革的决定》指出，“教育必须为社会主义建设服务，社会主义建设必须依靠教育”[⑤]，宣告教育要摆脱单一知识提升的框架束缚，与国家建设接轨。同时，就业分配制度从“统包统配”向多元化和市场化发展[⑥]，创业作为一种就业新出路逐步为人们所关注。

第二，中国创业教育的历史发端。

中国创业教育发端于 1988 年，直接榫接创造教育，是本土创造而不是“舶来品”。

关于中国创业教育的历史发端主要有两种说法。第一种认为中国创业教育发端于 1989 年。多数学者认为联合国教科文组织 1989 年 11 月在北京召开的“面向 21 世纪教育国际研讨会”通过的《学会关心：21 世纪的教育——圆桌会议报告》，提出了“创业教育”的概念。[⑦] 第二种认为中国创业教育发端于 1990 年，将中国成为联合国教科文组织创业教育课题成员，原国家教委组织五省一市参加亚太地区“提高青少年创业能力的教育改革合作项目”作为其历史发端的标志。[⑧] 对于这两种观点，本书认为值得重新

---

① 《国务院关于城镇非农业个体经济若干政策性规定》（国发〔1981〕108 号）。

② 《中共中央、国务院关于广开门路，搞活经济，解决城镇就业问题的若干决定》（中发〔1981〕42 号）。

③ 中共中央文献研究室编《十二大以来重要文献选编》（上），人民出版社，1986，第 20 页。

④ 《邓小平文选》第 2 卷，人民出版社，1994，第 107 页。

⑤ 《中共中央关于教育体制改革的决定（一九八五年五月二十七日）》，《人民日报》1985 年 5 月 29 日，第 1 版。

⑥ 《中共中央关于教育体制改革的决定（一九八五年五月二十七日）》，《人民日报》1985 年 5 月 29 日，第 1 版。

⑦ 赵金华、孙迎光：《中国高校创业教育研究 22 年回顾与启示》，《现代教育管理》2012 年第 11 期。

⑧ 刘海涛、贾万刚：《“中国创业教育二十年”引论》，《安徽理工大学学报》（社会科学版）2011 年第 4 期。

审视和思考。主要原因是在此之前以胡晓风[①]为代表的中国学者已经明确提出并深刻阐释了创业教育的思想，同时在这一思想的指导下开展了一定范围的创业教育试验。本书利用目前收集到的相关文献[②]，经过深入细致的考证，认为中国创业教育的概念在1988年由胡晓风提出。

一是胡晓风撰写的《创业教育的由来》一文记载："创业教育是近十年来吸收全国各地研究陶行知的成果并结合四川的实际于1988年3月16日提出来的。"[③] 在创业教育思想指引下，四川省合川县以深入开展"生活教育整体试验"为契机，将各级各类教育均纳入试验范围，进行了广泛的创业教育实践。在胡晓风的积极推动下，创业教育得到四川省委省政府主要领导的高度重视和大力支持，广泛深入地开展了教育试验。二是四川省陶行知研究会（以下简称"四川陶研会"）在总结回顾十五年来的工作经验时详细记载了这一过程："胡晓风同志向省委、省政府提出关于开展创业教育试验报告，认为它是生活教育在现阶段的运用和发展。1988年5月，得到省委、省政府领导的重视和大力支持。认为这种新构想'很有道理'，'贵在试验示范'，并指示成立'创业教育指导小组'进行试验，由省教委主其事，四川陶研会和四川生活教育社协助具体实施。"[④] 合川县以深入开展"生活教育整体试验"为契机，将各级各类教育均纳入试验范围，"创业教

① 胡晓风，男，湖北武汉市人。1938年4月加入中国共产党并参加革命工作，曾任四川省文教办副主任，中共四川省委宣传部副部长兼省高教局局长、党组书记，中共四川省委宣传部顾问，中共四川省顾问委员会委员等职务；北京体育学院、四川师范学院、教育学院等校兼职教授；中国陶行知研究会副会长，四川生活教育社社长，四川陶行知研究会、教育学会、创造学会名誉会长。专著有《体育研究文集》《教育研究文集》《大体育观》《创业教育——教育整体改革的新构思》《陶行知教育思想与合川教育整体改革》《创业教育论集》。担任《陶行知全集》10卷特邀主编，第11、12卷主编。于1993年1月离职休养，2012年在成都逝世。

② 相关文献参见胡晓风《教育研究文集》，四川教育出版社，1989；胡晓风《创业教育——教育整体改革的新构思》，四川教育出版社，1989；胡晓风《创业教育论集》，四川教育出版社，1995；合川生活教育整体改革领导小组《陶行知教育思想与合川教育整体改革》，四川教育出版社，1991；张均风、梁斌《创业教育在合川》，西南师范大学出版社，2001；四川教育学院编《关于创业教育——创业教育研讨班教学参考资料之三》；衡超伦、夏力耘《创业教育教学纲要讲义》，绵阳市陶行知研究会、绵阳创业学院，1994年8月。

③ 胡晓风：《创业教育的由来》，载《创业教育论集》，四川教育出版社，1995，第312～319页。

④ 《学习·研究·实验·创新——四川陶研会十五年工作回顾》，《中国陶行知研究基金会会讯》1995年12月15日。

育实验扩展为全社会的经科教结合，农村的农科教结合，普教的德智体结合的大型试验”[①]。三是创业教育试验于 1988 年 3 月在四川省合川县启动，经过 3 年初期准备之后，于 1992 年正式在全县（1992 年撤县建市）展开。试验主体范围包括“职前”和“职后”两个教育周期。通过开展创业教育试验，合川教育工作的重心逐步转移到提高民族素质、满足社会和人生需要的轨道上来，教育的整体水平得以提高，中介作用得以发挥，对振兴地方经济发挥了越来越大的作用。

第三，胡晓风创业教育思想的主要内容。

一是阐释创业教育的概念。首先，创业教育是一种新的教育模式。“在于把家庭教育、学校教育、社会教育融为一体，并以学校教育为主体，建构教育的整体。”[②] “进行人生志在创业、向着创造生活前进的教育。”[③] 其次，创业教育是一种新的教育理论。“创业教育以培养合理的人生为宗旨”，“创业教育就是培养人生志在创业的创造教育，就是构建合理的人生的教育，或者说是提高人生质量的教育”，“是在人生历程中进行创造和职业相结合的教育”，“创业教育是整个生活的教育”。[④] 最后，创业教育是深化教育改革的新措施。创业教育是立足社会主义初级阶段的实际情况，解决教育为经济建设服务问题的具体措施。通过开展创业教育活动，“培养青少年具有与社会主义生活方式相适应的生活能力和从事一定职业的劳动能力”，即“青少年的创造思维得以充分发挥……为社会创造新的知识”，发展生产力。

二是阐释创业教育的内容。从民主教育、全民教育、全面教育、终生教育四个方面进行了阐释。民主教育就是将民主作风融入教育的全过程，全面普及、立体普及。相信和尊重受教育者，为受教育者个性发展营造良好的环境氛围，实现各尽所能、各学所需、各教所知、各得其所。全民教育旨在提高全民族的文化素质，使“人人都是教育者，人人都是受教育

---

① 衡超伦：《创业教育教学纲要讲义》，绵阳市陶行知研究会、绵阳创业学院，1994，第 1 页。

② 胡晓风：《向着创造生活前进的创业教育》，载《陶行知教育思想与合川教育整体改革》，四川教育出版社，1991，第 15 页。

③ 胡晓风：《向着创造生活前进的创业教育》，载《陶行知教育思想与合川教育整体改革》，四川教育出版社，1991，第 4 页。

④ 胡晓风、姚文忠、金成林：《创业教育简论》，《四川师范大学学报》1989 年第 4 期。

者”，“创业教育首先要针对时弊解决学有所用问题”，只有这样，教育才能为振兴经济和社会进步服务。全面教育是创业教育的基础和核心，是全面发展的教育，包括智力和体力的全面发展，教育内容的全面性（学政治、学经济、学文化相结合），人的自由、全面、和谐发展的全面性。终生教育以“众人养成一种继续不断的共同求进的决心”为目标，使教育过程贯穿人的一生，使教育与生活完整地结合起来。按照整个人生历程将教育分为初始教育、职业教育和继续教育三个周期，形成闭环教育圈。[①]

三是阐释创业教育的功能。首先是培植生活力。有效地征服自然、改造社会，构建与社会发展相适应的生活方式的能力就是生活力。教育是以社会的全面发展为目的，促进全社会共同构建社会主义的生活方式。生活教育以“事”为中心，教学做合一以“做”为目的，其内在根据都是为满足“需要”而做事。“需要”是培植生活力的“接口”。其次是培养劳动力。把劳动实践作为人生定向流程的最重要内容，使受教育者有自主构建良好的劳动生活方式的能力。人的劳动方式表现为职业生活方式，即在一定职业岗位上的劳动生活方式。适合个性发展的职业就是一个人的事业。“只有通过劳动实践才能实现自己的人生目的”[②]，职业与事业吻合则相互促进，反之会相互妨碍，处理好职业与事业的关系对受教育者的协调发展至关重要。最后是发挥创造力。创造是什么？创造是一种社会需要，只有赋予人的一切活动以创造性，社会才能发展。教育者的着眼点不在于创造某种实在的东西，而在于通过创造出来的事和物，懂得和理解自我塑造的过程和规律，并自觉贯彻终生。为什么要创造？最重要的是通过创造活动形成创造意识，使受教育者具有创造精神。将创造力和劳动力结合起来，使实践活动的结果具有新颖性、先进性和应用性，即达到前所未有、具有先行先导作用且可通过实践验证的效果。创造力的结构是什么？知识、能力、个性品格是创造力的基本构成要素。知识对创造力的作用，不仅仅限于记忆，更重要的是通过对知识的分割和组合，形成新的创造设想，并分析与验证这一创造设想。能力是组织开展活动的手段，包括观察力、思考力、记忆力和想象力等。知识和能力都要靠创造性个性品格来承载和支撑，创

---

① 胡晓风、姚文忠、金成林：《创业教育简论》，《四川师范大学学报》1989年第4期。

② 胡晓风、姚文忠、金成林：《创业教育简论》，《四川师范大学学报》1989年第4期。

造活动总是受一定世界观和方法论的指导。

四是阐释创业教育的原则。首先是依靠科技，立足教育，发展经济。只有让科技、教育、经济形成序列，才能充分发展生产力。要培养能把科技与经济结合起来的创业人才，从而达到推动经济持续发展的目的。其次是以德育为本，创业为用。用全面发展的教育观点指导创业教育问题的解决，将德育和人的全面发展有机结合起来。最后是学问和职业一贯，即如何处理普通教育和职业教育的关系。普通教育侧重对受教育者基本知识的传授和一般能力的培养，以升学、成功就业为目标取向。职业教育重视对人的专业理论、专业技能的培养，以人的社会价值为目标取向。普通教育与职业教育应协调发展，互相渗透，一方面注重人的全面发展，一方面注重发挥人才的社会价值。二者只有相融合才能完成教育为经济发展服务的历史使命。①

第四，胡晓风创业教育思想评价。

首先，胡晓风的创业教育思想作为全新的教育观念，适应了社会对人才需求的变化，顺应了时代趋势。“符合中共中央、国务院‘关于教育体制改革的决定’的要求，也符合‘中国教育改革和发展纲要’的要求。”② 胡晓风等人把创业教育置于教育体系之高端或将其作为本质内容来认识，而不是简单视为一种教育手段或方法。③ 其次，胡晓风提出的创业教育思想以马克思主义教育原理为理论基础，以实现人的全面发展为终极目标，以一切从实际出发为前提条件，培养青少年创业意识与创业精神，使之具备与社会主义生活方式相适应的生活能力和从事一定职业的劳动能力，最大限度地激发学生的主动性和创造性，实现了教育与生产劳动相结合。创业教育使学生成为社会实践活动中能动的主体，将所学知识用于解决实际问题，实现了马克思主义教育原理与中国实际的有机结合。最后，胡晓风的创业教育思想将陶行知教育思想的研究推向深入。胡晓风立足于中国教育发展的现实状况，既是创造教育思想的集大成者，也是创造教育实验的身体力

① 胡晓风、姚文忠、金成林：《创业教育简论》，《四川师范大学学报》1989 年第 4 期。

② 方明、丁丁：《“生活教育”在社会主义时期的新发展》，《中国陶行知研究基金会会讯》1995 年第 8 期。

③ 赵金华、孙迎光：《中国高校创业教育研究 22 年回顾与启示》，《现代教育管理》2012 年第 11 期。

行者，认为创业教育是陶行知生活教育思想在新的历史条件下的着眼点，是生活教育在现阶段的运用与发展。陶行知生活教育理论是创业教育的主要理论渊源。中国陶行知研究会会长方明将“提出创业教育”列为1980年以来，“生活教育”学说研究、实验和发展取得的“可喜的成果”之第一项，对胡晓风提出的创业教育思想给予了高度评价。[①]

二 中国创业教育的“六年研究”

中国创业教育的“六年研究”具有深远的国际背景，抓住了历史机遇，取得了丰硕的理论与实验研究成果，在中国创业教育理论研究和教育实践的历史上具有举足轻重的地位。1990—1991年，由国家教委牵头，中国作为“提高青少年创业能力的教育联合革新项目”国家之一，在“五省一市”布点开展创业教育研究，拉开了中国创业教育“六年研究”的序幕。1994年，江苏省教委《关于在苏北地区农村组织实施教育促小康工程的意见》提出“要大面积开展创业教育”。至此，包含性质、理论框架、目标途径、实施范围、基本规律等的创业教育基本内容初步框定，创业教育模型基本形成。

第一，“六年研究”的两个阶段。

“六年研究”的第一阶段（1990年下半年到1991年底）。从1990年下半年到1991年底，中国作为“提高青少年创业能力的教育联合革新项目”的参与国家，展开了创业教育的研究与实验。由国家教委基础教育司劳动技术处牵头，成立了该项目的国家协调组，并在“五省一市”布点[②]进行研究和实验。国家协调组约每四个月组织开展一次国家级活动，各项目单位交流实验情况和经验，解决实验中迫切需要解决的问题。实验主要在基础教育和继续教育（成人教育）两个领域展开。基础教育领域的目标是：培

① 方明、丁丁：《“生活教育”在社会主义时期的新发展》，《中国陶行知研究基金会会讯》1995年第8期。

② 试验点分布情况：北京市以广渠门中学和通县西集中学为试点单位；河北省以保定市易县尉都乡和沙河市温家沟乡为试点单位；四川省以眉山市丹棱县唐河乡为试点单位；辽宁省以铁岭市西丰镇和阜新县国华乡为试点单位；湖北省以潜江市熊口镇为试点单位；江苏省以南通市如东县童店乡、浒澪乡为试点单位。参见《“提高儿童青年创业能力联合革新计划”项目研讨会纪要》，《江苏教育研究》1990年第6期。

养和提高在校学生的创业能力，使之具备创业意识，增强对社会需要的适应性。基础教育领域项目实施的主要方式有五种：依托学校教学课程、课程渗透、校内外活动相结合、开展创业实践活动、开展创收活动。[①] 继续教育领域的目标是培养和提高离校而未就业青年的创业能力，使之具备创业意识和精神，获得创业的本领，改善生活状况，为社会服务。[②] 继续教育领域项目实施的主要方式有三种：办培训班、建立创业经营小组、师徒结对。[③]

“六年研究”的第二阶段（1992 年初至 1995 年 9 月）。1992 年初至 1995 年 9 月，一些省（区、市）继续以创业教育为主题展开深入研究，该阶段主要探索基础教育领域、职业教育领域、成人教育领域实施创业教育的共性特征和普遍联系，为把握创业教育的基本规律、基本过程和基本性质提供依据，以此为基础，建立起比较完备、科学的创业教育理论框架和理论体系。第二阶段是在巩固继续教育领域研究成果的基础上，逐渐将研究重点转移到职业教育领域，主要推进方式是完成系列规划课题。[④] 第二阶段的教育实验和研究，高度自觉地使创业教育与农村教育综合改革同轨运行、同步实施，有力地推动了教育改革的深入发展，实现了“从创业教育研究到创业教育工程”的转变，创业教育作为一项教育科研成果，也在教育改革实践中充分展示其活力，产生了巨大的社会效益。[⑤]

第二，“六年研究”的主要成果。

一是厘清了创业教育的基本概念。提出创业教育的定义：“所谓创业教育，是指以开发和提高青少年的创业基本素质，培养具有开创性的社会

---

① 彭钢：《创业教育的理论与实验》，山西高校联合出版社，1993，第 242~243 页。

② 彭钢：《创业教育的理论与实验》，山西高校联合出版社，1993，第 240 页。

③ 彭钢：《创业教育的理论与实验》，山西高校联合出版社，1993，第 243~244 页。

④ 江苏省“创业教育的理论与实验研究”作为国家教育科学“八五”规划课题取得了丰硕的研究成果；北京市的“培养青少年创业素质革新教育实验研究”作为北京市教育科学研究“八五”期间重点课题，取得了相应成果；由北京、天津、安徽、江苏等地共同承担的“农村创业指导为当地经济发展服务的实验与研究”课题系国家教委“八五”重点科研课题。此后，在国家教育科学“八五”规划课题资助下，一些学者又进行了第二阶段的继续研究，主要包括四川省陶行知研究会胡晓风负责的课题“生活教育在现阶段——创业教育”；国家职教中心研究所闻友信、刘鉴农负责的课题“农村创业指导为当地经济发展服务的实验与研究”。

⑤ 毛家瑞、彭钢：《“创业教育的理论与实验”课题研究报告》，《教育研究》1996 年第 5 期。

主义建设者和接班人的教育；是在普通教育和职业教育基础上进行的，采取渗透和结合的方式在普通教育和职业教育领域实施的，具有独立的教育体系、功能和地位的教育。”[①] 对与创业教育定义密切相关的广义的创业教育与狭义的创业教育的关系，以及创业教育与普通教育、职业教育的关系进行了系统的梳理。对创业教育的“核心概念”及其“周边关系”予以科学而准确的界定，为深入推进创业教育实践与研究奠定了坚实的基础。

二是确定了创业教育研究的基本内容。首先是对创业教育外部联系与规律的把握，包括人类教育实践活动中与创业教育有关的教育思想、观念经验、实践素材的收集、分析、整理与加工；创业教育产生的时代背景和社会条件；关于创业教育形成的教育哲学观和价值观；创业教育的地位、作用、功能和价值；创业教育的社会运行和社区管理；广义上创业教育目标的基本内涵和性质。其次是对创业教育内部联系与规律的把握，包括创业教育的基本概念和范畴，基本模型和框架，基本规律、性质和原则，教学原理、特征、运行和方式，目标体系及其设计和操作，课程体系及其设计和操作，评价体系及其设计和操作，教学管理体系及其设计和操作。最后是综合运用多种学科的原理和方法，从边缘和交叉的角度，在多种视野的比较中，来把握创业教育的内外部联系和规律。其中，创业教育内部规律、内部联系的探索和把握处于最关键、最核心的地位。但仅有这些是不够的，还需要将创业教育放在社会背景中进行考察，从更高的层面上，整体性、动态性地认识创业教育的基本规律和特征。与此同时，多学科原理和方法的综合运用，有利于认识视野从具体过渡到抽象、从局部进入整体，将分析趋向综合、从一维步入多维、从平面走向立体，更有利于增强思维的开阔性和目光的长远性，有利于创业教育学的研究。[②]

三是形成了创业教育的基本模型。具体而言，主要形成了创业教育的“四大模型”。其一是“创业教育基本模型”，构建了包括“创业教育的目标和内容”“创业教育的方式和途径”“创业教育的领域和范围”等“三个维度”的基本模型。其二是“创业基本素质模型”，创业基本素质由创业意

---

① 彭钢：《创业教育学》，江苏教育出版社，1995，第71页。

② 彭钢：《创业教育学》，江苏教育出版社，1995，第26~27页。

识、创业心理品质、创业能力和创业知识结构四个子系统构成。其三是“创业实践活动模型”，该模型以实践目标和任务为中介和纽带，将学习目标和任务与心理发展目标和任务联系起来；以实践过程为中介和纽带，将学习活动过程和心理发展过程联系起来；以实践效果评价为中介和纽带，将学习效果评价与心理发展评价结合起来。其四是“创业教育实施模式”，针对成人教育领域、职业教育领域和基础教育领域的不同特点，形成了辐射、结合和渗透三种教育模式。成人教育领域主要采用辐射模式，职业教育领域主要采用结合模式，基础教育领域主要采用渗透模式。[①]

第三，“六年研究”的启示与反思。

“六年研究”“以开创性的个性为逻辑起点，推演出创业教育的概念体系和理论框架，构建创业教育的目标模式、课程模式、评价模式和社区管理模式，探讨创业教育的基本规律、基本过程、基本方式和基本途径，从而建立起‘创业教育学’”[②]。在中国创业教育理论研究和教育实验的历史上，“六年研究”占有举足轻重的地位。

一是关于创业教育的基本概念。在“六年研究”中，“五省一市”项目单位高度认同联合国在东京会议上提出的广义的创业教育概念，江苏省的毛家瑞、彭钢等人一直坚持使用和不断完善这一概念，但是北京市对于这一概念的理解存在一些细微差别。纪秩尚等人提出了“创业素质教育”的概念，认为“创业素质包括创业精神和创业能力，是21世纪国民素质的必备要素”，创业素质教育系属广义的创业教育。在创业教育理论研究与教育实验的启始阶段，“创业教育”与“创业素质教育”两个概念同时出现、互换使用。之所以出现这种情况，可能有两个原因：一是这种区别在一定程度上反映了当时的研究者在认识上的不一致，需要在深入研究和实践的过程中求同存异，谋求共识；二是当时的研究者并不认为两个概念有什么本质区别，反而认为二者是一回事，可以通用。不论是哪种可能，给我们的启示是要从最基本的概念入手，统一对创业教育的认识。

二是关于创业教育的实验与推广。“六年研究”期间，中国的创业教育

---

① 参见毛家瑞、彭钢《“创业教育的理论与实验”课题研究报告》，《教育研究》1996年第5期；毛家瑞《从创业教育研究到创业教育工程》，《教育评论》1995年第2期。

② 毛家瑞、彭钢：《“创业教育的理论与实验”课题研究报告》，《教育研究》1996年第5期。

重点对初中毕业后未能继续升学的青少年进行继续教育，以此解决就业问题，这对创业教育实验的推广和可持续发展产生了一定的影响。但是，由于小学生不在目标人口范围之内，教育的针对性不强，也削弱了基础教育领域创业教育的针对性和实效性。当前中国的中小学创业教育仍然付之阙如，与此有着密切的联系。“六年研究”前期，创业教育在继续教育领域、职业教育领域和基础教育领域展开广泛实验，在“五省一市”发展势头良好，积累了丰富的实践经验。发展到后期，虽然教育实验的范围有所扩大，但是随着形势的发展变化，创业教育实验逐渐式微，回到理论研究层面，而且前期取得的丰硕成果也没有得到推广和应用。尤其是“六年研究”项目周期结束之后，从事创业教育理论研究和教育实验的优秀学者，基于各种原因，绝大多数没有继续展开创业教育研究与实验，使得“六年研究”的理论和实验成果未能在实践中持续发展。

三是关于自主探索和试点经验的借鉴与继承。“六年研究”主要是在继续教育领域、职业教育领域和基础教育领域进行的实验与研究，对于高等教育来说，情况确实有诸多不同，但是“六年研究”对创业教育学基本原理的探索与实践是很有借鉴意义的。比如创业教育的目的是培养具有开创性的个人，这既是 1989 年“面向 21 世纪教育国际研讨会”提出的教育哲学观点，也是“六年研究”期间得到认可和验证的创业教育的重要价值理念。可是，在中国高校开展创业教育的初期，并没有将培养具有开创性的个人作为高校创业教育的目标，而是走了“功利化”的弯路，把引导和帮助大学生创办企业作为创业教育的目的。从大学生创业的后续发展情况来看，高校希望在短期内使毕业生中涌现大批“企业家”的想法是不现实的。如果能够很好地吸收借鉴“六年研究”积累的经验，中国高校的创业教育或许会从一开始就超越功利化的价值取向，而避免走弯路。

三　中国高校创新创业教育的探索与实践

中国高校创新创业教育开始于 1997 年，至今经历了四个发展阶段，政策导向实现了从“以创带就”到“大众创业、万众创新”的拓展，其实质也相应地拓展为以创新为基础的创业，支持创新者创业，使创新创业成为驱动经济社会发展的引擎。

第一，中国高校创新创业教育的兴起。

对于中国高校创新创业教育的起点和具体标志性事件，主要有两种代表性观点。第一种认为起点是 1997 年，以清华大学首届创业计划大赛为标志性事件。有研究认为：“1997 年，高校创业教育在清华大学首开先河，以‘清华大学创业计划大赛’的举办正式拉开了创业的帷幕，从此以创业大赛带动创业教育的教育模式逐步形成。”[①] 这一说法的起始年份正确，但是所指的标志性事件有误。之所以不能将清华大学首届创业计划大赛作为中国高校创业教育在 1997 年正式展开的标志性事件，是因为清华大学首届创业计划大赛开始于 1998 年 5 月。第二种认为起点是 1998 年，有学者指出：“我国大学生创业大潮的发轫源自于 1998 年 5 月清华大学的学生们首发并组织的‘创业计划大赛’。”[②] 这一提法在知识点上是准确的，但把中国高校创业教育的起点拖后了一年，也是不可取的。

本书认为中国创新创业教育的起点是 1997 年，标志性事件是清华大学开设创新与创业方向课程。一是《创业教育在中国：试点与实践》记载：“1997 年，清华大学经济管理学院最早在国内 MBA 培养计划中设立专业方向，在 MBA 项目中开设了创新与创业方向，中心的成员是创新和创业课程的教员。”[③] 根据这一记载，中国高校的创业教育开始于 1997 年，标志是清华大学经济管理学院在 MBA 项目中开设创新与创业方向课程。二是据雷家骕教授回忆，早在 1997 年，清华大学就实际开设了“创新与创业管理”方向课程；1998 年学校正式批准开设这门课程。虽然在 1997 年并没有取得学校的正式课程批号，但是毕竟以融入其他课程的方式实际开设了这个方向的课程。据此，我们将清华大学经济管理学院在 MBA 项目中开设创新与创业方向课程作为中国高校创新创业教育实践开始于 1997 年的标志。

第二，中国高校创新创业教育的发展阶段。

① 王桂云、帅相志：《高等学校创业教育的现状与发展对策》，山东人民出版社，2010，第 2 页。

② 梁时间：《大学生创业者职业生涯发展早期的个案研究》，硕士学位论文，四川师范大学，2011，第 1 页。

③ 中华人民共和国教育部高等教育司组编《创业教育在中国：试点与实践》，高等教育出版社，2006，第 41 页。

中国高校创新创业教育以1997年为起点，到目前为止经历了四个发展阶段。[①]

一是高校自发探索阶段（1997年至2002年4月）。自1997年开始，清华大学、复旦大学、华东师范大学、武汉大学、北京航空航天大学等高校对创新创业教育做了有益的自发性探索。1999年中国政府在《面向21世纪教育振兴行动计划》中正式将创业教育纳入国家发展战略。2002年，中国高等教育毛入学率首次达到15%，进入了大众化阶段，实现了历史性突破。当年4月，教育部高等教育司组织召开的普通高等学校"创业教育"试点工作座谈会敏锐地洞察到这一重大变化，明确地指出"高等学校一方面要不断提高人才培养的质量和社会适应性，同时也要加强对学生的创新意识、创新精神和创业能力的培养"[②]。在国家的强势推动下，巩固和提升了高校自发探索阶段取得的成绩。

二是教育行政部门引导下的多元探索阶段（2002年4月至2010年4月）。2002年4月，教育部在9所大学[③]开展创新创业教育试点工作。试点过程中，探索形成了三种教育模式，即以中国人民大学为代表，以课堂教学为主导的创新创业教育模式；以北京航空航天大学为代表，以增强学生创业意识、提升学生创业技能为重点的创新创业教育模式；以上海交通大学为代表，以创新教育为基础，为学生创业提供实习基地、政策支持和指导服务等综合式创新创业教育模式。2007年《大学生职业发展与就业指导课程教学要求》出台，创业教育作为具体内容被列入教学大纲，提倡所有普通高校将职业发展与就业指导课程作为公共课纳入教学计划。在实际教学过程中，贯彻落实"以创带就"的理论观念。自此，"面向全体""贯穿全程""融入专业"的创新创业教育理念基本形成，具有本校特色、区域特

---

① 在此之前，一直划分为三个发展阶段，本书认为2015年国务院颁行文件深化创新创业教育改革，标志着第四阶段的开启。关于前三个发展阶段的划分和每个阶段的主要工作内容、工作成效的概括参见中华人民共和国教育部高等教育司组编《创业教育在中国：试点与实践》，高等教育出版社，2006，第19~20页；高等教育司《推进高等学校创新创业教育有关情况》；教育部2010年第3次新闻通气会介绍大力推进高等学校创业教育和大学生自主创业有关情况。

② 《创业教育试点工作座谈会纪要》（教高司函〔2002〕101号）。

③ 9所试点高校分别是清华大学、北京航空航天大学、中国人民大学、上海交通大学、西安交通大学、武汉大学、黑龙江大学、南京财经大学、西北工业大学。

色的创业教育模式逐步建立。2008 年，教育部通过“质量工程”项目，又建设了 32 个创新与创业教育类人才培养模式创新实验区，形成以课堂教学为主导，以传授创业知识、提高创业技能为侧重点的多种创新创业教育模式。[①] 实现了创新创业教育模式的深化和拓展。

三是教育行政部门指导下的全面推进阶段（2010 年 4 月至 2015 年 5 月）。2010 年是“中国创业教育元年”[②]，当年 5 月，教育部颁行《关于大力推进高等学校创新创业教育和大学生自主创业工作的意见》，这是第一个推进创业教育的全局性文件，明确了创业教育“面向全体学生，融入人才培养全过程”的价值定位，实现了从“创业教育”到“创新创业教育”的转变，理顺了创业教育“在专业教育基础上，以转变教育思想、更新教育观念为先导，以提升学生的社会责任感、创新精神和创业意识和创业能力为核心”[③] 的内在逻辑；教育部成立了由知名企业家、企事业单位专家、高校教师、有关部门负责同志组成的“教育部高等学校创新创业教育指导委员会”（以下简称“创指委”），“创指委”是在教育部领导下，对高校创新创业教育工作进行研究、咨询、指导、评估和服务的专家组织；教育部建立了高教司、科技司、学生司、就业指导中心四个司局联动机制，形成了创新创业教育、创业基地建设、创业政策支持、创业服务“四位一体、整体推进”的格局；2011 年教育部提出“创业政策比较完善、创业教育基本普及、创业平台较为健全，创业氛围更为浓厚、创业成果更加丰富”的未来五年高校创新创业工作目标，强调落实“强基础、搭平台、重引导”三项具体举措；2012 年 8 月，教育部印发《普通本科学校创业教育教学基本要求（试行）》，对创业教育的教学目标、教学原则、教学内容、教学方法和教学组织进行了整体规划和顶层设计，推动高等学校创新创业教育科学化、制度化、规范化建设，[④] 实现了创新创业教育由第二课堂向第一课堂的延伸。2014 年教育部印发《关于做好 2015 年全国普通高等学校毕业生就

---

① 王占仁：《中国创新创业教育史》，社会科学文献出版社，2016，第 107 页。

② 侯慧君、林光彬等：《中国大学生创业教育蓝皮书——大学生创业教育实践研究》，经济科学出版社，2011，第 29 页。

③ 《关于大力推进高等学校创新创业教育和大学生自主创业工作的意见》（教办〔2010〕3 号）。

④ 《教育部办公厅关于印发〈普通本科学校创业教育教学基本要求（试行）〉的通知》（教高厅〔2012〕4 号）。

业创业工作的通知》，要求各地高校将创新创业教育作为推进高等教育综合改革的重要抓手，通过“开设专门课程”“设立弹性学制”“组织参加各类创新创业竞赛、创业模拟实践活动”提升大学生就业创业比例，努力实现以创业带动就业、促进高校毕业生充分就业的目标。由此，逐步形成了“政府促进创业、市场驱动创业、学校推助创业、社会扶持创业、个人自主创业”的局面。[①]

四是国家统一领导下的深入推进阶段（2015 年 5 月至今）。近十年来，两个政策导向极大地促进了创新创业教育发展。一是“以创带就”，始于 2007 年。党的十七大报告明确提出了“实施扩大就业的发展战略，促进以创业带动就业”的战略方针，指出：“完善支持自主创业、自谋职业政策，加强就业观念教育，使更多劳动者成为创业者。”[②] 在“以创带就”政策导向下，高校创新创业教育围绕就业这个最大的民生问题展开，结合社会和谐与政治稳定，将“自主创业”作为灵活就业的两个方式（另一个为“自由职业”）之一，千方百计地解决大学生就业问题。二是“大众创业、万众创新”，始于 2015 年。这一年的《政府工作报告》明确将大众创业、万众创新和增加公共产品、公共服务作为驱动经济发展的“双引擎”，明确指出：大众创业、万众创新既可以扩大就业、增加居民收入，又有利于促进社会纵向流动和公平正义。个人和企业要勇于创业创新，全社会要厚植创业创新文化，让人们在创造财富的过程中，更好地实现精神追求和自身价值。[③] 此后，大众创业、万众创新的浪潮在中国迅速兴起。在这种社会氛围中，2015 年 5 月，国务院颁行《关于深化高等学校创新创业教育改革的实施意见》，站在国家实施创新驱动发展战略、促进经济提质增效升级，推进高等教育综合改革、促进高校毕业生更高质量创业就业的高度，明确了深化高等学校创新创业教育改革的指导思想、基本原则、总体目标，提出了 9 项改革任务、30 条具体举措。[④] 由国务院发布文件，推进深化改革，标志着

---

① 《中国大学生自主创业工作经验交流会暨全球创业周峰会开幕》，《人民日报》2011 年 3 月 30 日，第 2 版。

② 《十七大以来重要文献选编》（上），中央文献出版社，2009，第 29 页。

③ 《政府工作报告——2015 年 3 月 5 日在第十二届全国人民代表大会第三次会议上》，人民出版社，2015。

④ 《国务院办公厅关于深化高等学校创新创业教育改革的实施意见》（国办发〔2015〕36 号）。

中国高校创新创业教育进入了国家统一领导下的深入推进的新阶段。在新阶段，高校创新创业教育已经由“以创带就”拓展为以大众创业、万众创新来驱动经济社会发展，创新创业教育鼓励和倡导以创新为基础的创业，支持创新者去创业，使创新创业成为驱动经济社会发展的引擎。

创新创业问题是重要的民生问题、经济社会发展问题。2015 年，李克强在瑞士达沃斯世界经济论坛致辞中强调“打造新引擎，推动大众创业、万众创新”①，宣布了“双创时代”的到来。同年 5 月，国务院发布《关于深化高等学校创新创业教育改革的实施意见》（国办发〔2015〕36 号），部署加快实施创新驱动战略、创设众创空间等新型创业服务平台等改革任务，推出“坚持市场导向、加强政策集成、强化开放共享、创新服务模式等”30 余条具体措施。《政府工作报告》强调，“个体和企业要勇于创业创新，全社会要厚植创新文化，在创造财富过程中，更好实现自身价值”②。由此，创新创业成了“价值导向、生活方式和时代气息”③。发展至今，中共中央、国务院先后发布创新创业相关政策文件 11 个，教育部、人社部、工信部、共青团中央等发布相应配套文件、措施 10 余项：经济上通过“减税降费”措施，鼓励支持创新创业，以带动就业，调节收入分配；技术上应用互联网、开源软件、开源硬件及 3D 打印等，降低边际成本，促进市场化、专业化的新型创业孵化机构发展；平台建设和服务上简化审批程序、放宽准入限制，对准小微企业经营中的难点、痛点，有针对性地突破体制机制对“创新智慧”“创造活力”的束缚；人才方面做好高校毕业生就业服务工作，根据留学人员回国创新创业新趋势、新经验和新成果，全面深化改革，破除不利于人才发展、束缚人才成长的体制机制障碍，激发各类人才创业创新创造活力。未来，创新创业教育将立足全民参与，汇聚社会合力，进入“广谱式”纵深发展新阶段。

第三，高校创新创业教育存在的问题。

一是育人合力尚未形成。高校创新创业教育各有优势、各有特色，遇到的瓶颈问题也不尽相同。办学实力较强的综合性高校，在学而优则仕的

---

① 《李克强在世界经济论坛年会上发表特别致辞》，《人民日报》2015 年 1 月 23 日，第 3 版。

② 《政府工作报告——2015 年 3 月 5 日在第十二届全国人民代表大会第三次会议上》，人民出版社，2015。

③ 《为大众创业网汇总创新搭好科技平台》，《光明日报》2015 年 3 月 12 日，第 3 版。

传统教育观念影响下，学生自主创业意愿不强，创业项目的转化落地率较低，创新创业教育的“锦标观念”突出，功利色彩较浓；普通高校以及高职院校受限于学校学科力量较弱，缺乏对创新创业教育工作的科学研究和理论提升，缺少高水平的教师队伍，教材编写困难重重，无法促进优质社会资源与学生创业项目的有效对接。出现这些问题的根本原因在于创新创业教育的氛围刚刚形成，全国各地区的成功案例及典型经验尚未推广，各省（区、市）对于高校搭建创新创业教育平台的政策支持尚处于逐步确定的阶段，未在行业内或区域内形成资源互补和良性互动，无法形成发展的合力。

二是运行机制尚未成熟。运行机制主要包括以下三种类型。一是“独立式”运行机制，设立专门的教育管理机构，由专职人员负责学校创新创业教育的开展。二是“嵌入式”运行机制，依托工商管理学院、商学院，成立相关教学管理机构，多由兼职教师负责相关工作的开展。三是“联动式”运行机制，由学校领导牵头，联合教务、学生、就业、科技创业园区等机构共同成立工作指导委员会，各部门协同负责，这也是目前高校较为普遍的运行机制。由于尚未进行制度层面的顶层设计，高校对于开展创新创业教育工作的认知程度和执行力度也不尽相同。大部分高校还未设立专门的教育管理机构，领导协调、分工负责的工作体制正在磨合中，在促进工作的可持续发展、提升工作效益、形成工作合力方面仍存积弊。

三是学科体系亟待建立。创新创业教育学科体系尚未建立，师资相对匮乏、教学方法亟须改进、教材建设问题尤其突出。在师资队伍建设方面，专职教师的专业化、职业化程度相对较低，缺乏对创新创业教育课程的科学设计和深入研究；兼职教师缺乏准入标准，队伍流动性大，缺少认证体系和激励机制。在教学方式革新方面，提升教学实效和共享教学资源面临着双重挑战。创新创业教育课程在大部分高校都为辅修课程，在学生投入精力有限、获取知识渠道日益多元的背景下，课堂教学的局限性日益凸显；创新创业教育是非常注重模拟和实践的课程，如何实现资源共享是提升创新创业教育整体水平的重要环节。在教材建设方面，教材数量少、种类单一、针对性差，成为制约发展的瓶颈问题，根本原因在于创新创业教育的学科建设尚未完成，科学研究刚刚起步，对诸多理论问题的研究未达成共识。

四 中国创新创业教育的发展趋势

展望未来，“面向全体”是主流趋势，形成“三位一体、特色鲜明”的教育模式，完善教育体系，实现“课程实践化、实践课程化”是推动创新创业教育纵深发展的关键，在体制机制、师资队伍、社会资源方面构建系统化协同推进的支持体系是实现持续发展的有力保障，推动大学生的广泛参与是创新创业教育发展最为坚实的群众基础。

第一，“面向全体”是主流趋势。教育部于2010年和2012年分别颁行文件强调“创业教育要面向全体学生”[①]，各高校也通过多种方式积极贯彻“面向全体”的教育理念，从创新创业教育的目标和对象对其做出解读，认为“面向全体”是以培养所有学生的创新创业观念、知识和能力为目标，重点在于创新创业意识启蒙和创新创业知识普及。事实上，“面向全体”的创新创业教育有着更为深刻的科学内涵，如部分学者提出的“广谱式”和“全校性”创新创业教育，就是“面向全体”理念的深化和具体化。有学者将“面向全体”的创新创业教育分为初级、中级和高级三个发展阶段。[②] 本书认为，以数量增长为核心目标的初级阶段已经结束，当前正处在以组织转型为目标的中级阶段，应该加快深化改革的步伐，尽快过渡到高级阶段，实现理念置顶、和谐共存、创建生态系统的核心目标。

第二，形成特色鲜明的教育模式是重要途径。高校创新创业教育的特色模式主要有“校本模式”、“区域模式”和“行业模式”三类，高校在坚持“校本模式”的同时主要呈现出向区域特色和行业特色发展的趋势。未来各高校创新创业教育要形成“三位一体、特色鲜明”的模式，即各高校创新创业教育模式要将“校本、区域和行业”三方面有机结合，统筹协调、紧密联系，将实效性作为创新创业教育模式选择的判别标准，形成具有鲜

① 2010年教育部《关于大力推进高等学校创新创业教育和大学生自主创业工作的意见》提出，创新创业教育要面向全体学生，结合专业教育，融入人才培养全过程。2012年教育部办公厅《关于印发〈普通本科学校创业教育教学基本要求（试行）〉的通知》（教高厅〔2012〕4号）提出：“把创业教育融入人才培养体系，贯穿人才培养全过程，面向全体学生广泛、系统开展。”

② 梅伟惠：《创业人才培养新视域：全校性创业教育理论与实践》，《教育研究》2012年第6期。

明特色的创新创业教育模式，使不同高校创新创业教育的效果最大化。“三位一体、特色鲜明”模式的核心在于“利益契合、准确定位”，高校结合实际，积极探索研究与区域特色、行业特色融合的利益契合点，让地方政府、企业通过“官产学”合作的形式积极参与创新创业教育，为创新创业教育提供资源，并构建高校自身发展与区域经济和行业共同进步的良性互动机制，整合校内外资源，最终实现区域特色、行业特色与高等教育的协调、互动和可持续发展。

第三，完善教育体系是实现纵深发展的关键。创新创业教育体系的核心是课程教育体系和实践教育体系，发展的方向是通过“课程实践化、实践课程化”，实现从“知行并重”到“知行融合”的跨越。创新创业教育课程体系的实践化，包括“课程内容实践化”和“教学方法实践化”两个方面。“课程内容实践化”是指教学内容要与创新创业实践紧密结合，在创新创业教育课程中增加创新创业实践内容。同时，也不能忽视理论知识的教育，创新创业教育课程内容实践化不等于“去理论化”，不能将理论与实践对立起来，而应使二者有机融合，通过实践案例来丰富理论知识，通过理论知识来指导创新创业实践。“教学方法实践化”是指在教学中综合运用开放式、互动式、研讨式、案例式等多种实践取向的教学方法。在课程教学中综合运用模拟教学、活动教学、体验教学、案例教学等方式，在课堂上强化学生的创新创业实践体验，可以一定程度地弥补创新创业实践教育体系覆盖率低的不足。创新创业实践教育体系的课程化，是指通过创新创业实践，学生学习的创新创业理论知识得以运用，并在实践中积累创新创业的相关经验。创新创业实践教育体系包括竞赛、园区和活动等载体。当前应该在科学规划的基础上，完善现有载体、探索新型载体、强化育人功能，促进创新创业实践教育体系规范化发展。一要科学规划，将创新创业实践教育与专业实践教育有机结合，在内容、形式、师资、管理和保障等方面参照“课程”体系的标准去建构和完善；二要转变实践教育观念，使学生和教师正确看待创新创业实践的目的和意义；三要规范实践教育过程，突出实践教育的育人功能；四要完善实践教育考核方式，轻结果评比，重能力培养。

第四，构建协同推进的支持体系是有力保障。创新创业教育是一项系统工程，需要体制机制、师资队伍、社会资源等多个因素作为保障。首先是成立大学生创新创业教育专门机构，完善体制机制。创新创业教育的深入发展对于机构和制度保障的要求越发强烈，建立专门的大学生创新创业教育机构，并健全制度、理顺机制是未来发展的趋势。具体而言，要结合自身特点成立大学生创新创业学院或中心，要把创新创业教育和大学生自主创业工作纳入学校重要议事日程；理顺领导体制，建立健全教学、就业、科研、团委、大学科技园等部门参加的创新创业教育和自主创业工作协调机制；统筹校内资源，整体规划和协调创新创业教育、创新创业基地建设、创新创业政策扶持和创新创业指导服务等工作，明确分工，确保充足的人员、场地、经费投入。其次是打造“三师型”师资队伍。一方面，重点完善师资队伍结构中的“三种类型”：理论型的校内专职教师、综合型的校内外兼职教师、实践型的社会兼职教师。另一方面，教师必须具备“三种素质”：能讲课，拥有“广而深”的专业知识；能咨询，拥有“精而专”的实践技能；能实战，拥有“丰而强”的创新创业阅历和能力。在此基础上，还要提升教学水平、优化教师结构、突破质量瓶颈。最后是构建科学化、规范化、具有可行性的产学联盟支持系统。产学联盟是一种全新的合作形式，包括各高校之间的高校联盟以及企业间的企业联盟。产学联盟支持系统的构建有三个原则，即利益契合原则、优势互补原则、资源整合原则；包含五个子系统，即作用系统、平台系统、组织保障系统、机制保障系统和过程控制系统，通过作用系统推动高校和企业相互合作；具体合作途径则包括通过平台系统实现，通过组织保障系统和机制保障系统确保产学联盟的有序有效运行，通过过程控制系统对合作支持系统进行控制，为创业教育提供资源、实践、经验和研究支持。

第五，推动大学生的广泛参与是坚实的群众基础。大学生作为我国创新创业教育的重要群众基础，拥有良好的教育背景，对创新创业教育和创新创业事业的发展起了极大的推动作用。

大学生更加积极地投身于创新创业实践活动中。2002 年创业教育试点工作启动后，大学生参与创新创业实践主要有三种模式。一是参与创新创业大赛。如“挑战杯”全国大学生课外学术科技作品竞赛、“创青春”全国大学生创业大赛以及中国“互联网+”大学生创新创业大赛等，以此促进不同专业的跨界融合，激发大学生创业热情。二是参与创新创业社团活动。包括创新创业讲座、创新创业辅导、志愿服务、企业实践等，社团活动管理更灵活高效，实践更具针对性，更能广泛争取合作伙伴和项目来募集支持资金。三是走进创新创业教育实践基地与科技园区。创新创业教育实践基地与科技园区是高校结合自身创新创业教育实践特色及发展需要而创建的优质平台。大学生能在此接触更多的成功人士，学习创新创业经验。孵化成功的大学生创新创业企业能真正实现自主创业与科技成果产业的转化。

大批优秀的大学生创业者成为中国创新创业大军的主体力量。1999 年清华大学创业计划大赛中获奖的学生邱虹云，成立了中国首家学生公司——“视美乐”；鲁军停学创建易得方舟公司，成为停学创业第一人。首届“挑战杯”中国大学生创业计划竞赛冠军队队长童之磊和休学创业的周亚辉创办的“中文在线”“昆仑万维”两家公司于 2015 年 1 月 21 日在深交所创业板同时上市。2015 年国家出台《国务院办公厅关于深化高等学校创新创业教育改革的实施意见》（国办发〔2015〕36 号）后，大学生创业者拥有了更多的商机和更广阔的市场，创业条件达到多年来的最佳状态，更具科技感和人文气息、原创性与社会服务性。其中，浙江大学“杭州光珀智能科技有限公司”研发的三维重建算法和硬件结构技术将推动智能机器人、汽车自动驾驶等领域实现革命性发展。西北工业大学“翱翔系列微小卫星”项目作为世界上首颗 12U 立方星，曾搭载“长征七号”新型运载火箭在海南文昌发射成功。

党和国家对青年创新创业寄予了厚望。改革开放以来，党和国家高度重视青年的创新创业工作。邓小平在 1978 年全国教育工作会议上强调，从青年学生实际情况出发，坚持教育与生产劳动相结合。[①] 江泽民在 1993 年八届全国人大一次会议闭幕式上提出 64 字创业精神，鼓励中国大学生和青年创业。[②] 胡锦涛在 1998 年会见“中国青年五四奖章”获得者时，勉励青年“要勤奋学习，艰苦创业”[③]。

进入新时代，为了把更多的青年学生培养成为创新型国家建设急需的专门人才和拔尖创新人才，党和国家对青年学生寄予厚望，高度重视对青年学生的创新创业教育，积极鼓励青年创造、创新和创业。十八届三中全

---

① 《邓小平文选》第 2 卷，人民出版社，1994，第 107 页。

② 《江泽民文选》第 1 卷，人民出版社，2006，第 301 页。

③ 《江泽民会见五四奖章获得者　勉励青年创造无愧于时代的辉煌业绩　胡锦涛参加会见与青年代表座谈并发表讲话》，《人民日报》1998 年 5 月 5 日，第 1 版。

会通过的《中共中央关于全面深化改革若干重大问题的决定》提出："实行激励高校毕业生自主创业政策，整合发展国家和省级高校毕业生就业创业基金。"[①] 2013 年 11 月 8 日，习近平总书记在致 2013 年全球创业周中国站活动组委会的贺信中强调："青年是国家和民族的希望，创新是社会进步的灵魂，创业是推动经济社会发展、改善民生的重要途径。青年学生富有想象力和创造力，是创新创业的有生力量。希望广大青年学生把自己的人生追求同国家发展进步、人民伟大实践紧密结合起来，刻苦学习，脚踏实地，锐意进取，在创新创业中展示才华、服务社会。"[②] 2014 年 5 月 4 日，习近平总书记在北京大学考察时强调："要高度重视高校工作，始终关心和爱护学生成长，为他们放飞青春梦想、实现人生出彩搭建舞台。要全面深化改革，营造公平公正的社会环境，促进社会流动，不断激发广大青年的活力和创造力。要强化就业创业服务体系建设，支持帮助学生们迈好走向社会的第一步。"[③] 2015 年 7 月 16—18 日，习近平总书记在吉林调研时指出，"要大力推进创新驱动发展，下好创新这步先手棋，激发调动全社会创新创业活力，加快形成以创新为主要引领和支撑的经济体系"[④]。2016 年 4 月 26 日，习近平总书记与知识分子、劳动模范、青年代表座谈时指出："要敢于做先锋，而不做过客、当看客，让创新成为青春远航的动力，让创业成为青春搏击的能量。"[⑤] 2017 年 8 月 15 日，习近平总书记在给第三届中国"互联网+"大学生创新创业大赛"青年红色筑梦之旅"的大学生回信中指出："希望你们扎根中国大地了解国情民情，在创新创业中增长智慧才干，在艰苦奋斗中锤炼意志品质，在亿万人民为实现中国梦而进行的伟大奋斗中实现人生价值，用青春书写无愧于时代、无愧于历史的华彩篇章。"[⑥]

---

① 《中共中央关于全面深化改革若干重大问题的决定》，人民出版社，2013，第 44~45 页。

② 《习近平致 2013 年全球创业周中国站活动组委会的贺信》，《人民日报》2013 年 11 月 9 日，第 1 版。

③ 习近平：《青年要自觉践行社会主义核心价值观——在北京大学师生座谈会上的讲话》，人民出版社，2014，第 14 页。

④ 《保持战略定力增强发展自信　坚持变中求新变中求进变中突破》，《人民日报》2015 年 7 月 19 日，第 1 版。

⑤ 习近平：《在知识分子、劳动模范、青年代表座谈会上的讲话》，人民出版社，2016，第 12 页。

⑥ 《习近平总书记给第三届中国"互联网+"大学生创新创业大赛"青年红色筑梦之旅"的大学生的回信》，《人民日报》2017 年 8 月 16 日，第 1 版。

综合起来学习体会，可以清晰看到贯穿其中的主线。一是高度关注青年，充分信任青年，对青年人寄予厚望，从各个方面努力为青年创新创业创造有利条件；二是强调为全人类的解放与幸福而艰苦创业，奉献自己的聪明才智；三是坚持教育与生产劳动相结合的基本教育方针，高度重视实践对人才培养的作用；四是主张个人发展与国家富强、个人成长与社会进步的协同效应，既尊重个性，又主张个人融入团体，实现自由全面发展。这些思想既是青年运动的一贯方向，也是当代青年积极投身创新创业实践的具体指针，是引导青年的先进理论。在这些思想的指导下，用光辉的事业凝聚青年、用良好的作风吸引青年，必然会形成创新创业的社会文化氛围，推动大批创新创业人才不断脱颖而出。

一九七八年

3 月 18 日 邓小平在全国科学大会开幕式上的讲话中指出，“向科学技术现代化进军，要有一支浩浩荡荡的工人阶级的又红又专的科学技术大军，要有一批世界第一流的科学家、工程技术专家”，“科学技术人才的培养，基础在教育”。[①] 进一步强调了科技人才在科技体制改革中的重要作用。

4 月 22 日 在全国教育工作会议上，邓小平发表重要讲话。他指出，教育事业必须同国民经济发展的要求相适应，要更好地贯彻教育与生产劳动相结合的方针，强调“国家计委、教育部和各部门，要共同努力，使教育事业的计划成为国民经济计划的一个重要组成部分”，“今后国家将努力开辟新的途径，增加新的行业，以便更有效地为四个现代化服务”。[②] 由此，明确了教育事业的发展方向和路径，强调了教育事业发展的重要性。

12 月 18 日 十一届三中全会在北京召开。邓小平在全会召开前的中共中央工作会议闭幕会上做了《解放思想，实事求是，团结一致向前看》的总结讲话，这篇讲话实际上是全会的主题报告。全会批判了“两个凡是”的错误方针，充分肯定了必须完整、准确地掌握毛泽东思想的科学体系，高度评价关于实践是检验真理的唯一标准问题的讨论；果断地停止使用“以阶级斗争为纲”的口号，做出把党和国家工作中心转移到经济建设上来、实行改革开放的历史性决策。全会标志着中国共产党重新确立了马克思主义的思想路线、政治路线和组织路线，实现了新中国成立以来党的历史上具有深远意义的伟大转折，标志着我国进入了改革开放和社会主

---

① 《在全国科学大会开幕式上的讲话》，《人民日报》1985 年 3 月 22 日，第 1 版。

② 《邓小平文选》第 2 卷，人民出版社，1994，第 108 页。

义现代化建设的历史新时期。[①] 会议指出，实现四个现代化，要求大幅度地提高生产力，也必然要求多方面地改变同生产力发展不适应的生产关系和思想方式，因而是一场广泛、深刻的革命。[②] 这场革命为私营经济的合法化奠定了基础。同时，十一届三中全会决定进行体制改革后，中共中央相继做出了经济、科技、教育体制改革的决定，教育体制改革需要与经济体制、科技体制改革相适应，受到经济体制、科技体制改革进度与深度的影响与制约，三项体制改革的系统推进为创业教育的产生提供了土壤。

① 中共中央党史和文献研究院编《改革开放四十年大事记》，人民出版社，2018，第 3 页。

② 《中国二十世纪纪通鉴（1901-2000）》第 4 册第 16 卷，线装书局，2002，第5238 页。

一九七九年

1月21日　《人民日报》发表了题为《把注意力移到技术革命上来》的文章。该文指出："把全党工作的着重点转移到社会主义现代化建设上来，从经济战线来说，就必须以极大的力量来推动技术革命。"[①] 技术革命的开展为科学技术的发展奠定了基础，离开了技术革新和技术革命，就没有办法实现科学技术的现代化，也就无法完成四个现代化的建设任务。

---

① 《把注意力移到技术革命上来》，《人民日报》1979年1月21日，第1版。

一九八〇年

1月1日 邓小平在全国政协新年茶话会上发表讲话，指出："要有艰苦奋斗的创业精神。我们要搞中国式的现代化，我们还很穷，就是要老老实实地创业，就是要吃点苦，否则不可能有今后的甜。"①

1月16日 邓小平在中共中央召集的干部会议上，做了《目前的形势和任务》的报告，再次强调"中国搞四个现代化，要老老实实地艰苦创业"②。邓小平呼吁广大党员、干部要带头树立艰苦奋斗的创业精神，发挥模范作用，这是继全国政协新年茶话会后，第一次正式地将创业精神概念与国家经济建设发展相联结。这里提到的"创业"概念是广义上的创业，泛指"开创基业"。

8月2—7日 全国劳动就业工作会议在京举行，会议强调，"解决劳动就业问题，要大力发展自负盈亏的集体所有制经济，适当发展不剥削他人的个体经济"③。8月17日，中共中央转发了这次会议的文件《进一步做好城镇劳动就业工作》④。从此全国范围内开始贯彻落实政府统筹规划指导下，允许自愿组织就业和自谋职业相结合的政策方针，狭义概念上的"创业行为"在全国得到一定程度的推广。

10月17日 国务院常务会议通过《关于开展和保护社会主义竞争的暂行规定》，允许并提倡"各种经济成分之间、各个企业之间，发挥所长，开

---

① 《邓小平思想年谱（1975—1997）》，中央文献出版社，1998，第141~142页。

② 邓小平：《目前的形势和任务》，载《邓小平文选》第2卷，人民出版社，1994，第257页。

③ 《全国劳动就业工作会议提出解决劳动就业问题的根本途径 解放思想放宽政策发展生产广开就业门路（实行劳动部门介绍就业、自愿组织起来就业和自谋职业相结合）》，《人民日报》1980年8月13日，第1版。

④ 《中共中央关于转发全国劳动就业会议文件的通知》（中发〔1980〕64号）。

展竞争”，并鼓励“革新技术和创造发明”，提出“重要技术成果要实行有偿转让”[1]。这个规定更好地发挥了市场调节的作用，扩大了企业自主权，奠定了“创业行为”的社会发展基础。

12月25日 邓小平在中共中央工作会议上发表《贯彻调整方针，保证安定团结》的讲话，指出“在公有制经济占绝对优势的条件下，允许城镇个体所有制经济的发展”[2]。

① 《逐步改革现行的经济管理体制 积极开展竞争保护竞争》，《人民日报》1980年10月30日，第1版。

② 《中国共产党新时期历史大事记》，中共党史出版社，1998，第66~67页。

一九八一年

1月5日 中共中央发出通知，要求认真贯彻执行“经济上进一步调整，政治上进一步安定”的方针，“鼓励个体所有制经济发展”①。自此，经济体制改革逐渐解除了人们开展创业活动的思想枷锁。

4月16—25日 全国经济管理体制改革理论与实践问题研讨会在成都举行，会议重点讨论并提出了“应当从法律上保护个体经济的适当发展”②。

7月7日 国务院颁布《关于城镇非农业个体经济若干政策性规定》，对城镇非农业个体经济的发展做出政策性规定。规定明确指出，“在我国社会主义条件下，遵守国家的政策和法律、为社会主义建设服务、不剥削他人劳动的个体经济，是国营经济和集体经济的必要补充”③。实现了对个体经济发展的法律保护，也进一步解除了人们开展创业活动的政策限制。

10月17日 中共中央、国务院做出《关于广开门路，搞活经济，解决城镇就业问题的若干决定》，强调了“一定范围的劳动者个体经济是社会主义公有制经济的必要补充”，党中央、国务院对城镇集体经济和个体经济的发展采取积极扶持的方针，“坚决地迅速地改变那些歧视、限制、打击、并吞集体经济和个体经济”的政策措施，“代之以引导、鼓励、促进、扶持的政策措施”，“纠正轻集体、鄙视个体，以及轻消费、鄙薄商业和服务行业

---

① 《邓小平思想年谱（1975—1997）》，中央文献出版社，1998，第175~177页。

② 罗宗：《经济管理体制改革理论与实践问题讨论会简介》，《上海经济研究》1981年第7期。

③ 《关于城镇非农业个体经济若干政策性规定》（国发〔1981〕108号）。

等传统的旧观念”[①]。这一系列决定使城镇待业青年积极投身于集体经济和个体经营，从事服务行业的工作，充分发挥城镇劳动者个体经济对于发展生产、搞活经济、满足需要、扩大就业的重大作用，在全国范围掀起了一波创业热潮。

① 《改革开放三十年重要文献选编》（上），人民出版社，2008，第222~229页。

一九八二年

4月3日 全国工商行政管理局长会议在北京闭幕，会议特别鼓励和支持了“个体工商户经营那些群众需要，而国营和集体没有经营或经营不足的行业”，并首次提出“对于个体经营行业可以在制度上放宽一些，准许带帮工，准许多带几个徒弟，以满足社会需要”①。将创业行为同教育结合起来。

9月1日 党的十二大报告明确指出：“由于我国生产力发展水平总的说来还比较低，又很不平衡，在很长时期内需要多种经济形式的同时并存。”② 报告还强调，要“鼓励劳动者个体经济在国家规定的范围内和工商行政管理下适当发展，作为公有制经济的必要的、有益的补充”③。报告将教育摆在了三大战略重点之一的位置，指出完成社会主义现代化建设，在发展经济的同时，要广泛开展与之相适应的社会职工教育及高等学校教育，使创业概念逐渐融入科技创新和教育工作之中。

11月25日 聂荣臻就努力开创我国科技工作的新局面发表讲话，指出“要实现科学技术现代化，就要依靠掌握现代科学技术的知识分子”④。谈话指出要教育广大干部和群众懂得知识分子在现代化建设中的地位和作用，在全社会掀起尊重知识、尊重科学、尊重知识分子的新风气。

12月4日 中华人民共和国第五届全国人民代表大会第五次会议通过了《中华人民共和国宪法》，其中第十一条明确规定：“在法律规定范围内

---

① 《中国二十世纪通鉴（1901-2000）》第5册第17卷，线装书局，2002，第5463页。

② 中共中央文献研究室编《十二大以来重要文献选编》（上），人民出版社，1986，第20页。

③ 中共中央文献研究室编《十二大以来重要文献选编》（上），人民出版社，1986，第20~21页。

④ 《努力开创我国科技工作的新局面》，《人民日报》1982年12月19日，第1版。

的城乡劳动者个体经济，是社会主义公有制经济的补充；国家保护个体经济的合法的权利和利益。”① 创业行为在得到经济、科技、教育等政策支持后进一步得到了立法保障。

① 中共中央文献研究室编《十二大以来重要文献选编》（上），人民出版社，1986，第144页。

一九八三年

1月2日 中共中央印发《关于当前农村经济政策的若干问题的通知》，明确规定“农村个体工商户和种养业的能手，请帮手、带徒弟，可参照《国务院关于城镇非农业个体经济若干政策性规定》执行”①，将创业行为从城镇推向了乡村。

3月5日 中共中央、国务院发布《关于发展城乡零售商业、服务业的指示》，强调“重点发展集体和个体零售商业、服务业”，指出其“经营上的小型分散，方便群众，自负盈亏，具有相应的内在经济活力，是国营商业的一个有力助手和补充”②。明确了集体和个体零售商的市场地位。

4月13日 在做出《关于发展城乡零售商业、服务业的指示》的基础上，国务院又补充性地颁布了《关于城镇劳动者合作经营的若干规定》和《关于城镇非农业个体经济若干政策性规定》，鼓励城镇个体工商业者或待业青年、社会闲散人员，可根据生产、经营的需要，申请合作经营。同时拓宽了个体工商业户的经营范围，包括“手工业、运输业、修理业”等多个领域，明确规定“个体工商业户经批准可以从事长途贩运、批量销售”③，在全国范围内激发人们的“创业热情”，促进了个体经济的快速发展。

7月9—15日 由国家教委、国家计委、劳动人事部联合举办了专门人才规划工作会议。会议强调了全党和全国人民对人才问题重要性的认识，④提出“当前必须加快教育工作的调整、改革和发展的步伐，解决培养人才

---

① 中共中央文献研究室编《十二大以来重要文献选编》（上），人民出版社，1986，第260页。

② 《中国二十世纪通鉴（1901-2000）》第5册第17卷，线装书局，2002，第5529页。

③ 《中国二十世纪通鉴（1901-2000）》第5册第17卷，线装书局，2002，第5522页。

④ 张健：《高等学校应重视做好专门人才的预测规划工作》，《高教战线》1983年第11期。

速度和提高人才质量的问题"[①]。会议在全国范围内进一步宣传了教育改革和科学技术发展对于经济建设的重要性，把职工教育和高等人才培养放在了战略突出位置。

8 月 23—29 日 全国发展集体和个体经济安置城镇青年就业先进表彰大会在北京举行。大会充分肯定和支持了城镇集体经济和个体经济事业的发展。此次表彰大会和讲话内容极大鼓舞了这一阶段首先尝试"创业"的个体经营者们。[②]

① 《中国二十世纪通鉴（1901-2000）》第 5 册第 17 卷，线装书局，2002，第5547 页。

② 《中国二十世纪通鉴（1901-2000）》第 5 册第 17 卷，线装书局，2002，第5553 页。

一九八四年

2 月 27 日　国务院正式颁行《关于农村个体工商业的若干规定》，指出“国家鼓励农村剩余劳动力经营社会急需的行业”①。这项内容为农村个体工商业的兴起和发展提供了制度保障和政策支持，提升并扩大了个体工商业的经营者数量和辐射范围。

5 月 4 日　中共中央、国务院批转《沿海部分城市座谈会纪要》，决定进一步开放天津、上海、大连、秦皇岛、烟台、青岛、连云港、南通、宁波、温州、福州、广州、湛江和北海等 14 个沿海港口城市，并提出逐步兴办经济技术开发区。②

10 月 20 日　党的十二届三中全会通过的《中共中央关于经济体制改革的决定》指出，为了进一步扩大对外的和国内的经济技术交流，“当前要注意为城市和乡镇集体经济和个体经济的发展扫除障碍，创造条件，并给予法律保护”，“在自愿互利的基础上广泛发展全民、集体、个体经济相互之间灵活多样的合作经营和经济联合”③，为私营经济更快更大范围的发展提供了保障。

---

① 《关于农村个体工商业的若干规定》，《人民日报》1984 年 3 月 12 日，第 4 版。

② 中共中央党史和文献研究院编《改革开放四十年大事记》，人民出版社，2018，第 18 页。

③ 中共中央文献研究室编《十二大以来重要文献选编》（中），人民出版社，1986，第580 页。

一九八五年

3月2—7日 国务院在北京召开全国科学技术工作会议，会议的中心议题是研究科技体制改革的重大问题。邓小平在闭幕会上做了重要讲话，强调“要创造一种环境，使拔尖人才能够脱颖而出。改革就是要创造环境”[①]。

3月13日 中共中央做出《关于科学技术体制改革的决定》，提出“科学技术体制改革的根本目的，是使科学技术成果迅速地、广泛地应用于生产，促进经济和社会的发展”[②]，“我们应当按照经济建设必须依靠科学技术、科学技术工作必须面向经济建设的战略方针，尊重科学技术发展规律，从我国的实际出发，对科学技术体制进行坚决的有步骤的改革”[③]。

5月15—20日 全国教育工作会议在北京召开。19日，邓小平在会议上做了题为《各级党委和政府要把教育工作认真抓起来》的讲话，他强调：“我们国家，国力的强弱，经济发展后劲的大小，越来越取决于劳动者的素质，取决于知识分子的数量和质量。一个十亿人口的大国，教育搞上去了，人才资源的巨大优势是任何国家比不了的。有了人才优势，再加上先进的社会主义制度，我们的目标就有把握达到。”[④]“一个部门，如果只抓经济，不抓教育，那里的工作重点就是没有转移好，或者说转移得不完全”，“各级领导要像抓好经济工作那样抓好教育工作”。[⑤] 由此明确了教育工作的重

---

① 《中国二十世纪通鉴（1901-2000）》第5册第17卷，线装书局，2002，第5647页。

② 《中国二十世纪通鉴（1901-2000）》第5册第17卷，线装书局，2002，第5649~5650页。

③ 《中共中央关于科学技术体制改革的决定》（中发〔1985〕6号）。

④ 《邓小平文选》第3卷，人民出版社，1993，第120页。

⑤ 《邓小平文选》第3卷，人民出版社，1993，第121页。

要性。[①]

5 月 27 日　《中共中央关于教育体制改革的决定》指出，教育体制改革的目的是提高民族素质，多出人才，出好人才，对教育体制改革的内容和所要达到的效果提出了要求，对教育投资、发展基础教育、调整中等教育结构、发展职业技术教育、改革高等学校的招生计划和毕业分配制度等内容做了明确规定，尤其是毕业生分配制度方面有重大突破，“实行在国家计划指导下，由本人选报志愿，学校推荐，用人单位择优录取的制度”[②]。根据社会主义经济和社会发展的要求，提出了教育必须为社会主义建设服务，社会主义建设必须依靠教育的根本指导思想，明确了新的历史时期培养人才的标准，以及教育为社会主义现代化建设培养人才的方向。

① 中共中央党史和文献研究院编《改革开放四十年大事记》，人民出版社，2018，第 22 页。

② 《中共中央关于教育体制改革的决定》，《人民日报》1985 年 5 月 29 日，第 1 版。

一九八六年

1月11日 中国新技术创业投资公司在北京成立，这是我国第一家专营新技术风险投资的全国性金融企业。在国家计划投资以外，用商业化投资渠道与办法，主要投资进行技术改造和开发新技术的中小型企业，以缩短技术成果商品化的过程，进一步促进我国新技术的开发与利用。①

6月10日 在联合国开发计划署于日内瓦召开的第33届理事会会议上，中国代表团团长沈觉人发言时指出："人力资源开发是一个国家的社会经济发展和科学技术进步的决定性因素。帮助发展中国家开发人力资源，是一项有见识的行动，其意义十分重大和深远。中国是一个发展中国家，人力资源开发，特别是教育事业的发展是中国社会主义现代化建设成败的十分重要条件。"② 呼吁联合国帮助发展中国家开发人力资源。

7月2—6日 国家教委、国家计委、国家经委、劳动人事部在北京联合召开全国职业技术教育工作会议。国务院副总理兼国家教委主任李鹏在会议上指出："先培训后就业的原则是中央教育改革决定中提出的。这是为了改革教育体制与改革劳动人事制度互相配套的一项重要措施，各部门都要坚决贯彻执行。"③ 职业技术教育的贯彻和执行，为以后改变人才结构不合理的状况奠定了基础，也促进了创业教育的萌生和发展。

10月11日 国务院发布《关于鼓励外商投资的规定》，鼓励外国投资者在中国境内开办中外合资经营企业、中外合作经营企业和外资企业。④

12月5日 国务院《关于深化企业改革增强企业活力的若干规定》指

① 《中国二十世纪通鉴（1901-2000）》第5册第18卷，线装书局，2002，第5708页。
② 《中国二十世纪通鉴（1901-2000）》第5册第18卷，线装书局，2002，第5739页。
③ 《中国二十世纪通鉴（1901-2000）》第5册第18卷，线装书局，2002，第5743页。
④ 中共中央党史和文献研究院编《改革开放四十年大事记》，人民出版社，2018，第26页。

出，全民所有制小型企业可积极试行租赁、承包经营，全民所有制大中型企业要实行多种形式的经营责任制，各地可以选择少数有条件的全民所有制大中型企业进行股份制试点。[①]

① 中共中央党史和文献研究院编《改革开放四十年大事记》，人民出版社，2018，第27页。

一九八七年

1月20日 国务院做出《关于进一步推进科技体制改革的若干规定》，对进一步放活科研机构、改革科技人员管理体制等七个方面做出规定，指出“各单位要有计划地组织科技人员，或支持和鼓励科技人员以调离、停薪留职、辞职等方式，走出科研机构、高等学校、政府机构，到城镇和农村承包、承租全民所有制中小型企业，承包或领办集体乡镇企业，兴办经营各种所有制形式的技术开发、技术贸易机构，创办各类中小型合资企业、股份公司等，允许那些能带领人民致富的科技人员自己也富裕起来”①。这进一步推进了我国的科技体制改革，为创业活动的组织开展提供了强大的智力支持，提高了创业活动的科技含量，促进了科技成果向商品的转化，充分发挥了科学技术作为第一生产力的重要作用。

8月5日 国务院发布《城乡个体工商户管理暂行条例》，指出“有经营能力的城镇待业人员、农村村民以及国家政策允许的其他人员，可以申请从事个体工商业经营，依法经核准登记后为个体商户”②。由此，为私营经济的合法性提供了保障。

10月25日 党的十三大报告明确指出：“对于城乡合作经济、个体经济和私营经济，都要继续鼓励它们发展。”③“我们已经进行的改革，包括以公有制为主体发展多种所有制经济，以至允许私营经济的存在和发展，都是由社会主义初级阶段生产力的实际状况所决定的。只有这样做，才能促进生产力的发展。”④“实践证明，私营经济一定程度的发展，有利于促进生

---

① 《中国二十世纪通鉴（1901-2000）》第5册第18卷，线装书局，2002，第5779页。

② 《城乡个体工商户管理暂行条例》（国发〔1987〕71号）。

③ 中共中央文献研究室编《十三大以来重要文献选编》（上），人民出版社，1991，第31页。

④ 《改革开放三十年重要文献选编》（上），人民出版社，2008，第483页。

产，活跃市场，扩大就业，更好地满足人民多方面的生活需求，是公有制经济必要的和有益的补充。”① 这进一步明确了私营经济存在的合理性和必要性。报告还指出，“从根本上说，科技的发展，经济的振兴，乃至整个社会的进步，都取决于劳动者素质的提高和大量合格人才的培养”，“要坚持教育为社会主义现代化建设服务的方针，按照实际需要，改善教育结构，提高教育质量”②。

12 月 1 日 深圳经济特区启动全国首次国有土地使用权拍卖。③

① 《改革开放三十年重要文献选编》（上），人民出版社，2008，第 487 页。

② 《改革开放三十年重要文献选编》（上），人民出版社，2008，第 479～480 页。

③ 中共中央党史和文献研究院编《改革开放四十年大事记》，人民出版社，2018，第 29 页。

一九八八年

1月23日 中国新技术创业投资公司和科技日报社共同设立“科技实业家创业奖”。它将鼓励创办、领办各种科技实业并做出突出贡献的科技人员，以推动更多的科技人员投身于国民经济建设的主战场。①

2月27日 国务院发布《全民所有制工业企业承包经营责任制暂行条例》，共7章45条。制定并发布这一条例的目的是：发展和完善全民所有制工业企业承包经营责任制，转变企业经营机制，增强企业活力，提高经济效益。②

3月8—10日 国务院召开全国科技工作会议。李鹏在讲话中指出：科技体制改革的中心问题是如何使科技与经济建设密切结合。要继续放宽放活对科技人员的管理，鼓励在原单位不能发挥作用的科技人员流动，允许他们兼职、从事第二职业。鼓励和支持科研机构、高等院校以各种形式直接进入经济领域，建立和发展面向国内外市场的新型科研生产经营实体，应当成为深化科技体制改革的一项重要内容，成为发挥我国科技优势的一条重要途径。③

3月20日 胡晓风在撰写《创业教育——〈人才、人生、人师〉序言》一文时，首次对“创业教育”进行了详细阐释，他提出“创业教育有两个含义：一是立志于教师这个职业，二是立志于在教师这个职业岗位上

---

① 《“科技实业家创业奖”设立》，《人民日报》1988年1月23日，第3版。

② 《国务院关于发布〈全民所有制工业企业承包经营责任制暂行条例〉的通知》（国发〔1988〕13号）。

③ 张进京、杨润山、陈宏愚：《春风得意马蹄疾——全国科技工作会议圆满成功》，《科技进步与对策》1988年第3期。

进行创造性劳动"①。

3月25日—4月13日 中华人民共和国第七届全国人民代表大会第一次会议通过了《宪法修正案》，"私营经济"的提法第一次出现在中国的根本大法中。修订后的《宪法》第十一条规定："国家允许私营经济在法律规定的范围内存在和发展。私营经济是社会主义公有制经济的补充。国家保护私营经济的合法权利和发展利益，对私营经济实行引导、监督和管理。"②由此，掀起了我国首次自主创业的浪潮。

5月3日 国务院颁布了《关于深化科技体制改革若干问题的决定》。该文件提出：要鼓励科研机构切实引入竞争机制，积极推行各种形式的承包经营责任制，实行科研机构所有权和经营管理权的分离。鼓励科研机构和科技人员通过为社会创造财富以及对科技进步做出贡献，来改善自身的工作条件和物质待遇。积极支持和促进集体、个体等不同所有制形式的科技机构的发展。③

5月23日 胡晓风在合川县干部、师生大会上做了关于《深化教育改革，教育为经济建设服务》的讲话。他指出："进行生活教育的整体试验，就是贯彻党的十三大的教育思想，开展'创业教育'。'创'是创造的'创'，'业'就是事业的'业'。""创业教育"是"按照党的十三大的教育思想，针对经济依靠教育，教育为经济服务的问题"的初步探索，是生活教育在新的历史条件下的着眼点。④

5月25日 胡晓风在《关于教育思想与教育变革》一文的第七部分"创业教育的设想"中指出，"创业教育是探索未来教育的一种假说，一种新的尝试。顾名思义，创业教育就是培养创业人才的教育。'业'指职业和事业，'创'即创造，创造性思维，创造性学习，在职业和专业中进行创造性劳动，创造新价值，就是像陶行知所号召的那样，处处是创造之地，天

---

① 胡晓风：《创业教育——〈人才、人生、人师〉序言》，载《教育研究文集》，四川教育出版社，1989，第117~121页。

② 中共中央文献研究室编《十三大以来重要文献选编》（上），人民出版社，1991，第216页。

③ 《国务院关于深化科技体制改革若干问题的决定》（国发〔1988〕29号）。

④ 胡晓风：《深化教育改革，教育为经济建设服务》，载《陶行知教育思想与合川教育整体改革》，四川教育出版社，1991，第118~124页。

天是创造之时，人人是创造之人”[①]。

5月 胡晓风向四川省委、省政府提交了关于开展创业教育的试验报告，得到省相关领导的重视和大力支持。四川省委、省政府“认为这种新构想‘很有道理’，‘贵在试验示范’，并指示成立‘创业教育指导小组’进行试验，由省教委主管其事，四川陶研会和四川生活教育社协助具体实施”[②]。在这种情况下，合川县以深入开展“生活教育整体试验”为契机，将各级各类教育均纳入试验范围，进行了广泛的创业教育试验。这就使得“创业教育实验扩展为全社会的经科教结合，农村的农科教结合，普教的德智体结合的大型试验”[③]。

6月25日 国务院发布《中华人民共和国私营企业暂行条例》，规定私营经济是社会主义公有制经济的补充，宣布国家保护私营企业的合法权益。[④]

8月5—8日 国家科委召开全国第一次“火炬”计划工作会议，以此为标志，中国国家高新技术产业化发展计划——“火炬”计划正式实施，创办高新技术产业开发区和高新技术创业服务中心被明确列入“火炬”计划。[⑤]

① 胡晓风：《关于教育思想与教育改革》，载《教育研究文集》，四川教育出版社，1989，第25~32页。

② 四川省陶行知研究会：《学习·研究·实验·创新——四川陶研会十五年工作回顾》，《中国陶行知研究基金会会讯》1995年第9期。

③ 衡超主编《创业教育教学纲要讲义》，绵阳市陶行知研究会、绵阳创业学院，1994。

④《中华人民共和国私营企业暂行条例》（国发〔1988〕4号）。

⑤《火炬计划开始实施》，《技术经济信息》1988年第10期。

一九八九年

1月16日 《人民日报》第5版刊载了胡晓风《关于更新教育思想进行创业教育的探讨》一文。文中明确提出："创业教育也就是职业和创造相结合的教育"，"创业教育以培养合理的人生为宗旨"，"创业教育有一条重要原则，就是德育为本，创业为用"，"创业教育就是要正确处理这三者的关系，即依靠科技，立足教育，发展经济。出发点和归宿是培养能把科技与经济结合起来的创业人才"，"创业教育的培养目标是根据综合技术教育原理，培养具有从事一定职业的劳动能力和适应社会主义社会生活能力的人，通过其创造性劳动，为人类社会进步而作出力所能及的贡献"。①

1月19日 共青团中央向各地团组织发出《关于纪念五四运动七十周年的通知》，指出纪念五四运动七十周年活动的主题是"爱国、改革、创业、奋进"，进一步继承五四革命传统和爱国主义传统，发扬民主精神和科学精神，激发、凝聚全国各族青年的力量，在党的十三大的理论和路线指引下，为建设有中国特色的社会主义艰苦奋斗。②

8月29日 《四川师范大学学报》第4期发表了由胡晓风、姚文忠、金成林三位学者撰写的《创业教育简论》，文章系统和准确地界定了创业教育的概念："创业教育就是在人生历程之中进行创造和职业相结合的教育。"文章认为"创业教育是整个生活的教育"，"全面教育是创业教育的基础和核心"；创业教育以培养合理的人生为宗旨，要培养三方面的基本能力："培植生活力""培养劳动能力""发挥创造力"。归纳了创业教育的三原

---

① 胡晓风：《关于更新教育思想进行创业教育的探讨》，载《创业教育论集》，四川教育出版社，1995，第75~80页。

② 《今年纪念五四主题——爱国 改革 创业 奋进》，《人民日报》1989年2月22日，第1版。

则："科技、教育、经济三结合""德育为本、创业为用""学问与职业一贯"。①

9月13日—11月15日 胡晓风在四川教育学院教育系授课，根据授课提纲整理成的《向着创造生活前进的创业教育》一文将"创业教育"的概念提炼为"合理安排人生历程，不断提高人生质量，以民主教育、全民教育、全面教育、终生教育构建融为一体的整体网络，进行人生志在创业、向着创造生活前进的教育"。"创业教育作为一种新构思，在于把家庭教育、学校教育、社会教育融为一体，并以学校教育为主体，建构教育的整体。教育的目的是满足社会和人生的综合需要，以文化意识为工具，使之转化为行动，由行动而发生思想，由思想产生新价值。"②

11月27日—12月2日 联合国教科文组织在北京召开了"面向21世纪教育国际研讨会"。全国人大常委会委员长万里出席了会议开幕式。国务院总理李鹏接见了全体与会代表和观察员，并就我国国内形势、发展目标、教育方针等问题发表了讲话。会议正式提出了"学会关心"的口号并发布《学会关心：21世纪的教育——圆桌会议报告》。会议报告在论述21世纪的教育哲学问题时，提出了一个全新的概念"Enterprise Education"，翻译为"事业心和开拓技能教育"，后来译为"创业教育"。③

12月 联合国教科文组织亚太地区办事处"教育创新为发展服务计划"（APEID）1987—1991年项目周期活动之一——"提高青少年创业能力的教育联合革新项目"，在泰国曼谷召开了项目规划会议。会议主要围绕项目提出的背景及意义、项目的概念框架、项目实施的策略和各项目国家的行动计划四个问题展开。④

---

① 胡晓风、姚文忠、金成林：《创业教育简论》，《四川师范大学学报》（社会科学版）1989年第4期。

② 胡晓风：《向着创造生活前进的创业教育》，《陶行知教育思想与合川教育整体改革》，四川教育出版社，1991，第4~16页。

③ 国家教委国家教育发展研究中心、中国教科文组织全委会秘书处编《未来教育面临的困惑与挑战——面向21世纪教育国际研讨会论文集》，人民教育出版社，1991，第1页。

④ 彭钢：《创业教育的理论与实验》，山西高校联合出版社，1993，第13页。

一九九〇年

1月4—8日 国务院在北京召开全国经济体制改革工作会议，讨论以企业改革为重点的1990年改革工作的任务。会议就治理整顿深化企业改革提出七条主要措施，即完善发展承包经营责任制；继续实行和完善厂长负责制；增强大中型企业的活力，充分发挥大中型企业的骨干作用；进一步发展企业集团；采取措施推进企业兼并；强化企业管理，向经营管理要效益；有计划地推进各项改革试点工作。①

7月2日 浙江省嘉兴农业学校的朱志立、陈效平在《浙江农村技术师专学报》1990年第2期发表了题为《端正办学思想　深化教育改革　为农村经济建设培养创业型人才》的文章。②

7月 中国参加联合国教科文组织（亚太地区办事处）开设的“提高青少年创业能力的教育联合革新项目”，研究与推进创业教育。由国家教委基础教育司劳动技术处牵头，成立了该项目的国家协调组，并在北京、江苏、湖北、河北、四川、辽宁“五省一市”布点进行研究和实验。③ 各省市的实验工作主要包括以下七个方面。一是建立省、市、县（乡）三级或四级课题组。二是广泛宣传，营建适合项目开展的良好社区环境。三是现状调查，包括本地区社会、经济、文化发展的现状；本地区经济、社会发展需求和未来劳动力需求状况；项目目标人口的总量及现状；目标人口的生活、职业需求状况；目标人口的技能、知识需求状况；目标人口的思想观

---

① 李鹏：《改革开放要沿着健康的轨道前进——在全国经济体制改革工作会议上的讲话》，《人民日报》1990年2月25日，第2版。

② 侯慧君、林光彬等：《中国大学生创业教育蓝皮书——大学生创业教育实践研究》，经济科学出版社，2011，第7页。

③ 彭钢：《创业教育的理论与实验》，山西高校联合出版社，1993，第17页。

念状况；目标人口的心理素质状况等。四是制订计划，明确工作的目标、重点、任务，确保项目的顺利进行。五是编制各种教学软件。六是培训教师。七是实施培训。①

8月 “提高青少年创业能力的教育联合革新项目”国家协调组在江苏省南京市召开了实验项目的规划会议，就项目涉及的目标、对象、重点、内容、实施途径、组织领导、活动计划、评估标准等问题进行了讨论和研究，并制定了实施该项目的国家级活动计划和评估标准。②

9月 江苏省教育科学研究所毛家瑞主持的“创业教育的理论与实验研究”被列为国家教委“八五”教育科学规划项目和江苏省哲学社会科学“八五”规划重点科研项目。③

11月 “提高青少年创业能力的教育联合革新项目”国家协调组在湖北省武汉市召开会议，会议交流了各项目单位的实施情况，并就项目实施的计划、组织、途径、方法等问题进行讨论和研究，为“五省一市”进一步搞好相关工作提供了思想和方法上的指导。④

12月12日 由科技日报社与中创公司举办的“第二届全国科技实业家创业奖”颁奖仪式在北京举行。中共中央政治局常委李瑞环等领导同志为43位获奖者颁奖。获奖的43位科技实业家中，在高等学校从事科研工作的有5位。⑤

---

① 彭钢：《创业教育的理论与实验》，山西高校联合出版社，1993，第241~242页。
② 彭钢：《创业教育学》，江苏教育出版社，1995，第2页。
③ 毛家瑞：《从创业教育研究到创业教育工程》，《教育评论》1995年第2期。
④ 彭钢：《创业教育学》，江苏教育出版社，1995，第2页。
⑤ 《全国科技实业家创业奖揭晓》，《光明日报》1990年12月13日，第1版。

一九九一年

1月　“提高青少年创业能力的教育联合革新项目”在日本东京召开了项目中期研讨会，会议形成了《通过教育开发创业能力》报告。报告交流了项目国家开展项目的经验和进展，研究了共同存在的问题，并就主要概念的界定、在课程中渗透创业能力教育、项目的前景和亚太地区各国共同的行动计划等问题展开研究。①

5月　我国“提高青少年创业能力的教育联合革新项目”国家协调组在四川省乐山市召开会议，各项目单位展示了教学软件（包括录像带、录音带、各种教材等），交流了经验并进行了中期评估。②

9月　我国“提高青少年创业能力的教育联合革新项目”国家协调组在河北省承德市召开会议，各项目单位对项目进行了全面总结，由专家、学者、教育行政领导组成的评审小组对项目进行了全面评价并提出了鉴定意见。③

11月　“提高青少年创业能力的教育联合革新项目”在泰国曼谷召开项目终结、评估会议，会议交流了各国的项目进展情况和经验，对初步成果进行了评价，并就创业教育的目标、操作模式、实施途径、教师培训等问题进行了探讨。④

---

① 彭钢：《创业教育的理论与实验》，山西高校联合出版社，1993，第15页。

② 彭钢：《创业教育学》，江苏教育出版社，1995，第2页。

③ 彭钢：《创业教育学》，江苏教育出版社，1995，第2~3页。

④ 彭钢：《创业教育的理论与实验》，山西高校联合出版社，1993，第16页。

一九九二年

1月17日—2月21日　邓小平在南方谈话中，鼓励人们大胆地去闯去试，强调抢抓机遇，实现快速发展。"改革开放胆子要大一些，敢于试验，不能像小脚女人一样。看准了的，就大胆地试，大胆地闯。"① "没有一点闯的精神，没有一点'冒'的精神，没有一股气呀、劲呀，就走不出一条好路，走不出一条新路，就干不出新的事业。不冒点风险，办什么事情都有百分之百的把握，万无一失，谁敢说这样的话？一开始就自以为是，认为百分之百正确，没那么回事，我就从来没有那么认为。"② "要抓住机会，现在就是好机会。我就担心丧失机会。不抓呀，看到的机会就丢掉了，时间一晃就过去了。"③ 邓小平大力提倡的"敢于试验""'冒'的精神""要抓机会"等具体做法，极大地激发了全社会的创新创业热情。

1月31日　江苏省创业教育理论与实验课题组发表了《来自创业教育的首次报告——继续教育领域实施创业教育项目研究报告》。④

2月7日　我国高技术创业服务中心发展迅速，全国已设立40余个高技术创业服务中心，接纳企业320余个，为促进科技成果转化提供了许多渠道和便利条件。⑤

3月1日　毛家瑞、彭钢、陈敬朴发表《创业教育目标、课程及评价》。⑥

---

① 《改革开放三十年重要文献选编》（上），人民出版社，2008，第634页。

② 《邓小平文选》第3卷，人民出版社，1993，第372页。

③ 《邓小平文选》第3卷，人民出版社，1993，第375页。

④ 江苏省创业教育理论与实验课题组：《来自创业教育的首次报告——继续教育领域实施创业教育项目研究报告》，《上海教育科研》1992年第1期。

⑤ 《我国高技术创业服务中心发展迅速》，《光明日报》1992年2月7日，第1版。

⑥ 毛家瑞、彭钢、陈敬朴：《创业教育的目标、课程及评价》，《教育评论》1992年第1期。

6 月 29 日 纪秩尚发表《创业素质教育与第三种学业证书》。①

8 月 28 日 毛家瑞、丁伟红发表《亚太地区部分国家的创业教育》。②

10 月 31 日 广东省惠州市在北京举办欢迎科技人才到惠州创办科技企业座谈会，以优惠的政策和良好的服务，诚请各地科技人员前往创业。③

12 月 11 日 第三届全国科技实业家创业奖揭晓，共评选出金奖获得者 10 名，银奖获得者 30 名。④

12 月 26 日 国家教委副主任柳斌发表了为“创业教育系列丛书”写的序，指出创业教育是在现行教育体系基础上推行的一种教育，也是教育理论和实践研究的一个新领域。⑤ 同日，彭钢发表了《创业教育的学习理论探微》。⑥

---

① 纪秩尚：《创业素质教育与第三种学业证书》，《教育科学研究》1992 年第 3 期。

② 毛家瑞、丁伟红：《亚太地区部分国家的创业教育》，《外国教育资料》1992 年第 4 期。

③ 《惠州诚请科技人员创业》，《人民日报》1992 年 11 月 2 日，第 3 版。

④ 《全国科技实业家创业奖揭晓》，《光明日报》1992 年 12 月 12 日，第 1 版。

⑤ 柳斌：《〈创业教育系列丛书〉序》，《教育理论与实践》1992 年第 6 期。

⑥ 彭钢：《创业教育的学习理论探微》，《教育评论》1992 年第 6 期。

一九九三年

1月31日　马维娜在《上海教育科研》发表《创业教育课程内容介绍》，提出依据创业教育的目标，创业教育的课程内容应具有以下基本特征：第一，知识与能力的统一；第二，专业技能与创业素质的统一；第三，理论和实际的统一。并提出了创业教育课程内容的基本结构、创业课程的目标要求及要点难点，将课程分为创业意识课、创业社会知识课、经营管理课、学习指导课、职业指导课、生活指导课、专业技能课以及社会实践课。①

3月24日　江泽民在参加广东代表团审议宪法修正案草案等议程的会议上强调，创业维艰，惟其艰苦，才能孕育着新的更大的成功希望和光明前景，才能更显示出人们的创业智慧和创业精神。②

3月31日　江泽民在八届全国人大一次会议上的讲话提出了新时期64字创业精神。讲话强调："我们的社会主义现代化建设还处在艰巨的创业时期。伟大的创业实践，需要有伟大的创业精神来支持和鼓舞。解放思想、实事求是，积极探索、勇于创新，艰苦奋斗、知难而进，学习外国、自强不息，谦虚谨慎、不骄不躁，同心同德、顾全大局，勤俭节约、清正廉洁，励精图治、无私奉献，这些都应该成为新时期我们推进现代化建设所要大加倡导和发扬的创业精神。"③

9月24日　由解放军三总部组织的"创业在军营"先进事迹报告团在京举行事迹报告会，江泽民在中南海会见了"创业在军营"先进事迹报告

---

① 马维娜：《创业教育课程内容介绍》，《上海教育科研》1993年第1期。

② 《经济特区改革和建设要提高水平》，《人民日报》1993年3月25日，第1版。

③ 《江泽民文选》第1卷，人民出版社，2006，第301页。

团全体成员。[①]

11 月 9 日　《中国青年报》在头版头条以《适应市场经济，造就未来能人》为题，发表了北京广渠门中学开展创业素质教育的文章，引起了广泛重视。北京市教育局和市教科所决定扩大试验范围，试验学校由 2 所发展到 16 所（包括 2 所小学）。[②]

本年　北京市教育局教材编审部把创业教材正式列入中学选修课教材系列并向全市推广。1993 年暑假，通县教育局决定在全县各中学普遍开设创业课，并组织编写了适合农村学校使用的教材《创业——青少年创业能力的培养和创造智慧的开发》。[③]

本年　毛家瑞主编的创业教育系列丛书正式由山西高校联合出版社出版，包括《创业教育的理论与实验》（彭钢著）、《创业教育的目标、课程与评价》（马维娜、张鸿兵著）、《创业之路》（陈敬朴、刘建波编）、《创业心理与技能》（姚天勇、沈德山著）、《创业社会常识》（朱亚飞等编著），这是我国最早的一套创业教育丛书。[④]

---

① 《江泽民会见“创业在军营”事迹报告团》，《人民日报》1993 年 9 月 25 日，第 1 版。

② 《北京市教育科学研究“八五”期间重点课题简介（二）》，《教育科学研究》1993 年第 6 期。

③ 纪秩尚：《结合两利　相得益彰——谈创业教育的结合原理》，《教育科学研究》1994 年第 6 期。

④ 侯慧君、林光彬等：《中国大学生创业教育蓝皮书——大学生创业教育实践研究》，经济科学出版社，2011，第 8 页。

一九九四年

5 月 10 日 浦东新区归国创业公司成立，“浦东新区为海外人员归国创业投资提供全面优惠服务，作为中国人，内资企业在浦东的各项优惠政策，他们均可享受，作为海外留学生，外资企业在浦东的各项优惠政策，他们也可享受，新区还可为他们提供必要的配套资金”①。

6 月 2 日 共青团中央、全国学联在北京举行“科技与创业：当代大学生与中国的跨世纪发展”座谈会。②

7 月 8 日 广东清华科技创业基金正式成立。该基金是由广东省与清华大学联合设立的科技创业基金，着重于将清华大学等院校有市场价值的高新技术成果引入广东，进行产业化技术开发，促进技术成果的商品化和产业化。③

8 月 23 日 中共中央印发《爱国主义教育实施纲要》，指出：“爱国主义历来是动员和鼓舞中国人民团结奋斗的一面旗帜，是推动我国社会历史前进的巨大力量，是全国各族人民共同的精神支柱。在新的历史条件下，加强爱国主义教育，继承和发扬爱国主义传统，对于振奋民族精神，增强民族凝聚力，团结全国各族人民自力更生，艰苦创业，为建设有中国特色社会主义的宏伟事业而奋斗，具有重要的现实意义和深远的历史意义。”④

8 月 31 日 中共中央发布《关于进一步加强和改进学校德育工作的若干意见》，其中第 9 点提出：“增强适应时代发展、社会进步，以及建立社

---

① 《浦东优惠留学归国创业者》，《光明日报》1994 年 5 月 11 日，第 1 版。

② 共青团中央青运史工作指导委员会办公室编著《中华人民共和国青年工作编年纪事》，天津人民出版社，1996，第 578 页。

③ 《广东与清华联合建立科技创业基金》，《人民日报》1994 年 7 月 11 日，第 3 版。

④ 中共中央文献研究室编《十四大以来重要文献选编》（上），人民出版社，1996，第919 页。

会主义市场经济体制的新要求和迫切需要的素质教育。要重视培养学生开拓进取、自强自立、艰苦创业的精神。”第 14 点提出：“各级各类学校都要把组织学生适当参加一定的物质生产劳动作为一门必修课，列入教学计划，统筹安排，各级教育行政部门要进行具体督促检查。实验、实习课程也要进一步加强，在时间、内容、组织、条件上予以落实和保证。九年义务教育阶段的思想品德课、劳动课要有公益劳动、远足锻炼以及参加社会生活等方面的内容。高中和高等学校要把社会实践纳入教学、教育计划，组织学生参加社会调查、生产劳动、科技文化服务、军政训练、勤工俭学等活动。”①

11 月 江苏省教委发出《关于在苏北地区农村组织实施教育促小康工程的意见》，明确提出“要大面积开展创业教育”，并对在基础教育领域、职业教育领域、成人教育领域实施创业教育提出了具体要求。同时，明确提出把实施创业教育工程列为苏北地区农村教育促小康工程的子工程之一。② 这是江苏省“从创业教育研究到创业教育工程”转变的具体标志。

---

① 教育部思想政治工作司编《加强和改进大学生思想政治教育重要文献选编（1978—2008）》，中国人民大学出版社，2008，第 203 页。

② 毛家瑞、彭钢：《“创业教育的理论与实验”课题研究报告》，《教育研究》1996 年第 5 期。

一九九五年

2月 江苏省教委发出《关于在“两后”培训中积极开展创业教育的通知》，要求全省各地在对初、高中毕业生进行“两后”培训中积极开展创业教育，并统一编印了《走向创业之路》作为培训教材。[①]

5月26日 江泽民在全国科学技术大会上发表题为《实施科教兴国战略》的讲话，围绕实施科教兴国战略这一主题，分四个部分做了论述：全面落实科学技术是第一生产力的思想；加速科技进步需要把握的几个重要问题；培养造就大批德才兼备的科技人才；加强党对科技工作的领导。文中指出：创新是一个民族进步的灵魂，是一个国家兴旺发达的不竭动力；[②]如果自主创新能力上不去，一味靠技术引进，就永远难以摆脱技术落后的局面；[③]要把建立技术创新机制作为建立社会主义市场经济体制的一个重要目标，特别要把建立健全企业的技术创新体系作为建立现代企业制度的重要内容和搞好国有大中型企业的关键环节；[④]科学技术人员是新的生产力的重要开拓者和科技知识的重要传播者，是社会主义现代化建设的骨干力量；实施科教兴国战略，关键是人才。[⑤]

6月1日 以弘扬实业家“科技创业”精神为内容的《中国科技实业家列传》第一卷正式出版，该书是由《光明日报》《经济日报》《科技日报》发起并由《人民日报》（海外版）、中国大百科全书出版社等单位组织出

---

① 毛家瑞、彭钢：《“创业教育的理论与实验”课题研究报告》，《教育研究》1996年第5期。
② 《江泽民文选》第2卷，人民出版社，2006，第392页。
③ 《江泽民文选》第1卷，人民出版社，2006，第432页。
④ 《江泽民文选》第1卷，人民出版社，2006，第430页。
⑤ 《江泽民文选》第1卷，人民出版社，2006，第435页。

版的。[①]

6 月 21 日　《创业之路》由中国经济出版社出版。《创业之路》是为了深入学习、宣传和贯彻江泽民提出的 64 字创业精神而编著的。本书以 64 字创业精神为“经”“纬”，按江泽民同志讲的八句话分为八篇，精选了革命领袖和古今中外著名思想家、科学家、文学家关于创业方面的精辟论述和格言，有的还附有注释和杰出人物的创业事迹。[②]

7 月 28 日　为做好留学人员工作，国家人事部将组织实施培养跨世纪留学人才计划，在全国选择条件好的开发地区，建立留学人员创业园区。[③]

本年　江苏省教委在江宁县举办了全省部分县（市）教育局局长参加的创业教育培训班，具体部署在全省开展创业教育工作。会后，各地认真贯彻落实培训班精神。暑期，全省有 29 个县（市）采用了省编的培训教材，在“两后”培训中进行了创业教育，受教育对象近 20 万人，取得了较好的效果。[④]

本年　彭钢所著的《创业教育学》由江苏教育出版社出版。该书将创业教育定义为“以开发和提高青少年的创业基本素质，培养具有开创性的社会主义建设者和接班人的教育；是在普通教育和职业教育基础上进行的，采取渗透和结合的方式在普通教育和职业教育领域实施的，具有独立的教育体系、功能和地位的教育”[⑤]。胡晓风所著的《创业教育论集》[⑥]由四川教育出版社出版。

---

① 《〈中国科技实业家列传〉第一卷出版》，《光明日报》1995 年 6 月 1 日，第 2 版。

② 《宣传 64 字创业精神〈创业之路〉将出版》，《光明日报》1995 年 6 月 21 日，第 2 版。

③ 《人事部邀请海外留学人员座谈时表示　将建立留学人员人才市场》，《光明日报》1995 年 7 月 29 日，第 1 版。

④ 毛家瑞、彭钢：《“创业教育的理论与实验”课题研究报告》，《教育研究》1996 年第 5 期。

⑤ 彭钢：《创业教育学》，江苏教育出版社，1995。

⑥ 胡晓风：《创业教育论集》，四川教育出版社，1995。

一九九六年

3月4日　全国优秀女企业家在全国优秀女企业家表彰大会上发出倡议：在“九五”计划期间积极开展巾帼创业、巾帼扶贫、巾帼成才、巾帼文明活动。①

5月17日　毛家瑞、彭钢在系统总结“创业教育的理论与实验”课题实施六年（1990—1995）期间的研究工作及成果时，将创业教育定义为：“以开发和提高青少年创业基本素质，培养具有开创型个性的社会主义建设者和接班人的教育；是在普通教育和职业教育基础上进行的具有独特功能和体系的教育。”②

5月28日　由共青团中央、全国青联、中国青年科协举办的第二届“中国杰出（优秀）青年科技创业奖”评选活动在北京揭幕。③

7月3日　上海市回国留学人员服务中心宣布，为进一步吸引出国学习和研究的人员回国服务，上海已建立了三个留学人员创业园区。这三个园区是该中心分别与上海张江高科技园区、嘉定高科技园区和漕河泾新兴技术开发区共同建立的。④

10月7—9日　国家教委职教司、职教中心所在北京联合举办了“小企业管理技能课程开发”研讨会。来自北京、湖南、陕西、江苏、浙江、山东等省（市）的教育行政部门、教学科研部门和出版社的有关人员及学者参加了会议。德国技术合作公司驻职教所专家组组长比尔曼（H. Biermann）

---

① 庄建：《全国优秀女企业家倡议在“九五”中开展巾帼创业活动》，《光明日报》1996年3月5日，第4版。

② 毛家瑞、彭钢：《“创业教育的理论与实验”课题研究报告》，《教育研究》1996年第5期。

③ 《第二届杰出（优秀）青年科技创业奖评出》，《光明日报》1996年5月30日，第1版。

④ 《上海建立三个留学人员创业园区》，《光明日报》1996年7月3日，第2版。

参加了研讨。会议简要介绍了联合国教科文组织“小企业管理技能课程开发”情况，就创业教育和“小企业管理技能课程开发”进行了经验交流，用职业分析方法研讨了小农场、小餐馆管理技能课程开发案例，并在此基础上形成了案例草案；会议讨论了课程开发及试点工作的有关事宜，并拟定将在上述省市中选择部分职业学校作为“小企业管理技能课程开发”的试点单位。①

10 月 党的十四届六中全会通过的《中共中央关于加强社会主义精神文明建设若干重要问题的决议》指出：“在全民族树立艰苦创业精神，是实现社会主义现代化的重要思想保证。”②

---

① 小白、育锋：《“小企业管理技能课程开发”研讨会在京召开》，《职教论坛》1996 年第 12 期。

② 《论新时期艰苦创业精神》，《人民日报》1996 年 12 月 3 日，第 9 版。

一九九七年

1月 清华大学学生科技创业者协会成立，提出“应当把今后的重点工作放在举办和MIT类似的商业计划竞赛上”，“我们决定把这个竞赛命名为创业计划大奖赛”，明确了在校内举办创业计划竞赛的想法。①

9月8—12日 中国联合国教科文组织全国委员会与国家教委职业教育研究所联合组织的“小企业创业技能课程开发研讨会”在西安市召开。来自联合国教科文组织、澳大利亚阿德莱德大学、中国联合国教科文全委会、国家教委职教司、职业教育中心研究所等的30多人参加了会议。其目的是修订共同教材、交流创业教育经验，并推动创业教育实验的进一步开展，以适应我国社会主义市场经济体制建设的步伐，缓解比较严峻的就业形势。会议介绍并讨论了“创业技能”“小农场”“小餐馆”课程开发案例，交流了创业教育经验，参观了创业教育实验学校，并制订了该项目的下一步工作计划。会上，与会代表对创业教育的重要性和必要性达成共识。大家一致认为：创业教育涉及职业教育深刻变革的教育思想，是提高青年人综合素质的人才培养模式；创业教育能够提高社会就业率，促进经济的发展和职业生涯的发展，是利国利民的教育形式；创业教育对当前中国各地具有普遍适应性。当前由于创业教育在我国还处于自发阶段，开展不广泛，尚未正式纳入职业教育的课程计划，应加强实践指导和理论研究，并要加大行政力度，积极推广创业教育。②

---

① 青稞：《清华园中的创业启蒙》，改革出版社，1999，第134~144页。对于“创业计划竞赛的想法”的提出，也有不同的说法，侯慧君、林光彬等提出“经济管理学院几个青年学生把美国创业计划竞赛引介到中国”（参见侯慧君、林光彬等《中国大学生创业教育蓝皮书——大学生创业教育实践研究》，经济科学出版社，2011，第9页）。

② 刘育锋：《“小企业创业技能课程开发”研讨会召开》，《中国职业技术教育》1997年第11期。

11 月 5 日 由中国扶贫基金会和中国农村劳动力资源开发研究会主办的“97 创业之星”经验交流会在北京举行。来自 16 个省（区、市）的 200 多名回乡创业的昔日打工者被授予“创业之星”称号。[①]

12 月 12 日 全国优秀转业退伍军人科技创业成果汇报会在北京举行。姜春云、迟浩田、宋健在中南海会见了优秀转业退伍军人科技成果汇报会的代表。[②]

12 月 18 日 中国高新技术创业服务中心发展十周年庆典召开。宋健出席庆典并强调，建立和完善发展高科技产业的机制，是今后创业中心的重点任务。[③]

本年 清华大学经济管理学院最早在国内 MBA 培养计划中设立专业方向，在 MBA 项目中开设了创新与创业方向，中心成员是创新和创业课程的教员，[④] 这是中国高校创业教育开始的标志。清华大学在全校性教育教学思想大讨论中明确了学校培养“高层次、高素质、多样化、创造性”骨干人才的目标。[⑤]

本年 上海杨浦科技创业中心有限公司（也称“杨浦创业中心”）于 1997 年由上海市科委、杨浦区政府和复旦大学出资建立，注册资金为 2.2 亿元，是全国首个集“融、投、贷”功能于一体的科技企业孵化器。[⑥]

---

① 《昔日打工仔 今朝创业者 200 多名回乡创业的打工者受表彰》，《人民日报》1997 年 11 月 5 日，第2 版。

② 《优秀转业退伍军人在京汇报科技创业成果》，《光明日报》1997 年 12 月 13 日，第 2 版。

③ 《我国高新技术创业服务中心发展十年成果丰硕》，《光明日报》1997 年 12 月 19 日，第 2 版。

④ 中华人民共和国教育部高等教育司组：《创业教育在中国：试点与实践》，高等教育出版社，2006，第 41 页。对于这一课程的开设情况，《高技术创业管理——创业与企业成长》教材后记中写道：“1999 年起，清华大学经管学院为 MBA 开设了‘创新与创业管理’方向课。其中涵盖‘技术战略、新产品开放、研究开发管理、技术管理、技术创新管理、企业家与创新、创业投资管理、创业管理、公司成长管理’等九门课程。”这一记载与《创业教育在中国：试点与实践》研究报告中记载的年份相差两年。为了解决这一问题，笔者电话采访了第一个在清华大学开设创新与创业方向课程的教授雷家骕，据他回忆，1997 年，清华大学就实际开设了创新与创业方向课程，但是当年没有取得学校的课程批号，所以这个方向的课程以融入“工程经济”“工业经济”课程的方式得以开设，1998 年学校正式批准开设这门课程。这样，从 1999 年起，清华大学经管学院正式开设了“创新与创业管理”方向课程。

⑤ 侯慧君、林光彬等：《中国大学生创业教育蓝皮书——大学生创业教育实践研究》，经济科学出版社，2011，第 9 页。

⑥ 《点燃创新之火助力创业之梦——上海杨浦科技创业中心》，《中国经贸导刊》2016 年第 28 期。

一九九八年

1月7日　10位青年兴业领头人代表到北京参加由共青团中央召开的实施再就业工程——青年兴业领头人座谈会，他们结合各自经历共同交流、探讨了带领下岗青工艰苦创业的有效途径。时任共青团中央书记处第一书记李克强出席会议并强调：在青年兴业领头人身上体现了一种自强不息、为国分忧的精神，希望广大下岗青工向青年兴业领头人学习，把再就业的过程作为再创业的过程。①

2月26日　中国·苏州留学人员创业园建成并正式启动。有18家留学人员创办的企业进驻，留学人员进园开办企业，注册资金起点为1万美元。②

3月31日　由共青团中央发起设立，香港诚侨集团有限公司董事局主席陈天赐首捐1000万元，设立了“陈天赐下岗青工创业基金”。共青团中央、劳动和社会保障部将以基金为物质依托，发动各级团组织和劳动部门，扎实展开“下岗青工创业行动”。③

4月16日　由留学加拿大的高级访问学者王启松创办的上海生工生物工程技术服务有限公司，在上海漕河泾留学人员创业园区毕业。这是国内第一家从高新技术企业孵化器中毕业的留学人员企业。该公司1997年的销售额达到589万元，在全国建立了广泛的销售网络，已拥有2000多个用户，成为国内化学合成DNA和高温聚合酶领域比较有影响的专业公司，达到了企业孵化器毕业的要求。④

---

① 《把再就业作为再创业》，《光明日报》1998年1月8日，第4版。

② 《中国苏州留学人员创业园启动》，《人民日报》1998年3月3日，第5版。

③ 《“陈天赐下岗青工创业基金”设立》，《光明日报》1998年4月1日，第4版。

④ 《漕河泾创业园区“孵”出首家企业》，《光明日报》1998年4月17日，第1版。

5月3日 胡锦涛在京会见“中国青年五四奖章”获得者和青年志愿者代表，并与他们座谈。胡锦涛强调，艰苦创业是青年肩负的历史责任，要把党的十五大确定的跨世纪宏伟蓝图变为现实，就必须依靠包括广大青年在内的全国人民的艰苦创业。[①]

5月4日 江泽民在庆祝北京大学建校一百周年大会上的讲话中强调，全党和全社会都要高度重视知识创新、人才开发对经济发展和社会进步的重大作用，大学应该成为科教兴国的强大生力军，教育应与经济社会发展紧密结合，这是面向21世纪教育改革和发展的方向。[②]

5—10月 清华大学举办首届创业计划大赛。[③] 共有320名学生组成98个创业团队或竞赛小组报名参赛，提交创业计划书114份。参赛选手以清华大学的理工院系及经管学院的硕士生、博士生、本科生为主，北京大学、中国人民大学、北方交通大学、中国农业大学等高校的学生也积极加入其中，组成“多国部队”。他们的作品中有许多是自己或导师多年的科研成果、863项目或专利发明，他们希望借此机会把它们变成一项产品，进而创立自己的公司。[④]

6月13日 中央书记处书记、中纪委书记尉健行在北京接见国有企业下岗职工再就业先进事迹报告团成员，并与大家进行了座谈。尉健行强调，榜样的力量是无穷的，我们就是要运用这些先进典型进行示范引导，使更多的下岗职工走自强自立、艰苦创业之路。[⑤]

8月29日 中华人民共和国第九届全国人民代表大会常务委员会第四次会议通过《中华人民共和国高等教育法》。第五条明确指出：“高等教育的任务是培养具有创新精神和实践能力的高级专门人才，发展科学技术文

---

① 《胡锦涛会见优秀青年代表时勉励广大青年　勤奋学习艰苦创业甘于奉献投身实践》，《人民日报》1998年5月4日，第1版。

② 江泽民：《在庆祝北京大学建校一百周年大会上的讲话》，《中国高教研究》1998年第3期。

③ 中华人民共和国教育部高等教育司组：《创业教育在中国：试点与实践》，高等教育出版社，2006，第37页。对于首届创业计划竞赛的主办方，也有不同的说法，侯慧君、林光彬等提出“清华大学经济管理学院团委借鉴国外的做法，5月举办了中国最早的学生创业计划竞赛”（侯慧君、林光彬等：《中国大学生创业教育蓝皮书——大学生创业教育实践研究》，经济科学出版社，2011，第9页）。

④ 徐章辉、刘帆：《中国高校创业教育体系发展研究》，中国青年出版社，2011，第30页。

⑤ 《用先进典型示范引导下岗职工走自强自立艰苦创业之路》，《光明日报》1998年6月15日，第1版。

化，促进社会主义现代化建设。”①

9 月 江苏省教委发出正式通知，就在全省中等职业学校正式开设就业与创业指导课程做出具体部署。后又发出《关于加强创业教育的通知》，决定在总结前几年经验的基础上扩大试点范围，确定一批小企业创业技能教育试点学校，并就教材、课程、途径、方法等提出了具体要求，为广泛开设就业和创业指导课程，组织编写了创业教育的参考教材和辅助读物。②

10 月 陈至立率中国政府代表团参加联合国教科文组织在巴黎总部举行的“世界高等教育大会”。大会发表的《21 世纪的高等教育：展望与行动世界宣言》明确提出：“为方便毕业生就业，培养创业技能和主动精神应成为高等教育关心的问题；毕业生将愈来愈不再仅仅是求职者，而首先应成为工作岗位的创造者。”③ 大会发表的《高等教育改革和发展的优先行动框架》强调：“必须考虑以适当的形式参照小额信贷制度和其他奖励措施的经验，通过各种办法，支持大学毕业生开办中小型企业。在高等院校，必须将培养创业技能和创业精神作为高等教育的重要问题，以提高毕业生的就业能力，使他们不仅仅成为求职者，而且逐渐成为职业的创造者。”④

从 1998 年起，山东省青岛市教委要求，将《小企业创业指南》列为职业学校的必修课之一，在职业学校广泛开展创业教育。⑤

本年 为了全面贯彻落实江泽民关于创新的系列论述和指示精神，中央教育科学研究所提出“创新教育”的概念，并联合 20 多个省市的教育研究机构和大、中、小学校开展了创新教育研究与实验，有力推动了教育改革。⑥ 时任中央教育科学研究所所长的阎立钦在接受记者采访时，对提出创新教育的时代背景，创新教育的定义，创新教育与创造教育、素质教育的

---

① 《中华人民共和国高等教育法（1998 年 8 月 29 日第九届全国人民代表大会常务委员会第四次会议通过）》，《人民日报》1998 年 8 月 31 日，第 5 版。

② 侯慧君、林光彬等：《中国大学生创业教育蓝皮书——大学生创业教育实践研究》，经济科学出版社，2011，第 9 页。

③ 赵中建：《全球教育发展的研究热点：90 年代来自联合国教科文组织的报告》（修订版），教育科学出版社，2003，第 409 页。

④ 赵中建：《全球教育发展的研究热点：90 年代来自联合国教科文组织的报告》（修订版），教育科学出版社，2003，第 420 页。

⑤ 赵中建：《全球教育发展的研究热点：90 年代来自联合国教科文组织的报告》（修订版），教育科学出版社，2003，第 420 页。

⑥ 华国栋：《推进创新教育　培养创新人才》，《教育研究》2007 年第 9 期。

关系进行了科学论述，并对创新教育做了这样的本质规定：“创新教育是以培养人的创新精神和创新能力为基本价值取向的教育，其核心是在认真做好‘普九’工作的基础上，在全面实施素质教育的过程中，为了迎接知识经济时代的挑战，着重研究和解决基础教育如何培养中小学生的创新意识、创新精神和创新能力的问题”，“‘创新教育’的根本目标是进行教育的综合改革，强调整体性、综合性、系统性”。[①] 其认为创新教育和创造教育“两者不矛盾，在很多方面甚至在一些基础方面都是相通的。‘创新教育’可以说是‘创造教育’在新的历史条件下的发展和升华”。由此，创新教育与创造教育顺利实现承接。[②]

① 王磊：《实施创新教育培养创新人才——访中央教育科学研究所所长阎立钦教授》，《教育研究》1999 年第 7 期。

② 王磊：《实施创新教育培养创新人才——访中央教育科学研究所所长阎立钦教授》，《教育研究》1999 年第 7 期。

一九九九年

1月13日 《面向21世纪教育振兴行动计划》[①] 指出："高等学校要跟踪国际学术发展前沿，成为知识创新和高层次创造性人才培养的基地。"[②]"高等学校要在国家创新工程中充分发挥自身优势，努力推动知识创新和技术创新，加快技术开发，围绕经济建设中的关键技术开展科技攻关，为改造传统产业、调整产业结构、加强农业和农村工作、培育国家经济发展新的增长点服务。"[③]"要创造条件在高校周围，特别是高校集中的地区建立高新技术产业化基地，并发挥科技开发'孵化器'的作用。加强对教师和学生的创业教育，采取措施鼓励他们自主创办高新技术产业。"[④] 这是政府首次正式回应创业教育，标志着我国政府把创业教育纳入国家发展战略。

1月 由中央教育科学研究所"创新教育研究与实验"课题组主编的《创新教育：面向21世纪我国教育改革与发展的抉择》出版，由重要文献、理论研究、实施方案、资料摘编四部分组成，积极探索面向21世纪创新人才培养的基本规律与模式，为素质教育的全面实施做出贡献。[⑤]

3月 清华大学举办第二届创业计划竞赛，北京大学、中国人民大学等校学生加盟清华学生创业团队。清华大学材料系三年级学生邱虹云等以"多媒体超大屏幕投影机"创业计划获得一等奖，他们注册的"视美乐科技

---

① 1998年12月24日，教育部发布《面向21世纪教育振兴行动计划》，国务院实际批转执行时间为1999年1月13日，参见《国务院批转教育部面向21世纪教育振兴行动计划的通知》（国发〔1999〕4号）。

② 中共中央文献研究室编《十五大以来重要文献选编》（上），人民出版社，2000，第728页。

③ 中共中央文献研究室编《十五大以来重要文献选编》（上），人民出版社，2000，第733页。

④ 中共中央文献研究室编《十五大以来重要文献选编》（上），人民出版社，2000，第724页。

⑤ 中央教育科学研究所"创新教育研究与实验"课题组：《创新教育：面向21世纪我国教育改革与发展的抉择》，教育科学出版社，1999，第2页。

发展有限公司”与上海第一百货股份有限公司就吸收5000万元风险投资达成协议。[①] 开创了中国大学生创业同风险投资相结合的先例。7月29日，由4名在校大学生创办的校园企业“视美乐科技发展有限公司”在清华大学挂牌，以此为起点，引发了一场中国大学生创业热潮。[②]

4月5日 共青团中央、劳动和社会保障部在西安联合表彰了陈恩洪等10名全国优秀青年兴业领头人和李玉玲等100名全国青年兴业领头人，以激励更多的下岗青工走自主创业之路。[③]

6月15—18日 第三次全国教育工作会议召开。江泽民强调：“要帮助受教育者培养创业意识和创业能力。通过教育部门的努力，培养出越来越多的不同行业的创业者，就可以为社会创造更多的就业机会，对维护社会稳定和繁荣各项事业就会发挥重大的作用。”[④] 李岚清提出：“要探索鼓励高校毕业生自主创业的有效途径和相应的政策措施。通过政府设立小额贴息贷款，或借助社会风险投资基金等方式，扶持大学生开办、承包和改造企业，特别是小型科技民营企业。”[⑤]

会议颁行了《中共中央国务院关于深化教育改革 全面推进素质教育的决定》，指出“实施素质教育，就是全面贯彻党的教育方针，以提高国民素质为根本宗旨，以培养学生的创新精神和实践能力为重点”[⑥]。“高等教育要重视培养大学生的创新能力、实践能力和创业精神，普遍提高大学生的人文素养和科学素质。”[⑦]

6月24日 浙江工业大学为鼓励创业，建立休学创业机制，规定研究

---

① 木志荣：《创业计划竞赛：一种有效的创业教育模式》，载张玉利、李政主编《创新时代的创业教育研究与实践》，现代教育出版社，2006，第246页。对于视美乐团队得到的风险投资数额，有学者记载为5250万元。参见徐章辉主编《中国高校创业教育体系发展研究》，中国青年出版社，2011，第30页。

② 董青春、吴金秋等编著《大学生创业教程》，北京航空航天大学出版社，2010，第13页。

③ 《百名全国青年兴业领头人受表彰 下岗青工创业行动初见成效》，《人民日报》1999年4月5日，第3版。

④ 中共中央文献研究室编《十五大以来重要文献选编》（中），人民出版社，2001，第883页。

⑤ 《深化教育改革，全面推进素质教育，为实现中华民族的伟大复兴而奋斗（摘要）——在第三次全国教育工作会议上的报告》，载《中国教育年鉴（2000）》，人民教育出版社，2000，第81~83页。

⑥ 中共中央文献研究室编《十五大以来重要文献选编》（中），人民出版社，2001，第859页。

⑦ 中共中央文献研究室编《十五大以来重要文献选编》（中），人民出版社，2001，第861页。

生休学创业可保留学籍1年，本科生可保留学籍2年。[①]

10月18—22日 中央教育科学研究所、广东省教育厅在广州联合召开了全国首届“创新教育研究与实验”学术研讨及工作会议。时任教育部副部长吕福源出席会议并讲话。[②] 与会者得出三点启示：一是创新型的学术环境是开展创新教育的有力保障；二是创新型的教师是实施创新教育的关键；三是创新型的教育方法是推进创新教育的重要条件。[③]

10月 浙江大学成立研究生创新创业中心，由学校研工部指导，以营造创新创业的校园文化氛围为宗旨，倡导创新模式的探索与创业精神的学习，致力于提升研究生创新创业素质与能力。[④]

本年 经北京市工商行政管理局批准，北航孵化器成为北京市第一家企业运行机制的科技孵化器有限公司——北京北航天汇科技孵化器有限公司。天汇科技孵化器根据科技型中小企业发展的不同阶段提供具有针对性的定制化、阶段式孵化服务，包括根据企业的支付能力提供从工位到楼层等不同规模的办公场地，根据企业不同的发展阶段为其提供不同的管理咨询服务、投融资服务、人力资源服务（双高人才、软件人才培训）以及法律等方面的服务，并取得了显著成果。[⑤]

本年 共青团中央、中国科协、全国学联将创业计划竞赛推向全国，冠名为“挑战杯”，并决定由清华大学承办第一届“挑战杯”中国大学生创业计划竞赛。[⑥] 2—10月，首届“挑战杯”中国大学生创业计划竞赛汇集了全国162所高校的416件作品，在全国高校掀起了创新创业热潮，并孕育了易得方舟、视美乐等一批高科技公司。[⑦] 同年，清华大学作为第一个亚洲成

---

① 叶辉：《大学生休学创业得到支持》，《光明日报》1999年6月24日，第2版。

② 粤宣：《全国教育专家聚首羊城探讨创新教育》，《广东教育》1999年第12期。

③ 朱永新：《创新教育论》，江苏教育出版社，2001，第37页。

④ 侯慧君、林光彬等：《中国大学生创业教育蓝皮书——大学生创业教育实践研究》，经济科学出版社，2011，第10~11页。

⑤ 徐章辉主编《中国高校创业教育体系发展研究》，中国青年出版社，2011，第32页。

⑥ 木志荣：《创业计划竞赛：一种有效的创业教育模式》，载《创新时代的创业教育研究与实践》，现代教育出版社，2006，第246页。

⑦ 木志荣：《创业计划竞赛：一种有效的创业教育模式》，载《创新时代的创业教育研究与实践》，现代教育出版社，2006，第246页。关于本届大赛的参赛高校和作品数量，有学者记载为“竞赛汇集了全国120余所高校的400件作品”，参见徐章辉主编《中国高校创业教育体系发展研究》，中国青年出版社，2011，第30页。

员被邀请加入全球商业计划竞赛联盟（Global Start-up Workshop）。[①] 清华大学技术经济与管理系雷家骕教授开设全国首门创业管理课程。[②]

本年 浙江大学在校长潘云鹤院士的直接推动下，管理学院与竺可桢学院合作创办了全国第一个以创新创业为主题的教学改革班级——“浙江大学高新技术创新创业管理强化班”。该班每年从全校各专业成绩优异的工科本科生中招收 60 名学生，借鉴斯坦福大学创新创业教育经验，以管理学和 MBA 基础知识为主，进行创新创业管理的强化训练。这是我国第一个在大学校长的直接推动下组织的创业教育班级，标志着创业教育开始进入大学教学的主渠道。[③]

本年 华东师范大学薛天祥教授指导的博士生侯定凯撰写了我国第一篇创业教育博士学位论文——《创业教育：大学致力于培养企业家精神》。[④]

① 中华人民共和国教育部高等教育司组：《高等学校创业教育经验汇编》，高等教育出版社，2011，第 86 页。

② 侯慧君、林光彬等：《中国大学生创业教育蓝皮书——大学生创业教育实践研究》，经济科学出版社，2011，第 10 页。

③ 侯慧君、林光彬等：《中国大学生创业教育蓝皮书——大学生创业教育实践研究》，经济科学出版社，2011，第 10 页。

④ 侯慧君、林光彬等：《中国大学生创业教育蓝皮书——大学生创业教育实践研究》，经济科学出版社，2011，第 10 页。

二〇〇〇年

4月12日 杭州解百集团股份有限公司与上海交通大学达成在上海交大科技园设立“杭州解百—上海交大科技创业投资基金”的协议，开创了我国上市公司在高校设立科技创业投资基金，推进高新科技创业投资事业的先河。该项基金主要投资于上海市政府发布的高新技术产业和技术目录所规定的电子与信息、生物与医药、新材料、光机电一体化等领域。[①]

4月13日 国际劳工组织亚太地区就业促进项目（ILO/IPEP）与中国劳动和社会保障部合作，将SIYB（Start and Improve Your Business）从越南引入中国。[②]

5月11日 北京市发布《鼓励留学人员来京创业工作的若干规定》，规定的主要内容包括以下几个方面。在户籍管理方面，来去自由。工作方式灵活多样，可采取技术资金入股、创办租赁企业、开展学术交流、承担科研项目、进入博士后工作站、派驻海外工作以及在国有企事业单位兼职任职等多种方式。同时还规定，留学人员来京创办企业，可凭中国护照直接注册登记，注册资本金可按有关最低标准执行。在创业政策方面突出方便实惠。在国外未取得专业技术职称的，根据其在海外的经历和学识水平，直接确定职称，并享受相应待遇；在企事业单位应聘的，其报酬从优确定；来京创办企业、工作，从事技术转让、技术开发业务和与之相关的技术咨询、技术服务取得的收入，经有关部门认定，免征营业税；在中关村科技园区内创业及工作期间取得的合法收入依法纳税后，可全部购买外汇或汇

① 《杭州解百在上海交大设立创业投资基金》，《光明日报》2000年4月13日，第4版。

② 徐章辉主编《中国高校创业教育体系发展研究》，中国青年出版社，2011，第27~28页。

出国（境）外。[①]

6月6日 第二届“挑战杯”万维投资中国大学生创业计划竞赛在上海交通大学举行。竞赛共收到全国24个省（区、市）137所高校的455件参赛作品。科大讯飞、中华行知网、澳视等一批学生创业公司进入实际运行阶段并逐步走向成熟，技术、资本和市场的结合向更深层次推进。[②] 大赛开始实行三级赛制，包括院校预赛推荐、省市复赛、全国决赛，高等院校和省市两级每两年都组织创业大赛，为全国大赛推荐作品。从此，“挑战杯”大学生创业计划竞赛在全国范围内普遍开展，参与学校和人数越来越多。[③]

7月17日 辽宁省博士创业园在大连市举行了开园仪式，科技部、教育部、人事部、国务院侨办、辽宁省政府的领导同300多名归国海外学子参加仪式。[④]

9月30日 由共青团北京市委和北京市学联主办的首届首都高校大学生创业方案大赛圆满结束。本届竞赛于5月开始，共有北京大学、中国人民大学、北京师范大学等10所高校的30多件作品参赛。这些作品涉及网络、人才开发、物流业、饮食业、医务和信息交流等各个方面，体现了新一代大学生的创新能力。[⑤]

10月18日 坐落在天津火炬创业园的南开大学科技大厦正式奠基，标志着南开大学科技园正式开园。作为科技部火炬中心与天津新技术产业园区合作建立的天津火炬创业园的重要组成部分，南开大学将充分利用火炬创业园所建立的完善的创业服务体系、优惠的政策体系及灵活的创新机制，实施科技成果转化，创建高新技术企业。[⑥]

10月 中央教育科学研究所与山东省教育厅联合举办了“全国创新教育研究与实验研讨会”。来自全国26个省（区、市）的500名代表参加了会议，收到800多篇关于如何实施创新教育的学术交流论文，把我国创新教

---

① 《留学人员归国创业 北京开辟“绿色通道”》，《人民日报》2000年5月11日，第5版。

② 《“挑战杯”挑战了什么？》，《中国教育报》2000年11月28日，第1版。

③ 《第二届大学生创业计划竞赛揭幕》，《人民日报》2000年6月7日，第5版。

④ 《大连有个博士创业园》，《人民日报》2000年7月17日，第5版。

⑤ 《首届首都高校大学生创业方案竞赛落幕》，《中国教育报》2000年10月5日，第1版。

⑥ 《允公允能 日新月异——记南开大学科技创业园》，《中国教育报》2000年12月15日，第4版。

育研究推向了一个新高潮，在全国引起了普遍关注与重视。[①]

12 月 10 日 清华大学成立中国创业研究中心，该中心是一个开放的以教育、研究为主的研究咨询机构，其发展原则是：整合全球创业智慧，培育成功的中国高技术创业领导者，促进中国创业事业的发展。[②]

本年 上海交通大学成立了学生科技创新创业中心，统筹发展全校学生的创业教育。[③]

---

① 朱永新：《创新教育论》，江苏教育出版社，2001，第 37 页。

② 关于清华大学中国创业研究中心的成立时间，学术界有不同的记载。根据学者木志荣在《创业计划竞赛：一种有效的创业教育模式》一文中的记载，“1998 年，清华大学成立了中国创业研究中心，开始了我国的创业教育研究及推广工作”（参见张玉利、李政《创新时代的创业教育研究与实践》，现代教育出版社，2006，第 244 页）；侯慧君、林光彬等也持此说，认为在 1998 年，“清华大学经济管理学院成立了中国创业研究中心，这是第一个以创业命名的研究机构，加强了我国创业教育的研究及推广工作”（参见侯慧君、林光彬等《中国大学生创业教育蓝皮书——大学生创业教育实践研究》，经济科学出版社，2011，第 9 页）；但是根据姜彦福等人的记载，清华大学中国创业研究中心成立于 2000 年 12 月（参见姜彦福、高建、程源、邱琼《全球创业观察 2002 中国报告》，清华大学出版社，2003，第 71~74 页）；根据姜彦福等人的进一步记载，清华大学中国创业研究中心成立于 2000 年 12 月 10 日（参见姜彦福、高建、程源、邱琼《全球创业观察 2003 中国及全球报告》，清华大学出版社，2004，第 60 页）。这里采用全球创业观察报告记载的时间。

③ 侯慧君、林光彬等：《中国大学生创业教育蓝皮书——大学生创业教育实践研究》，经济科学出版社，2011，第 11 页。

二〇〇一年

2月16日　山东省首家大学生创业公司在济南市成立。这家大学生创业公司名称为济南聚智信息服务有限公司，属股份责任制企业，公司注册资本为10万元，共有5名股东，其中大学生股东占2人，公司法人代表兼执行董事为山东外事翻译学院学生。公司主要开展社区服务业务。①

5月13日　国务院副总理李岚清致首届“科技活动周”的信，强调“科技活动周”是贯彻落实江泽民同志“三个代表”重要思想，在新形势下全面实施科教兴国战略，加速全社会科技进步的重要举措。李岚清要求各级领导和有关部门要高度重视，扎实工作，努力使“科技活动周”成为科技工作者之间交流合作、促进科技进步与创新的渠道，成为科技与经济结合、促进科技成果向现实生产力转化的桥梁，成为加强科技工作者与人民群众的联系、普及科学知识、弘扬科学精神的阵地，为我国科学技术事业在21世纪的发展，以及科教兴国战略的顺利实施，做出应有贡献。这届“科技活动周”将在全国各地组织开展一系列丰富多彩的活动，包括青少年走进科学世界，企业职工技术竞赛，科技进农村，科研机构、高等学校实验室向社会开放，大型科普系列展览，中外科技影视展播，召开科技报告会，以及社区科普宣传、科技游园会等社会公众广泛参与的活动。②

5月　朱永新出版《创新教育论》，从创新教育与创新意识的培养、创新教育与创新人格的塑造、创新教育的时间原则等方面进行了系统阐释和探索。③

---

① 《山东大学生掀起创业潮》，《光明日报》2001年6月2日，第A1版。

② 《李岚清致信首届“科技活动周”》，《人民日报》2001年5月14日，第1版。

③ 朱永新：《创新教育论》，江苏教育出版社，2001。

12月28日 国务院副总理李岚清在京出席“科技创业、报效祖国——2001海外学人回国创业周”活动。他在座谈会上指出，要积极营造良好的环境，鼓励和支持海外学人为国服务，回国创业，为实现中华民族的伟大复兴贡献智慧和力量。①

本年 创业教育成为大学生职业生涯指导课的重要内容，国家开始重视对创业教育的研究。一些地方大学，如黑龙江大学、温州大学等开始在全校开展创业教育，具体做法是，在“大学生职业生涯发展指导”公共必修课中把“大学生创业教育”作为重要内容。②

本年 中国成为全球创业观察（Global Entrepreneurship Monitor，GEM）成员国。③ 全球创业观察是由英国伦敦商学院和美国百森商学院共同发起成立的国际创业研究项目，该项目在国际创业研究和教育领域享有盛誉，是世界各国人士了解创业活动、环境、政策等创业问题的重要信息来源。④

---

① 《积极营造良好创业环境 吸引海外学人为国服务》，《人民日报》2001年12月29日，第1版。

② 侯慧君、林光彬等：《中国大学生创业教育蓝皮书——大学生创业教育实践研究》，经济科学出版社，2011，第11页。

③ 姜彦福、高建、程源、邱琼：《全球创业观察2003中国及全球报告》，清华大学出版社，2004，第61页。

④ 姜彦福、高建、程源、邱琼：《全球创业观察2003中国及全球报告》，清华大学出版社，2004，第2页。

二〇〇二年

1月21日 合肥工业大学大学生科技创业服务中心正式挂牌并投入使用。该中心是全国首家面向在校大学生创办的科技创业孵化基地，是合肥工业大学为在校学生科技创业营造良好环境的又一举措。①

1月 第三届“挑战杯”中国大学生创业计划竞赛在浙江大学举行。竞赛首创由高校与地方政府共同承办的模式，地方政府首次介入竞赛的组织环节。竞赛由共青团中央、中国科协、教育部、全国学联主办，共收到全国29个省（区、市）244所高校的542件参赛作品。竞赛受到社会各界尤其是企业界和风险投资界的关注。据统计，部分参赛作品开赛前就吸引了部分风险投资，金额达10400万元，其中签订合同的项目有6件，签约金额为4640万元。决赛期间，正式签约4个项目，金额达5760万元。其中，南京大学的“格霖新一代绿色环保空气净化器”商业计划获得了高达2595万元的风险投资。②

4月2日 武汉大学提出以提高人才培养质量为核心的——“三创”教育，即创造教育、创新教育和创业教育。“三创”教育就是培养学生创造、创新、创业精神和能力的教育，但“三创”教育不是三者的简单叠加和松散联合，而是融合在一起，作为一个整体概念出现，强调大学教育不仅要培养学生的创新精神和创新能力、创造精神和创造能力，还要培养学生的创业精神和创业能力。③

4月2—3日 教育部高教司召开普通高等学校创业教育试点工作座谈

---

① 《新闻简报》，《人民日报》2002年1月26日，第1版。

② 《“挑战杯”中国大学生创业计划竞赛落幕》，《人民日报》（海外版）2002年12月2日，第6版。

③ 《创造　创新　创业》，《人民日报》2002年4月2日，第10版。

会。会后，高教司向各教育部门和有关高校印发了座谈会纪要，并选择清华大学、北京航空航天大学、中国人民大学、上海交通大学、西安交通大学、武汉大学、黑龙江大学、南京财经大学、西北工业大学 9 所高校进行“创业教育”试点，引导试点学校通过不同方式，对创业教育进行实践性探索。教育部明确指出：“高等学校一方面要不断提高人才培养的质量和社会适应性，同时也要加强对学生的创新意识、创新精神和创业能力的培养。”[①] 高教司确定由北京航空航天大学创业管理培训学院负责全国创业教育骨干教师的培训工作。[②] 这标志着创业教育逐渐从自发探索转向政府引导下的多元化发展，国家的强势推动巩固了高校自发探索阶段取得的成果。

6 月 20 日　深圳市已初步形成归国留学生创业孵化“体系”。截至 6 月上旬，进入深圳市留学生创业园的留学生企业已达 140 家，入园企业注册资本总额达 2.55 亿元，开发高新技术项目达 177 个，其中有 81 个已进入中试或小批量生产阶段。[③]

6 月 21 日　吉林省长春市各级团组织全面展开“下岗青工创业行动”。依托阵地优势，通过创业培训、资金、项目、场地扶持、政策保障等一条龙服务，积极引导下岗青工通过创业实现再就业，使两万多名下岗青工走上了创业道路。[④]

8 月 29—31 日　北京航空航天大学组织召开全国首次创业教育研讨会，来自全国 37 所院校的 60 余名代表参加会议。[⑤]

8 月　宁夏实施科技特派员行动计划。按照计划，宁夏将行政事业单位具有专业技术特长的在编人员、离退休的管理和技术人员、引进的科技和管理人员等作为科技特派员派到农村和企业中，为科技创业服务。[⑥]

10 月 17 日　为推动中外经贸交流、商务发展，为广大留学人员回国创

---

① 《创业教育试点工作座谈会纪要》（教高司函〔2002〕101 号）。

② 侯慧君、林光彬等：《中国大学生创业教育蓝皮书——大学生创业教育实践研究》，经济科学出版社，2011，第 12 页。

③ 《深圳已初步形成留学生创业体系》，《人民日报》2002 年 6 月 20 日，第 2 版。

④ 《长春 2 万多下岗青工再就业》，《人民日报》2002 年 6 月 21 日，第 6 版。

⑤ 中华人民共和国教育部高等教育司组：《创业教育在中国：试点与实践》，高等教育出版社，2006，第 55 页。

⑥ 《宁夏实施科技特派员行动计划》，《人民日报》2002 年 8 月 8 日，第 2 版。

业提供交流平台，欧美同学会商会在京成立，经叔平出任商会名誉会长。[①]

11 月 8 日 党的十六大报告指出："创新是一个民族进步的灵魂，是国家兴旺发达的不竭动力。"[②]"各级党委和政府必须把改善创业环境和增加就业岗位作为重要职责。"[③]"引导全社会转变就业观念，推行灵活多样的就业形式，鼓励自谋职业和自主创业。"[④]这些重要指示揭示了创新创业对我国经济和社会发展的重要作用。

12 月 24 日 中国人民银行会同财政部、国家经济贸易委员会、劳动和社会保障部制定并发布了《下岗失业人员小额担保贷款管理办法》（以下简称《办法》）。《办法》规定，凡年龄在 60 岁以内、身体健康、诚实守信、具备一定劳动技能的下岗失业人员，自谋职业、自主创业或合伙经营与组织起来就业的，其自筹资金不足的部分，在贷款担保机构承诺担保的前提下，可以持劳动保障部门核发的《再就业优惠证》向商业银行或其分支机构申请小额担保贷款。小额担保贷款金额一般在两万元左右，贷款期限一般不超过两年，借款人提出展期且担保人同意继续提供担保的，商业银行可按规定展期一次，展期期限不得超过一年。小额担保贷款利率按照中国人民银行公布的贷款利率水平确定，不得向上浮动。从事微利项目的小额担保贷款由中央财政据实全额贴息，展期不贴息。[⑤]

本年 由宁波市人民政府、科技部火炬高技术产业开发中心、国家科技风险开发事业中心联合主办的"中国科技创业计划大赛"正式启动。此项活动以创业计划大赛为载体，打造中国最有影响力的科技项目投融资服务平台，对促进地方引资，提升孵化能力，活跃地方科技创新、创业环境建设及文化氛围等起到了促进作用，并已成为引导社会资金投入科技领域的一种新模式。[⑥]

本年 湖北创业教育科技（集团）有限公司成立，该公司系湖北省劳动和社会保障厅 2003 年批准、湖北省民政厅登记备案的正规培训学校，旗

---

① 《欧美同学会商会在京成立》，《人民日报》2002 年 10 月 19 日，第 4 版。

② 《十五大以来重要文献选编》（中），人民出版社，2001，第 926 页。

③ 《十六大以来重要文献选编》（上），中央文献出版社，2005，第 23 页。

④ 《十六大以来重要文献选编》（上），中央文献出版社，2005，第 23 页。

⑤ 《下岗创业别发愁 小额贷款解您忧》，《人民日报》2003 年 1 月 13 日，第 6 版。

⑥ 《中国科技创业计划大赛》，百度百科，https://baike.baidu.com/item/中国科技创业计划大赛/815522？fr=aladdin。

下拥有湖北创业技能培训学校、湖北培训通等多家民办教育机构。①

本年 中国知网收集的全国优秀硕士学位论文中第一次出现了创业教育选题——江西师范大学硕士毕业生高耀丽的《大学生创业教育的实施与高校管理变革》。②

① 侯慧君、林光彬等：《中国大学生创业教育蓝皮书——大学生创业教育实践研究》，经济科学出版社，2011，第14页。

② 侯慧君、林光彬等：《中国大学生创业教育蓝皮书——大学生创业教育实践研究》，经济科学出版社，2011，第14页。

二〇〇三年

1月20日　广东省教育部门表示，广东制定了简化审批手续、免征所得税等新措施鼓励大学毕业生自主创业。2003年广东要着力为大学生就业疏通渠道，取消两个影响大学生就业的限制：一是取消大学生入户的指标卡，今后只要用人单位提出计划，就可以拿到大学生就业的入户指标；二是在全省范围内取消城市增容费。广东鼓励大学生自主创业的规定包括：凡高校毕业生自办企业的，工商行政管理部门要简化审批手续，并给予不同程度的免税政策。对毕业生新办从事咨询、信息、技术服务的独立核算企业或经营单位，自开业之日起，免征所得税2年；对毕业生新办商业、物资业、对外贸易业、旅游业、仓储业、居民服务业、饮食业、教育文化事业的独立核算企业，自开业之日起，免征所得税1年；对毕业生新办从事交通运输、邮电通信业的独立核算企业或经营单位，自开业之日起，第一年免征所得税，3年内减半征收所得税；对毕业生创办的农业生产产前、产中、产后服务的企业，对其提供技术服务和劳务所得收入免征所得税。①

1月　辽宁省针对自主创业大学生出台4项优惠政策。一是新办的从事咨询业（包括科研、法律、会计、审计、税务等方面的咨询）、信息业、技术服务业的企业或经营单位，经税务部门批准，自开业之日起，免征所得税两年。二是新办的独立核算的从事交通运输业、邮电通信业的企业或经营单位，自开业之日起，第一年免征所得税，第二年减半征收企业所得税。三是新办的独立核算的从事公用事业、商业、物资业、对外贸易业、旅游业、仓储业、居民服务业、饮食业、教育文化事业、卫生事业的企业或经营单位，自开业之日起，经主管税务机关批准，可减征或免征企业所得税

---

① 《广东鼓励高校毕业生自主创业》，《中国教育报》2003年1月20日，第1版。

一年。四是高校毕业生到国家“老、少、边、穷”地区兴办企业，经主管税务机关批准，可在三年内减征或免征企业所得税。①

2月28日 由清华大学中国创业研究中心组织，历时一年完成的我国第一份创业研究报告——《全球创业观察2002中国报告》发布会在京召开。这是全球创业观察（GEM）的中国报告，GEM项目是当今唯一的全球创业研究项目。6月，《全球创业观察2002中国报告》正式出版。该报告第一次系统地对中国创业活动进行实证研究，主要结论是：中国的创业活动在全球范围内处于活跃状态，但是，在亚洲地区处于中间水平；18—64岁的积极参与创业的中国人中，有60%是因为没有其他适合他们的工作而创业，即属于生存型创业；中国的男性创业者比GEM的平均集中创业年龄提前了10岁。男性创业者多于女性创业者，男女创业者的比率是1.24；中国的创业活动以生存型为主导；中国的创业环境在GEM的37个参与国家和地区中排在第23位，属于中下游水平；创业与经济增长之间存在促进关系，中国创业活动对经济增长的贡献并没有达到GEM成员的平均贡献水平；政府创业政策的基本目标是减少创业障碍，促进开展创业活动，推动经济增长。②

3月19日 河南科技大学、北京市社会科学院在北京举行中国创业学理论研讨会。出席会议的专家学者建议，为了培养大批创新创业型人才，必须加紧建立创业学学科体系。③

3月27—28日 教育部在北京航空航天大学召开创业教育试点学校工作总结会，会议就创业教育试点工作一年来的经验与问题进行了探讨与交流。④

4月11—12日 “创业者风采”优秀大学毕业生事迹报告会分别在中国农业大学和北京大学举行，来自北京大学、清华大学、中国人民大学、北京师范大学和中国农业大学的2000多名师生参加了此次报告会。报告会

---

① 胡元斌：《美好青春：大学生掀起创业高潮》，吉林出版集团有限责任公司，2009，第20~21页。

② 姜彦福、高建、程源、邱琼：《2002中国创业观察报告》，《中国新时代》2003年第10期。

③ 《专家建议设立创业学学科体系》，《人民日报》2003年4月14日，第11版。

④ 中华人民共和国教育部高等教育司组：《创业教育在中国：试点与实践》，高等教育出版社，2006，第56页。

由共青团中央、教育部、全国学联共同组织，旨在引导大学生特别是应届毕业生认清机遇和挑战并存的就业形势，积极转变就业观念，树立行行建功、处处立业的就业成才观，到祖国和人民最需要的地方创业。①

4月12日 北京航空航天大学和中关村科技园区管委会共同建立了北航留学人员创业园，旨在吸引更多优秀海外留学人员回国创业，促进科技创新，加快中关村科技园区的建设步伐，为首都高新技术产业的发展增添新的活力。②

5月25日 江西省教育厅出台大学毕业生自主创业、自谋职业将享受与下岗工人自主谋业同等的减免税收优惠政策。③

5月 山东工商管理学院成立全国首家民办院校“创业系”，开设近十门课程。④

6月23日 吉林省政府制定的《吉林省助残创业小额借款项目实施方案》正式出台，计划将200万元专项资金用于启动助残创业小额借款项目，扶持残疾人从事个体经营和在社区创业，预计将有1000名残疾人受此项目资助实现就业和再就业。⑤

6月29日 “北京科大留学人员创业园”在北京科技大学举行了开园仪式。该创业园由北京科技大学与中关村科技园区管委会共建，是继北大留学人员创业园、清华留学人员创业园、北航留学人员创业园之后，中关村管委会与园区内高等院校共同建设的第四家专门为归国留学人员创办的高新技术企业提供服务的专业孵化器。“北京科大留学人员创业园”位于北京科技大学科技园大厦，可使用孵化面积达四万平方米，先期启动一万平方米。⑥

7月4日 为贯彻落实国务院办公厅有关对从事个体经营的高校毕业生实行免交登记类和管理类行政事业性收费政策的精神，财政部会同国家发展改革委员会发出通知，规定凡2003年应届高校毕业生从事个体经营的，

---

① 《行行能建功 处处可立业》，《人民日报》2003年4月13日，第4版。

② 徐章辉主编《中国高校创业教育体系发展研究》，中国青年出版社，2011，第32页。

③ 《江西大学生自主创业有优惠政策》，《中国教育报》2003年5月25日，第1版。

④ 姜彦福、高建、程源、邱琼：《全球创业观察2003中国及全球报告》，清华大学出版社，2004，第60页。

⑤ 《吉林省启动助残创业小额借款项目》，《人民日报》2003年6月24日，第6版。

⑥ 《北京科技大学留学人员创业园开园》，《中国高校科技与产业化》2003年第7期。

除国家限制的行业外，自工商部门批准其经营之日起1年内免交登记类和管理类的各项行政事业性收费。免交的具体收费项目包括个体工商户注册登记费、个体工商户管理费等17项收费，以及国务院、省级人民政府及其财政、价格主管部门批准的涉及个体经营的其他登记类和管理类收费项目。这项收费优惠政策执行至2003年12月31日。①

7月19日 北京理工留学人员创业园开园，创业园位于北京理工大学科技园内，面积共2万平方米。创业园以信息安全技术、环境工程技术、机电一体化、医药化工等为主要特色，为归国留学人员创办高新技术企业提供中介和孵化服务。北京理工留学人员创业园由北京理工大学与中关村科技园区管委会共同建设，北京理工大学科技园设立了总额500万元的留学人员创业基金，中关村科技园区管委会将按比例配套投资。②

8月14日 南京市玄武区新街口街道举行“再就业明星创业园”开园仪式，标志着南京市首家再就业明星创业园正式成立运作。③

9月27—28日 南开大学成立创业管理研究中心，举办“首届创业学暨企业家精神教育研讨会”，为本科生、硕士研究生、博士研究生开设创业与企业成长方面的课程，并且在博士生和MBA教学计划中开设了创业管理研究方向。这标志着我国创业教育层次的不断发展完善。④

10月8日 我国已建立留学创业园70多个，入园企业超过4000家，吸引了1.5万名留学人员回国创业，在加速高新技术开发和成果转化方面发挥了重要作用。⑤

10月14日 党的十六届三中全会通过的《中共中央关于完善社会主义市场经济体制若干问题的决定》，将“深化教育体制改革。构建现代国民教育体系和终身教育体系，建设学习型社会，全面推进素质教育，增强国民的就业能力、创新能力、创业能力，努力把人口压力转变为人力资源优势”⑥ 作为深化教育体制改革的重要目标，是中国创业教育迈上新台阶的

---

① 《高校毕业生从事个体经营免交多项收费》，《人民日报》2003年7月5日，第6版。

② 《北京理工留学人员创业园开园》，《人民日报》2003年7月20日，第2版。

③ 《南京出现首家再就业明星创业园》，《光明日报》2003年8月15日，第A4版。

④ 侯慧君、林光彬等：《中国大学生创业教育蓝皮书——大学生创业教育实践研究》，经济科学出版社，2011，第15页。

⑤ 《我国建成七十多个留学人员创业园》，《人民日报》2003年10月8日，第11版。

⑥ 《十六大以来重要文献选编》（上），中央文献出版社，2005，第477页。

标志。

10 月 23 日　第二次全国大学科技园工作会议在武汉召开，俞正声出席会议开幕式并致辞。本次会议由科技部、教育部联合召开，旨在贯彻落实“三个代表”重要思想和党的十六大精神，回顾和总结近年来国家大学科技园建设与发展取得的成就和经验，研究部署下一步工作的指导方针和工作任务，努力开创国家大学科技园建设发展的新局面。会议还为通过验收的第二批十四所国家大学科技园授牌。来自全国大学科技园所在城市的主管市长，以及所在省（区、市）科技、教育行政管理部门的负责人和部分高校负责人出席了会议。①

10 月 27 日—11 月 2 日　教育部高教司委托北京航空航天大学开办“教育部首期创业教育骨干教师培训班”。聘请国外创业教育专家及国内创业企业家对来自 100 多所高校的近 200 名教师进行了创业教育课程培训。②

10 月　清华大学中国创业研究中心指导的清华代表队在新加坡参加全球商业计划大赛（Global Start-up & Singapore Business Plan Competition），并进入决赛，获得第四名的好成绩，这标志着我国创业教育在国际上崭露头角。③

11 月　由共青团中央、中华全国青年联合会、中华全国工商业联合会发起的中国青年创业国际计划（Youth Business China，YBC）在北京启动，该项目参考总部在英国的青年创业国际计划（Youth Business International）扶助青年创业的模式，动员社会各界特别是工商界力量为青

① 《大学科技园成为国家创新体系重要组成部分》，《人民日报》2003 年 10 月 24 日，第 2 版。

② 中华人民共和国教育部高等教育司组：《创业教育在中国：试点与实践》，高等教育出版社，2006，第 56 页。侯慧君、林光彬等对此次培训有更加详细的记载：“这次创业教育师资培训班是教育部高教司委托北京航空航天大学举办的国内第一期创业教育骨干教师培训班，目的是借鉴学习国外创业教育先进经验，改革教学内容，早日提高创业教师的业务素质和教学水平，推动我国高校创业教育的发展。培训班的授课任务由 7 位教员承担，其中，国外创业教育专家 1 名（配备翻译），其余为国内创业教育专家及创业企业家。参加学习的 180 名学员来自 105 所高校，遍布我国除西藏外的大陆各省（市、区）。其中，副院（校）长以上职务 8 人，系主任 42 人，副教授以上职称 57 人，绝大部分学员在学校承担教学任务。”（参见侯慧君、林光彬等《中国大学生创业教育蓝皮书——大学生创业教育实践研究》，经济科学出版社，2011，第 15 页）

③ 侯慧君、林光彬等：《中国大学生创业教育蓝皮书——大学生创业教育实践研究》，经济科学出版社，2011，第 15 页。

年创业提供咨询以及资金、技术、网络支持，以帮助青年成功创业。[①]

12月 由林崇德领衔主持的课题“创新人才与教育创新的研究”被批准为教育部哲学社会科学研究重大课题攻关项目。课题由八个子课题构成：一是创新人才及其培养的理论思考；二是创新人才效标群体特征的研究；三是创造性人才测量量表的制定；四是中外青少年创造性跨文化对比研究；五是学校教育中的创造力培养实践；六是中小学课堂教学创新研究；七是教育信息化促进教育创新；八是创造力与心理健康教育。[②]

本年 东北师范大学博士生导师柳海民教授指导王树生撰写了我国第二篇创业教育博士学位论文——《创业教育研究》。[③]

---

① 《简讯》，《人民日报》2003年11月28日，第10版。

② 参见林崇德等《创新人才与教育创新研究》，经济科学出版社，2009。

③ 侯慧君、林光彬等：《中国大学生创业教育蓝皮书——大学生创业教育实践研究》，经济科学出版社，2011，第15页。

二〇〇四年

2月29日　中国留学人员回国创业成就展在北京展览馆开幕。这次展览是新中国成立以来规模最大、范围最广的一次留学人员回国创业成就展示活动。全国31个省（区、市）、教育部等5个部门和部分企业以及解放军系统共40个单位参加展览，参展的优秀成果达1100多项，涉及航空航天、信息技术、生物制药、医疗器械、新能源、新材料等高新技术领域，获国家或省部级奖的超过200项，一些成果填补了国内空白，达到国际先进水平。①

4月9日　苏州高新技术创业服务中心创业大厦正式落成启用。自1994年创立至今，该创业服务中心已成功孵化700余家科技型企业，创造经济效益近百亿元。据苏州高新区管委会主任管爱国介绍，苏州高新区目前已经建立了功能齐全的孵化基地和产业化基地，可以基本满足科技型企业创业、产业化、研发和梯度发展的需求。如新药创制中心建立了新药研发服务实验室系统，包括中心实验室、孵化单元实验室、综合实验室，累计有75家医药企业入驻，目前在孵企业有49家。一批国家973转基因药物项目，国家一类抗病毒新药和抗癌新药即将完成实验室合作，一批抗糖尿病、抗乙肝、消毒药项目即将面向社会转让成果。②

4月　清华大学创业研究中心教师指导的清华代表队在美国加州大学举办的2004 USF国际商业计划大赛（2004 USF International Business Plan

---

① 《大力实施人才强国战略　加大留学人员回国工作力度》，《人民日报》2004年3月1日，第4版。

② 《苏州高新区建成科技创业大舞台》，《光明日报》2004年4月10日，第1版。

Competition）中获得了“最佳国际商业奖”（Best International Business Prize）。[①]

5月17日 教育部第二届创业教育骨干教师培训班在北京航空航天大学举行，来自全国74所高校的100余名教师接受了创业教育专题培训。[②]

6月 华中科技大学自主设计、研发的“华中科技大学科技创业网络平台”向全校学生开放，并开展“一对一”创业指导咨询及创业教育讲座，实行100%的创业启蒙和10%的创业精英培养，主要通过开设科技创业课程和大学生创业精英训练营、大学生创业实践中心等平台使之成为创业教育的辅助器。此后，华中科技大学初步建构了集“铺路石—助推器—炼金坊”于一身的三级创业教育体系，并依托科技创业课程组建了23支创业团队，依托大学生创业实践中心培养孵化了一批学生创业公司，实现了5%的创业实践。[③]

6月23日 首届中美中小企业与创业投资论坛在北京开幕，曾培炎出席开幕式时说，中国政府将采取积极措施，鼓励中小企业与创业投资发展。中美两国加强中小企业与创业投资领域的合作，具有很大的潜力和广阔的前景。[④]

7月13日 为应对日益严峻的就业再就业形势，我国引进旨在提升下岗失业人员创业能力的国际劳工局SIYB项目，并计划在一年内完成3万名下岗失业人员的培训，使新企业创办成功率超过50%，企业经营改善率达到80%以上。试点工作已经在北京、上海、天津、鞍山等14个城市启动。SIYB培训是国际劳工局为帮助小微企业发展、促进就业而专门研究开发的一系列培训小企业家的课程，包括“产生你的企业想法”“创办你的企业”“改善你的企业”“扩大你的企业”四种培训课程。SIYB培训已在全球80多个国家使用并取得良好效果。[⑤]

---

① 侯慧君、林光彬等：《中国大学生创业教育蓝皮书——大学生创业教育实践研究》，经济科学出版社，2011，第16页。

② 侯慧君、林光彬等：《中国大学生创业教育蓝皮书——大学生创业教育实践研究》，经济科学出版社，2011，第16页。

③ 侯慧君、林光彬等：《中国大学生创业教育蓝皮书——大学生创业教育实践研究》，经济科学出版社，2011，第16页。

④ 《中国鼓励中小企业和创业投资发展》，《人民日报》2004年6月24日，第2版。

⑤ 《一年培训三万下岗失业人员创业》，《人民日报》2004年7月13日，第6版。

7月15日 由共青团中央、教育部、中国科协和全国学联主办的第四届“挑战杯”中国大学生创业计划竞赛复赛在厦门大学落下帷幕。全国29个省（区、市）的276所高校的603件作品参加角逐。经过来自学术界、企业界、管理咨询界、风险投资界评委的评审，最终有100件作品进入终审决赛。这些入围决赛的创业团队将于11月会聚厦门大学角逐金奖和银奖。另有180件作品获得铜奖。①

7月19日 共青团中央命名首批全国青年创业培训基地和创业实践基地。其中，北京青年教育培训中心等100个单位被命名为全国青年创业培训基地，北京通州西集开发区等100个单位被命名为全国青年创业实践基地。②

7月23日 劳动和社会保障部、教育部办公厅颁行《关于在部分高等院校开展“创办你的企业”（SYB）培训课程试点的通知》，决定在全国37所大学开展以SYB（Start Your Business）为中心内容的创业教育。③

8月3—5日 由暨南大学珠海学院主办的“2004年全国创业教育理论与实践研讨会”在珠海召开。会议通过了旨在推动创业教育在中国高校开展的《珠海宣言》。④

9月 由中国农民大学两名青年教师发起的SET项目（SET项目专注于农业行业的发展，旨在为中国及大中华地区农业院校中最具创业特质和管理潜力的优秀大学生提供先进的创业管理与职业发展教育，目的是为国家新农村建设和优秀企业培养一批创业型人才），招收本校全日制优秀学生进行系统的创业教育和管理培训，自2004年9月至2007年7月，SET已招收4期12个班共500余位来自全国各地的学员。⑤

11月 在安徽省劳动和社会保障厅的指导下，安徽职业技术学院将SIYB课程引进校园，成功举办了首期大学生创业培训班。使学生在学校接

---

① 《“挑战杯”大学生创业计划竞赛顺利推进》，《人民日报》2004年7月15日，第13版。

② 《“青年创业行动”点燃希望之火》，《人民日报》2004年7月21日，第10版。

③ 《关于在部分高等院校开展“创办你的企业”（SYB）培训课程试点的通知》（劳社厅函〔2004〕234号）。

④ 钟秉林、刘宝存、丁永为：《中国大学改革与创新人才教育》，北京师范大学出版社，2008，第225页。

⑤ 侯慧君、林光彬等：《中国大学生创业教育蓝皮书——大学生创业教育实践研究》，经济科学出版社，2011，第16页。

受专业教育的同时，也接受了自主创业的理念。①

12 月 9—12 日 教育部高教司邀请国内积极探索创业教育的试点院校，组成创业教育考察团前往美国访问了 6 所大学，包括加州大学洛杉矶分校、加州州立大学圣伯纳迪诺分校、哈佛大学、百森商学院、仁斯里尔理工学院、斯坦福大学，就开展创业教育涉及的教学大纲、课程设置、创业辅导、创业先导资金筹集等方面进行了广泛交流。②

12 月 21 日 “2004 海外学人回国创业周”在北京开幕。王兆国在会见参加创业周的留学人员代表及全国青联留学人员联谊会全体理事时指出，广大海外留学青年要继承发扬“爱国奉献、拼搏进取”的优良传统，积极投身全面建设小康社会的伟大实践，用青春和智慧创造无愧于时代的业绩。③

本年 黑龙江大学设立了 8 个创业教育必修学分，确立了学业、科研、创业导师制度，教师和社会各界人士作为导师为学生提供个性化指导；同时，学校还制定了《以创造、创新、创业为基本观测点的创业教育评估指标》等相关制度文件 27 个。④

---

① 徐章辉主编《中国高校创业教育体系发展研究》，中国青年出版社，2011，第 28 页。

② 张竹筠：《美国大学的创业教育对中国的启示》，《科研管理》2005 年第 S1 期。

③《海外学人回国创业周开幕》，《人民日报》2004 年 12 月 22 日，第 4 版。

④ 侯慧君、林光彬等：《中国大学生创业教育蓝皮书——大学生创业教育实践研究》，经济科学出版社，2011，第 16 页。

二〇〇五年

3月22日　上海市大学生科技创业基金正式启动。创业基金首期计划三年、资金总规模达1.5亿元。上海市科技投资公司与复旦大学、上海交通大学、上海大学和上海理工大学等4所高校的科技创业园区公司签订了首期投资协议。①

4月23—29日　“教育部第三期高校创业教育骨干教师高级研修班”在北京航空航天大学召开，来自全国62所高校的86名教师参加了培训。②

6月25日　《关于引导和鼓励高校毕业生面向基层就业的意见》（中办发〔2005〕18号）指出要加强对大学生创业意识和创业能力的培训。

6月29日　作为全国首批九个高校研究生创新中心之一，吉林大学研究生创新中心宣告成立。创新中心主要支持研究生进行本专业领域以及学科交叉性创新研究，从事具有重大意义的原创性学术研究和重大工程、技术研究，同时鼓励他们组建团队从事新产品的研发和转化，承接企事业单位的科研课题。吉林大学还特此设立了150万元研究生创新基金，面向全校

---

① 《上海启动大学生科技创业基金》，《中国教育报》2005年3月24日，第1版。

② 侯慧君、林光彬等对此次培训的时间记载为2005年4月22—28日，对于培训内容有更加详细的记载：“研修班课程紧紧围绕创业教育这一中心展开，内容包括创业教育特殊性分析，创业教育课程应涵盖的内容及创业课程设置，创业课程教师应具备的知识、能力和授课技巧，国内外创业教育现状及发展趋势，创业教育经验交流，高校开展创业教育的方式方法研讨等；来自美国及国内（包括台湾地区）高校的创业教育专家以及国家发改委中小企业公司、中国就业培训技术指导中心的领导和专家为研修班提供了高质量的培训课程；成功创业的企业家还结合自身的创业实践和经历与学员一起探讨交流了高校创业教育工作的内容和重点。”（参见侯慧君、林光彬等《中国大学生创业教育蓝皮书——大学生创业教育实践研究》，经济科学出版社，2011，第17页）

研究生实施创新创业项目立项研究计划，以鼓励更多研究生取得重大创新成果。①

7月6—7日 创业教育亚洲会议在清华大学经济管理学院隆重举行。本次会议由清华大学经济管理学院、斯坦福大学技术创业项目、加州大学伯克利分校莱斯特创业中心和技术管理项目共同举办，由清华大学中国创业研究中心、清华科技园和清华大学技术创新研究中心共同承办。本次会议以促进有效的创业教育为主题，吸引了来自10多个国家的50多所大学从事创业教育的学者一起探讨亚洲的创业教育，对于促进中国的创业教育发展具有重要意义。②

8月5日 江西省委教育工委、省教育厅下发文件，要求全省教育系统紧紧围绕经济发展中心，为推动全民创业、加快富民兴赣步伐提供强有力的人才支持和知识保障。要求各类学校要以更新观念为先导，调整课程设置，更新教材内容，培养教师开展创业教育的教学能力，把创业教育纳入国民教育体系。③

8月9日 宁夏回族自治区出台了24条引导和鼓励高校毕业生面向基层就业的优惠政策，这些政策包括：积极支持各类中小企业和非公有制企业聘用高校毕业生；坚持每年选派100名优秀应届高校毕业生到宁南山区8县和红寺堡移民开发区乡镇工作；从2006年开始连续5年时间，每年选拔600名高校毕业生进村和进社区工作；实施高校毕业生到农村服务计划。从2005年起，连续利用5年时间，每年招募400名高校毕业生志愿者，安排到宁南山区各乡镇开展支教、支农、支医工作；实行面向基层就业的定向招生制度，并按照协议安排毕业生到基层单位就业；进一步完善高校毕业生就业培训实习制度。坚持每年安排3200名高校毕业生到事业单位和企业就业实习，到宁南山区各县支教；努力开拓区外毕业生就业市场，力争每年输送1000名区内高校毕业生到区外就业。④

8月22日 福建出台了《福建省大中专毕业生就业工作任务分解方

---

① 《吉林大学研究生创新中心》，百度百科，https：//baike. baidu. com/item/吉林大学研究生创新中心/9780706? fr=aladdin。

② 《创业教育亚洲会议在北京举行》，《人民日报》2005年7月7日，第7版。

③ 《创业教育成了富民兴赣抓手》，《中国教育报》2005年8月5日，第1版。

④ 《宁夏24条政策鼓励毕业生基层创业》，《中国教育报》2005年8月9日，第1版。

案》。一是金融机构要加大高校毕业生自主创业贷款支持力度，对于能提供有效资产抵（质）押或优质客户担保的优先给予信贷支持；对于高校毕业生创业贷款，可将高校毕业生作为借款主体，担保方可以其家庭或直系亲属家庭成员的稳定收入或有效资产做相应的联合担保；对于资信良好、还款有保障的，在风险可控的基础上适当发放信用贷款；通过简化贷款手续，合理确定授信贷款额度，在一定期限内周转使用；对创业贷款给予一定的优惠利率扶持，视贷款风险度不同，在法定贷款利率基础上可适当下浮或少上浮。二是各级政府要在就业经费预算中安排一定的经费扶持大中专毕业生就业创业，有条件的地区可参照下岗失业人员小额担保贷款管理办法，制定具体措施，扶持高校毕业生自主创业。三是积极引导毕业生到中小企业和非公有制经济组织就业，可根据社会需要允许学生调整专业，并适当延长学习期限，可采取毕业后到职业技术学院、技师学院和高级技工学校参加3—6个月的职业技能培训，并参照职业技能鉴定办法，将培训费和职业技能鉴定费列入同级财政预算。四是对就业困难的应届高职（大专）毕业生，由相关部门共同实施“高职（大专）毕业生职业技能资格培训工程”，对需要培训的应届高职（大专）毕业生由学校统一组织进行职业技能培训和职业技能鉴定。培训费由学校承担，职业技能鉴定费适当减免。①

8月　共青团中央、全国青联与国际劳工组织合作启动KAB（Know About Business）中国项目。该项目通过教授有关企业和创业的基本知识，帮助学生对创业进行全面认识，切实增强其创业意识和创业能力。KAB项目委托中国青年政治学院成立KAB创业教育（中国）研究所，重点对KAB的教材和教学进行完善，并开展教育领域的研究，为“中国创新创业素质教育”提供理论支撑，为缓解“青年就业”严峻形势提供可行性政策建议。②

9月14日　大学生“激情创业黑石礁”活动在大连海事大学举行创业资金颁发仪式，同时大学生就业创业培训中心宣告成立。从2005年春季开始，为期半年的大学生“激情创业黑石礁”活动至此告一段落，共有8名

---

① 《福建支持毕业生自主创业灵活就业》，《中国教育报》2005年10月12日，第9版。

② 侯慧君、林光彬等：《中国大学生创业教育蓝皮书——大学生创业教育实践研究》，经济科学出版社，2011，第17~18页。

大学生获得由大连市沙河口区政府和黑石礁街道提供的28万元无偿创业扶持资金，创业公司全部入驻位于黑石礁辰熙大厦580平方米的大学生创业园。地方政府资助大学生创业在辽宁省是首创，也是一个有益的尝试，解决了大学生就业问题，带动了一批相关人员就业，并取得了实际的正效益。①

9月26日 青年创业典型、优秀组织单位和先进个人在北京受到共青团中央、劳动和社会保障部的表彰。同时两部委联合发出通知，在青年中实施“成功创业计划”。丁立权等10人获第二届“中国青年创业奖”，马依尔江等19人获提名奖。将自主创业实现就业或再就业，并为社会提供一定就业岗位的青年作为评选对象的“中国青年创业奖”，设立于2003年，由共青团中央联合劳动和社会保障部开展评选活动。②

9月29日 国务院侨务办公室举行首届华侨华人专业人士“杰出创业奖”表彰大会，100位华侨华人获此殊荣。首届华侨华人专业人士“杰出创业奖”是由国务院侨务办公室设立的奖项，旨在表彰回国创业、为我国经济和社会发展做出突出贡献的华侨华人专业人士。此次100位获奖者绝大多数是改革开放以后出国留学、学成后留居海外的新华侨华人，平均年龄为45岁，平均回国创业达6年以上，其中73%的人具有博士学位。③

9月 中央财经大学设立“创业先锋班”，并首次在全校范围内选拔了30名具有创业潜质的学生，按照辅修制模式，实行业余时间上课，个性化教学，学制为三年，给予免费培养。同时，中央财经大学成立了中日创业教育研究所，以此为平台在国际范围内开展创业研究和创业教育交流。④

11月 宁波大学成立创业指导中心，为创业学生提供培训，为创业团队提供服务，对创业项目进行评审。⑤

12月21日 “创新创业、报效祖国——2005海外学人回国创业周”

---

① 《辽宁成立“大学生就业创业训练中心”》，《光明日报》2005年9月21日，第6版。

② 《“成功创业计划”将实施》，《光明日报》2005年9月27日，第9版。

③ 《首届华侨华人专业人士“杰出创业奖”表彰大会举行》，《人民日报》2005年9月30日，第4版。

④ 侯慧君、林光彬等：《中国大学生创业教育蓝皮书——大学生创业教育实践研究》，经济科学出版社，2011，第18页。

⑤ 侯慧君、林光彬等：《中国大学生创业教育蓝皮书——大学生创业教育实践研究》，经济科学出版社，2011，第18页。

活动在北京开幕。来自19个国家和地区的海外留学人员以及全国青联留学人员联谊会会长、副会长和部分在京会员共约400人参加了开幕式。王兆国在开幕式上发表讲话，要求广大留学人员以科学发展观为指导，刻苦学习，锐意进取，积极投身现代化建设，为推动经济发展和社会进步发挥重要作用。①

12月 陈至立在教育部2006年度工作会议的讲话中指出："高等学校是培养和造就数以千万计专门人才和一大批拔尖创新人才的重要基地，是综合国力的重要组成部分，在支撑经济社会发展，提高自主创新能力，推进创新型国家建设中具有不可替代的重要作用。特别要指出的是，在新的形势下，增强自主创新能力，建设创新型国家，对培养创新人才提出了新的要求，对高等教育提出了新的挑战。我们要深刻思考高等教育的使命和任务，冷静估计当前高等教育发展的内外部条件，继续贯彻'巩固、深化、提高、发展'的方针，把握好发展节奏，做到深化改革、科学定位、提高质量、办出特色，把精力集中到培养急需人才和创新人才上来。"②

本年 清华大学出版了雷家骕教授编写的《高技术创业管理：创业与企业成长》，该书不仅长期作为清华大学创业教育课程教材，还被评为北京市精品教材并获得清华大学优秀教材一等奖。③

本年 厦门大学推出"大学生创业计划与实践"的全校性选修课，并纳入学校就业与创业指导培训课程模块。④

本年 上海设立了以政府为主导的大学生科技创业基金，并在10余所高校设立分基金。大学生创业企业只要有意向，就可以向该基金提出申请，根据不同情况可以获得5万至30万元不等的基金资助。⑤

---

① 《"2005海外学人回国创业周"活动在京开幕》，《人民日报》2005年12月22日，第4版。

② 陈至立：《坚定信心 振奋精神 努力开创"十一五"期间教育工作新局面——在教育部2006年度工作会议上的讲话》，《中国高等教育》2006年第2期。

③ 王占仁：《中国创新创业教育史》，社会科学文献出版社，2016，第93页。

④ 侯慧君、林光彬等：《中国大学生创业教育蓝皮书——大学生创业教育实践研究》，经济科学出版社，2011，第18页。

⑤ 侯慧君、林光彬等：《中国大学生创业教育蓝皮书——大学生创业教育实践研究》，经济科学出版社，2011，第18页。

二〇〇六年

1月9日 胡锦涛在全国科学技术大会的讲话中部署实施《国家中长期科学和技术发展规划纲要（2006—2020年）》，提出建设创新型国家的发展战略，并明确指出："培养大批具有创新精神的优秀人才，造就有利于人才辈出的良好环境，充分发挥科技人才的积极性、主动性、创造性，是建设创新型国家的战略举措。"①

1月11日 中国社会科学院在京发布文化蓝皮书——《2006年：中国文化产业发展报告》，就我国文化体制改革、文化遗产保护、电影业、唱片业、广播电视业、网络产业等系列文化产业的改革与发展进行了分析和预测。预计未来5年，随着国家鼓励自主创新，以及技术、市场的快速发展，我国文化产业将出现创业投资的一个高潮。②

2月20日 清华大学中国创业研究中心、中国农业大学MBA教育中心和中央电视台等单位联合公布了《中国百姓创业调查报告》。报告显示：35岁以下创业者占65%，创业者中拥有高中学历的占比最大，48%的创业资金规模在10万元以下，19%为10万到30万元。③

2月24日 上海市教委、发改委、人事局、劳动和社会保障局联合下发了《关于做好2006年上海高校毕业生就业工作的通知》。将重点支持高校毕业生基层就业和科技创业，并对就业有困难的毕业生给予特殊帮助。④

4月10—12日 由南开大学商学院和美国百森商学院联合主办，由南

---

① 中共中央文献研究室编《十六大以来重要文献选编》（下），中央文献出版社，2008，第192页。

② 《文化创业投资　高潮即将到来》，《人民日报》2006年1月12日，第11版。

③ 《百姓创业，门槛并不高》，《人民日报》2006年2月21日，第5版。

④ 《关于做好2006年上海高校毕业生就业工作的通知》（沪教委学〔2006〕7号）。

开大学企业管理系、南开大学MBA中心和南开大学创业管理研究中心承办，国家自然科学基金委员会、天津经济技术开发区管委会和全国MBA教育指导委员会支持的“创业研究与教育国际研讨会”在天津经济技术开发区召开。与会代表紧密结合中国“十一五”规划建设创新型国家的背景，以“创业、创业管理和创业教育”为主题，就创业与创新、创业与企业家、创业与中小企业、个体创业、企业成长、社会资本、创业在中国、创业活动与创业管理、创业环境与集群、创业融资、公司创业和创业教育等方面的问题进行了深入的交流研讨。①

4月14日 “青春的选择”大学毕业生基层创业先进事迹报告团首场报告会在北京举行。王兆国会见了报告团全体成员并与报告团成员座谈。“青春的选择”大学毕业生基层创业先进事迹报告会由共青团中央、中组部、中宣部、教育部、人事部、全国学联共同举办。②

5月28日 第七届全国“创业之星”经验交流表彰大会在北京召开。回良玉在会议上强调，促进农民就业创业，拓宽农民增收渠道，是我国现代化建设中的一项战略性、全局性、长期性工作。要深刻认识促进农民就业创业的重要性和紧迫性，大力营造有利于农民就业创业的政策和制度环境，着力造就有文化、懂技术、会经营的新型农民，扎实推进社会主义新农村建设，努力促进经济社会全面协调可持续发展。③

6月14—20日 教育部第四期创业教育骨干教师研修班在北京航空航天大学举办。④

6月15日 共青团中央、全国学联在全国陆续实施“创业中国——全国大学生创业服务工程”，该活动通过在创业培训、创业信息咨询、创业人才服务、创业信用服务、创业法律服务等方面为大学生创业提供综合服务，旨在引导、鼓励和支持大学生走创业就业之路，形成一人创业带动多人就

---

① 张玉利、聂伟、杨俊、薛红志：《中国创业研究与教育的新进展——创业研究与教育国际研讨会综述》，《南开管理评论》2006年第3期。

② 《大学毕业生基层创业先进事迹报告会在京举行》，《人民日报》2006年4月15日，第2版。

③ 《促进农民就业创业 拓宽农民增收渠道 扎实推进社会主义新农村建设》，《人民日报》2006年5月29日，第2版。

④ 侯慧君、林光彬等：《中国大学生创业教育蓝皮书——大学生创业教育实践研究》，经济科学出版社，2011，第19页。

业的良好局面，切实有效地缓解大学生就业压力。①

6月24日 劳动和社会保障部、财政部、中国人民银行联合召开了“落实就业政策推动创业促就业工作座谈会”。据了解，全国1460万实现再就业的下岗失业人员中，230万人成为个体工商户，22万人创办了私营企业，两项合计共有17%的下岗失业人员自谋职业、自主创业。目前在全国范围内以创业促就业的条件已经成熟。②

6月30日 胡锦涛在庆祝中国共产党成立85周年暨总结保持共产党员先进性教育活动的讲话中指出，要完善社会管理的政策法规，创新社会管理体制和管理方式，有效整合社会管理资源，推动社会管理的科学化、规范化、法制化。要坚持尊重劳动、尊重知识、尊重人才、尊重创造的方针，积极营造鼓励人们干事业、支持人们干成事业的社会氛围，充分激发各方面的创造活力。要正确处理改革发展稳定的关系，正确处理人民内部矛盾，营造安定团结的社会环境。要积极引导基层党组织和广大党员在构建社会主义和谐社会中充分发挥作用，切实做好服务群众、凝聚人心的工作。③

8月27日 上海市大学生科技创业基金会成立大会举行。该基金会是全国首家推动大学生开展科技创业活动的非营利性公募基金会，秉承着“鼓励创新创业，完善创新环境；推动成果转化，促进教育改革；激发创新潜能，造就创新人才”的宗旨，致力于开展创业项目资助、创业文化传播、创业教育及创业研究等相关工作。④

8月 清华大学、中国青年政治学院、北京航空航天大学、北京青年政治学院、黑龙江大学和天津工业大学6所高校成为全国首批“大学生KAB创业教育基地”。⑤

10月16日 第五届“挑战杯”飞利浦中国大学生创业计划竞赛在山东大学举办，部分作品在赛前就受到社会各界尤其是企业界和风险投资界的

---

① 侯慧君、林光彬等：《中国大学生创业教育蓝皮书——大学生创业教育实践研究》，经济科学出版社，2011，第19页。

② 《我国将推动“创业促就业”》，《人民日报》2006年6月26日，第2版。

③ 《在庆祝中国共产党成立85周年暨总结保持共产党员先进性教育活动大会上的讲话》，《人民日报》2006年7月1日，第1版。

④ 《上海市大学生科技创业基金会》，百度百科，https：//baike. baidu. com/item/上海市大学生科技创业基金会/6195964? fr=aladdin。

⑤ 徐章辉主编《中国高校创业教育体系发展研究》，中国青年出版社，2011，第182页。

关注。据统计，赛前共有13个参赛项目与25家企业达成投资意向，获得了5921.35万元的风险投资。在终审决赛期间的投资意向洽谈会上，共有3个项目与4家企业正式签约，风险投资达2225万元。中国香港首次正式参赛，共有来自香港地区的9所高校、澳门地区的1所高校、台湾地区的3所高校参赛、参展、观摩。①

10月26日 第五届“挑战杯”首批中国大学生创业园推介会在山东大学举行，在共青团中央和科技部火炬中心的倡导下，北京中关村科技园丰台园区科技创业服务中心、天津新技术产业园区国际创业中心、上海科技创业中心、重庆高新技术产业开发区创新服务中心、西安高新区创业园发展中心、武汉东湖新技术创业服务中心、成都高新区技术创新服务中心、广州高新技术创业服务中心、厦门高新技术创业中心、南京科技创业服务中心、济南高新技术创业服务中心等11家国家级“孵化器”向创业大学生敞开大门，成为首批大学生创业园。②

12月11日 “家族企业创业及继承”学术论坛在西北大学经济管理学院举办。来自中德两国的专家学者、企业界人士、在读研究生，分别就家族企业创业、继承人选择、继承中的机会与风险分析等问题，进行了为期两天的交流和研讨。③

12月21日 “创新创业、报效祖国——2006海外学人回国创业周”活动在京开幕，成思危出席开幕式并讲话。改革开放以来，我国出国留学人员成倍增加。一批批海外学子学成后踊跃回国创业，成为祖国现代化建设各条战线上的骨干力量。身在海外的留学人员也以自己的努力创造了骄人业绩。④

本年 《2006全球创业观察（GEM）中国报告》指出，2006年中国创业活动的活跃程度达到历史新高，创业活动指数为16.2%，即每百名18—64岁的中国成年人中，有至少16人加入了创办时间不超过三年半的创业企业。中国的机会型创业活动指数在42个国家中排在第10位，属于较为活跃

① 成静：《给年轻的心灵插上翅膀——第五届“挑战杯”中国大学生创业计划竞赛》，《中国经济导报》2006年4月1日。

② 《11家国家级“孵化器”向大学生开放》，《中国教育报》2006年10月26日，第2版。

③ 《中外专家聚谈家族企业创业及继承》，《光明日报》2006年12月11日，第10版。

④ 《2006海外学人回国创业周活动在京开幕》，《人民日报》2006年12月22日，第4版。

的状态，生存型创业指数排在第5位，相对而言，我国在全球的创业类型分布中，偏向于生存型创业，25—44岁是参与创业活动最集中的年龄段；男性创业活动类型区别于女性；初等、中等受教育者仍然是创业者的主体；创业融资的来源是创业者周围的熟人，因此是一种亲人融资或者熟人融资等。[①]

① 高建：《中国的创业活动更趋活跃——来自2006全球创业观察（GEM）中国报告的分析》，《中国科技投资》2007年第9期。

二〇〇七年

1月4日 上海首个辅导大学生创业的创业导师团成立。首批17名创业导师来自企业、高校、科研单位和政府职能部门，他们将通过开设创业讲座、政策咨询、业务指导等方式，为复旦大学学子创业团队现身说法、答疑解惑，提供项目论证、业务咨询和决策参考等服务。在提供咨询决策过程中，创业导师还将发掘有潜力的创业项目进行跟踪辅导。①

1月7日 “福州大学新楚大学生创业助力工程”正式启动。福州大学自动化科技有限公司董事长陈新楚出资1000万元，对福州大学学生进行创业投资。只要创业计划得到有关专家的肯定，就能获得一笔可观的资金支持，从而走上自主创业之路。②

2月4日 创业培训课程SYB被列入新疆大中专院校教学课程，大中专毕业生经过专业培训后创业将可以获得5万元以内的小额贴息贷款。③

2月7日 由信息产业部、财政部和北京市人民政府联合举办的电子信息产业发展基金创业投资暨“星光中国芯工程”成果报告会在京召开。曾培炎发来贺信，许嘉璐、周光召出席了报告会并讲话。④

3月12日 自2007年起，上海将每年出资1亿元扶持大学生科技创业。这1亿元由市教委和市科委分别出资5000万元构成，作为大学生从事科技领域创业的基金，以逐步提高其自主创业能力。⑤

---

① 《大学毕业生争当老板》，《人民日报》2009年2月23日，第11版。

② 《福州大学出资千万助大学生创业》，《光明日报》2007年1月8日，第2版。

③ 《大学生创业可获5万元贷款》，《中国青年报》2007年2月5日，第6版。

④ 《电子信息产业发展基金创业投资暨“星光中国芯工程”成果报告会举行》，《人民日报》2007年2月8日，第2版。

⑤ 《上海每年亿元扶持大学生科技创业》，《中国教育报》2007年3月12日，第1版。

4月13日 由共青团中央、全国学联、中组部、中宣部、教育部、人事部、农业部共同组织的“青春的选择”——优秀大学生农村创业巡回报告团首场报告会在北京举行。王兆国在报告会前接见了报告团成员，并与大家座谈。王兆国指出，当代大学生要按照胡锦涛总书记“勤于学习，善于创造，甘于奉献”的要求，踊跃投身到社会主义新农村建设实践当中，自觉担负起时代赋予的历史重任。共青团、学联组织要积极配合有关部门，积极引导大学生转变就业观念，促进大学生提高就业和创业能力，帮助大学生拓宽就业和创业渠道，为大学生面向基层就业和创业提供更好的条件。①

4月22日 国务院办公厅颁发《关于切实做好2007年普通高等学校毕业生就业工作的通知》，对2007年高校毕业生就业工作进行全面部署，明确要求各级政府要从增加岗位、政策支持、加强服务、社会保障、加大投入等五方面，充分发挥政府职能，实施更加积极的促进高校毕业生就业的政策，大力扶持毕业生自主创业和灵活就业，并明确2007年为“高校毕业生就业全面服务年”。②

5月14日 湖北省武汉市江岸区就业和创业培训中心的“企业诊断室”正式挂牌成立。这个由专家和知名人士组成的专门机构，主要任务就是指导群众创业。③

5月27日 由共青团中央发起并主办、北京城市学院和北京民办教育协会共同承办的全国青年就业创业培训服务中心在北京成立，这是全国首家为青年特别是高校毕业生就业、创业全方位服务的机构。④

5月31日 天津劳动部门建立了就业援助机制等服务机制，并为毕业生搭建就业服务高端平台、就业见习平台、自主创业平台、“双证书”平台、创业及基层就业平台。此后，劳动部门向毕业生提供职业设计、开设自主创业的高校毕业生个人缴费窗口等服务。⑤

---

① 《“青春的选择”报告团首场报告会在京举行》，《人民日报》2007年4月14日，第2版。

② 《关于切实做好2007年普通高等学校毕业生就业工作的通知》（国办发〔2007〕26号）。

③ 《武汉政府培训助困难群众自主创业》，《人民日报》2007年5月13日，第1版。

④ 《全国青年就业创业培训服务中心成立》，《光明日报》2007年5月28日，第2版。

⑤ 《放宽落户天津四部门招大学毕业生就业》，人民网，http://edu.people.com.cn/GB/5806314.html。

5月 中央财经大学正式加盟商学院国际联盟，并建成和运营全球连锁的创业教育俱乐部——“Start Up Cafe”。①

6月14日 辽宁省教育厅、发改委、财政厅、劳动和社会保障厅联合出台《关于实施辽宁省大学生创业工程的意见》，实施“辽宁省大学生创业工程”和“辽宁省困难家庭高校毕业生就业援助工程”。省政府还设立“辽宁省大学生创业资金”5000万元，专门用于对高校毕业生创业的资金扶持。此外，2007年辽宁省政府计划投资建立总面积达1.1万平方米的省级大学生创业孵化基地，预计2008年投入使用。②

6月17日 辽宁省教育厅、发改委、财政厅、劳动和社会保障厅联合下发文件，在全省启动“大学生创业工程”，省政府设立大学生创业资金5000万元，用于扶持高校毕业生创业。同时，各市政府以不低于500万元的数额相应设立大学生创业资金。③

6月18日 北京青年人才服务中心、中国青年创业国际计划（YBC）北京办公室、中央美院共同举办的校园首届“创业大赛”圆满结束。组委会邀请了有关企业家、评审导师和劳动局专家，针对该校大学生开办“青年创业大讲堂”并进行自主创业系列培训，对大学生创业计划进行筛选、评审和现场指导。④

6月25日 上海水产大学举行创业设计大赛开幕式。校方宣布将设立大学生创业励志基金，每年拿出50万元用于奖励在创新、创业大赛中脱颖而出的大学生和成功创业的学生团队。在此之前，学校还针对大学生创业所面临的创业技能、创业资金和创业环境三大难题设立学生科研创新基金、科技创业基金和科技创新奖学金。据悉，近年来，上海水产大学已有30多位毕业生创办了自己的企业，在上海各高校中名列前茅。⑤

6月29日 由中华全国总工会和中国扶贫开发协会主办的“阳光创业工程”启动仪式在北京举行。“阳光创业工程”将为包括劳动模范、退伍军

① 侯慧君、林光彬等：《中国大学生创业教育蓝皮书——大学生创业教育实践研究》，经济科学出版社，2011，第21页。

② 《关于实施辽宁省大学生创业工程的意见》（辽教发〔2007〕052号）。

③ 《辽宁投入5000万元支持大学生创业》，《中国教育报》2007年6月17日，第1版。

④ 《北京：中央美院首届校园“创业大赛”成功举办》，中国共青团官网，http：//www.gqt.org.cn/place/news/beijing/200706/t20070618_32759.htm。

⑤ 《每年50万鼓励自主创业》，《文汇报》2007年6月26日，第6版。

人、伤残运动员在内的贫困人群以及有创业意愿但缺少创业支持的人提供创业机会，推动“造血式”开发扶贫，首期将率先扶持全国劳模创业。“阳光创业工程”计划在5年内资助3000名有创业能力的贫困人员创业，解决至少3万人的再就业问题，开发新成熟项目300项。①

7月13日 山东省临沂师范学院率先成立了“大学生创业培训中心”，积极进行毕业生就业服务工作的探索与实践，引导学生树立创业意识，提高创业能力，为学生自主创业搭建平台，送毕业生一把打开市场之门的“金钥匙”。②

7月19日 国务院副总理曾培炎参观正在北京展览馆举行的全国中小型企业创新与发展成果展览会时指出：“要实施‘十一五’规划中提出的中小企业成长工程，推动中小企业发挥特色，扬长避短，提高素质，加大创业、创新、创造的步伐。”③

7月23日 全国首家由农民大学生组成的群团组织——吉林省农民大学生创业者协会在长春成立。该协会旨在让“一村一名大学生”项目毕业学员回乡后真正发挥作用，使其成为全省农民创业者的先锋。④

7月30日 全球创业观察国际研究（GEM）相关报告显示，近年来国内民间创业活动异常活跃，在全球42个创业观察的项目中，中国内地已超越印度、泰国和日本，排名全球第六位。报告显示，我国的创业环境仍须改善，创业者教育水平普遍偏低；同时，融资渠道不够理想，创业水准低是困扰普通百姓创业的最大难题。⑤

7月 北京生众创业管理咨询有限责任公司创立。这是一家创业管理咨询和培训机构，总部设在北京市海淀区中关村，致力于帮助组织与个人发展，使其获得成功所必备的创业管理知识与技能。主要为创业型大学生和职校生提供培训、创业支持和就业服务。⑥

---

① 《“阳光创业工程”在京启动》，《人民日报》2007年7月1日，第11版。

② 《临沂师院成立大学生创业培训中心》，《光明日报》2007年7月13日，第2版。

③ 《中小企业要加快创业创造创新坚持走科学发展的道路》，《人民日报》2007年7月20日，第2版。

④ 《吉林省农民大学生创业者协会成立》，《光明日报》2007年7月24日，第2版。

⑤ 《民间创业：全球排名第六》，《文汇报》2007年7月30日，第12版。

⑥ 侯慧君、林光彬等：《中国大学生创业教育蓝皮书——大学生创业教育实践研究》，经济科学出版社，2011，第22页。

8月2日 江苏省召开表彰大会重金奖励创业创新人才。江苏省此次共奖励创业创新人才10名，每人奖励20万元，另外，还给予44名“引进人才”每人100万元的资助。[①]

9月21日 杭州市人事局、财政局联合签发《关于印发〈杭州市高校毕业生创业资助资金实施办法（试行）〉的通知》。贯彻落实国家对高校毕业生创业活动大力支持的精神，对杭州市的毕业生创业活动起到积极促进作用。[②]

9月21—22日 中央财经大学举办了中国创业教育论坛，来自中国高等教育学会以及近30所高校的专家围绕“创新型国家建设与创业教育”主题进行了深入探讨。[③]

10月15日 党的十七大报告明确提出了“实施扩大就业的发展战略，促进以创业带动就业”的战略方针，指出：“完善支持自主创业、自谋职业政策，加强就业观念教育，使更多劳动者成为创业者。”[④]

10月23日 上海市大学生创业基金会首次推出“创业教育特设课程”。此课程与各高校合作，旨在深入开展创业教育。基金会还将聘请一些知名企业家担任创业导师，给予大学生更多贴心的指导。有专家指出，市场推动大学生创业企业走向整合、合作、合并。这成为大学生创业的新趋势。[⑤]

10月24日 陕西省下发《关于进一步做好全民创业促进就业工作的指导意见》。通过完善和落实创业促就业的各项政策，积极鼓励高校毕业生自主创业，并取得良好效果。[⑥]

10月25日 2007年教育部将组织专家评审出60所大学参与国家大学生创新性实验计划，并计划资助15000个大学生研究性学习和创新性实验项目，资助金额共计1.5亿元。大学生创新性实验计划是高等学校本科教学质

---

① 《江苏重金奖励创业创新人才》，《光明日报》2007年8月2日，第3版。

② 《关于印发〈杭州市高校毕业生创业资助资金实施办法（试行）〉的通知》（杭人才〔2007〕370号、杭财教〔2007〕799号）。

③ 侯慧君、林光彬等：《中国大学生创业教育蓝皮书——大学生创业教育实践研究》，经济科学出版社，2011，第21页。

④ 胡锦涛：《高举中国特色社会主义伟大旗帜　为夺取全面建设小康社会新胜利而奋斗——在中国共产党第十七次全国代表大会上的报告》，人民出版社，2007，第38页。

⑤ 《合作创业获“1+1>2”效应》，《文汇报》2007年10月24日，第6版。

⑥ 《关于进一步做好全民创业促就业工作的指导意见》（陕政发〔2007〕55号）。

量与教学改革工程中的一项重要内容。该计划主要针对本科学生个人或他们的创新团队，在导师的指导下，自主选题、自主设计实验，使学生在本科阶段得到科学研究和科学发明的训练，培养学生发现、分析和解决问题的能力。①

11月6日 2007中国国际工业博览会在上海浦东新国际博览中心开幕，22项大学生创业成果首次在中国国际工业博览会亮相。本届博览会上，高校展区规模继续扩大，展位从2006年的189个增加到252个，参展高校从去年的39所增加到51所，教育部部属高校所占比例达到53%。据统计，在本届工博会上，中国高校展区共计展出478项展品，其中重大展示项目有29项、重点推介项目有427项、首次亮相的大学生创业成果有22项，另有千余条科技创新信息在工博会上向企业集散。②

同日 以“创智上海，源自校园”为主题的“2007上海大学生创业周”开幕，这是全国第一个大学生创业周。万钢为创业周发来贺信。2008全球创业周主席也在贺词中邀请上海加入明年全球创业周的大潮中。本次大学生创业周由上海大学生科技创业基金会主办。③

11月9日 华东师范大学从机制、资金、师资入手，确立了一整套创业扶持制度，为大学生创业提供了全方位的服务。学生可以休学1年从事创业，学校将为其保留学籍；学校还出台了创业学分制，使不想休学又从事创业的学生，每人可以获得2—4个学分。同时，学生企业内的员工均可使用学校的图书资源，学生企业还可以使用学校的实验室和仪器设备资源。同日，华东师范大学还正式成立了上海首家以创意产业为主要资助方向的大学生创业基金，基金总额达1000万元，凡申请的创意产业项目被校方批准，学生可获得学校最多30万元的资助。④

11月11日 上海市大学生创业周落幕，上海市人事局、杨浦区政府等单位联合出台了全新的“大学生创新创业政策”。上海市人才服务中心将设立专门的服务窗口，对享受创新创业资金资助的企业、大学生创新创业优秀人才和团队提供免费服务。免费提供两年应届大学生创业企业员工人事

---

① 《60所高校将参与国家大学生创新性实验计划》，《光明日报》2007年10月26日，第7版。
② 《大学生创业成果首次亮相工博会》，《中国教育报》2007年11月7日，第1版。
③ 《全国首个大学生创业周开幕》，《人民日报》2007年11月7日，第5版。
④ 《华东师大建立休学创业扶持制度》，《中国教育报》2007年11月10日，第1版。

档案委托管理、人事证明出具服务；免费建立员工诚信档案；免费提供为大学生创业企业量身定制的有关创业政策、创业资金申请、资金使用、营销技巧等培训服务。并确立24小时人事、人才服务响应制度，给予大学生创业者优质贴身、保姆式的服务。此外，上海市人事局特别出台了大学生创新创业人才的扶持政策。上海人才发展资金将向创新创业大学生开放，专设大学生创新创业资助资金，资助额度为5万—20万元，并推出人才引进、人才居住证等优惠政策。①

同日 上海市人事局在学生创业创新政策发布会上出台了扶持有关大学生创业的四项优惠政策：设立年度大学生创新创业资助资金，办理人才引进、人才居住证优惠政策，对年度优秀创新创业优秀人才给予表彰，设立大学生创新创业人才“绿色”通道。“杨浦区支持大学生创业财政扶持办法”也于11月10日出台。②

11月16日 教育部、财政部联合发文，在2007年度教育教学质量工程——“人才培养模式创新实验区”220个项目中设立了6个创业试验区，即北京师范大学创意人才培养实验区，中央财经大学创业教育基地，北京理工大学创意、创业社团试验区，东北农业大学动物科学专业创业人才培养模式创新实验区，上海理工大学沪江创新创业人才培养实验区，中南大学材料科学与工程“创新创业”型人才培养实验区。③

11月29日 杭州市颁布《高校毕业生创业资助资金实施办法（试行）操作细则》。规定市财政每年从人才专项资金中安排一定数额的资金用于资助符合条件的普通高校应届毕业生在市区创业，激励和支持大学生创业创新。④

12月11日 国务院扶贫办和中国光彩事业促进会共同主办“城乡统筹进程中的创业扶贫论坛”，创业扶贫是开发式扶贫措施的创新，是对现行扶贫开发措施的补充和完善。⑤

---

① 《上海优惠政策扶持大学生创业》，《中国教育报》2007年11月12日，第1版。

② 《四项新政助大学生创业》，《文汇报》2007年11月12日，第6版。

③ 侯慧君、林光彬等：《中国大学生创业教育蓝皮书——大学生创业教育实践研究》，经济科学出版社，2011，第21页。

④ 《高校毕业生创业资助资金实施办法（试行）操作细则》（杭人才〔2007〕469号、杭财教〔2007〕1112号）。

⑤ 《创业扶贫是对扶贫开发的创新》，《人民日报》2007年12月12日，第6版。

12月21日　“创新创业、报效祖国——2007海外学人回国创业周”活动在北京开幕。陈至立出席并发表讲话，她指出，留学人员是国家和民族的宝贵财富，是我国人才资源的重要组成部分，是建设创新型国家的一支重要力量，在推动我国经济发展和社会进步中发挥着越来越重要的作用。全面建设小康社会的伟大历史进程，为留学人员回国创业或以多种方式为国服务提供了广阔的舞台，创造了前所未有的发展机遇。[①]

同日　中国技术创业协会成立大会在北京召开。会上同时启动了由科技部火炬高技术产业开发中心、全国工商联经济部、全国学联办公室和中国技术创业协会联合发起的中国火炬创业导师行动。黄孟复出席会议并讲话，希望中国技术创业协会注重发挥组织、协调作用，成为资本与科技型中小企业之间的纽带，成为科技型中小企业快速健康成长的助推器。黄孟复和万钢担任中国技术创业协会顾问委员会名誉主席。[②]

12月24日　由科技部火炬中心、全国工商联经济部、全国学联办公室和中国技术创业协会共同发起的中国火炬创业导师行动在北京宣告启程。[③]

12月28日　教育部办公厅印发《大学生职业发展与就业指导课程教学要求》，在课程第六部分具体规划了创业教育的教学目标和教学内容。教学目标是使学生了解创业的基本知识，培养学生的创业意识与创业精神，提高创业素质与能力。教育内容包括六个方面：创业的内涵与意义；创业精神与创业素质；成功创业的基本因素；创业准备及一般创业过程；创业过程中应注意的常见问题及对策；大学生创业的相关政策法规。[④]

12月　复旦大学国家大学科技园成为复旦大学创业教育的一大亮点。园区由国家级复旦科技园、国家级复旦软件园、国家级复旦杨浦孵化基地、国家级高新技术创业服务中心和复旦枫林生物医药科技园等专业园区构成，成为复旦大学原创力向社会有效延伸的重要平台。复旦大学国家大学科技园园区已建成具有孵化、研发、产业等功能的场所约10万平方米，入驻园区企业达300余家，涌现出复旦微电子、复旦光华、复旦天臣、复旦水务等一批业界瞩目的高科技企业和创新创业精英；成为国家级科技创新示范基

① 《“二〇〇七海外学人回国创业周”活动开幕》，《人民日报》2007年12月22日，第4版。

② 《中国技术创业协会成立》，《人民日报》2007年12月23日，第4版。

③ 《中国创业导师在行动》，《光明日报》2007年12月24日，第6版。

④ 《大学生职业发展与就业指导课程教学要求》（教高厅〔2007〕7号）。

地、科技成果孵化和辐射示范基地、高素质创新创业人才培养示范基地。复旦大学国家大学科技园以上海复旦科技园股份有限公司为运作载体，依托“校区”资源优势，构筑“园区”服务体系，融入“社区”经济建设，坚持孵化和催化两个中心，对在校大学生实施知识服务、资源整合、国际化三大战略，以社会化的运作模式开展源头创新服务，探索出一条具有复旦特色的大学创业教育之路。①

本年 上海交通大学面向全校学生开设“创新创业大讲堂”，通过大班讲座、小班操练、案例剖析、创业比赛、专家辅导、实战模拟等一系列创新教育方法和手段，推进创新创业教育；向 MBA 同学推出创业精神与创新管理课程。②

本年 21 世纪中英创业计划大赛启动，这项活动由“全英中国创业发展协会”等机构主办，目的是展示中英学子在经济、科技、文化、教育等方面的创新能力，并为有志于在中英两国商业领域开拓进取的创业者提供国际化交流平台。③

① 侯慧君、林光彬等：《中国大学生创业教育蓝皮书——大学生创业教育实践研究》，经济科学出版社，2011，第 22 页。

② 侯慧君、林光彬等：《中国大学生创业教育蓝皮书——大学生创业教育实践研究》，经济科学出版社，2011，第 21 页。

③《中英创业计划大赛》，百度百科，https：//baike.baidu.com/item/中英创业计划大赛/5068130。

二〇〇八年

1月1日　《中华人民共和国就业促进法》开始实施。作为一部专门促进就业的国家法律，该法倡导劳动者树立正确的择业观念，提高就业能力和创业能力，鼓励劳动者自主创业、自谋职业的规定以及国家实行有利于促进就业的金融政策，把对创业的金融支持以法律的形式确定下来，对自主创业人员在一定期限内给予小额信贷等扶持，有利于营造良好的创业环境，激励更多大学生创业。

3月23日　全国人大常委会副委员长、中国科学院院长路甬祥在中国发展高层论坛上表示，高新技术要实现产业化，有四个方面的因素需要加强。对于创新教育，应该转变教育观念，发展素质教育，注重培养学生对客观世界的好奇心、自主探索精神，同时要提高学生的学习能力、实践能力、创新创业能力，为建设创新型国家提供坚实的人才基础。①

4月24日　国务院就业工作部级联席会议在北京召开，研究部署全年就业及再就业工作。张德江出席会议并讲话，强调要重点抓好以下几项工作：努力稳定就业形势，千方百计扩大就业；完善落实各项政策措施，积极促进创业带动就业；广开渠道，重点做好高校毕业生就业工作。②

4月30日　中宣部和中华全国总工会在北京召开窦铁成同志先进事迹座谈会。中华全国总工会主席王兆国在会见出席窦铁成同志先进事迹座谈会的全国各地高技能人才代表时指出，全社会要进一步加强高技能人才的培养工作，为高技能人才的健康发展、创新创业提供更加有利的环境和

---

① 《从四方面加强高新技术产业化》，《人民日报》2008年3月24日，第2版。

② 《提高认识　加大力度　协调配合用百倍的努力做好就业工作》，《人民日报》2008年4月25日，第2版。

条件。①

5月4日 中央组织部在北京召开青年科技创新创业人才座谈会。中共中央政治局常委、国家副主席习近平在座谈会上指出，希望广大青年科技工作者要坚定理想信念，胸怀祖国、心系人民，自觉把个人的创新创业行动与推进国家的科技发展、经济繁荣、社会进步结合起来。要恪守科学精神，脚踏实地、埋头苦干，坚韧不拔、不畏挫折，淡泊名利、不浮不躁，始终保持探索真知的坚定意志和创新创业的高昂激情。习近平强调，建设创新型国家，培养科技创新创业人才，各级党委和政府负有重要责任。要牢固树立人才资源是第一资源的理念，更好地实施人才强国战略，努力建设一支能够站在世界科技前沿、勇于开拓创新的高素质人才队伍。特别要大规模培养青年科技创新创业人才，构建有利于人才成长的教育培养体系，形成完整的人才培养成长链，建立人才培养的协调机制，造就大批一线的青年科技人才；要大力吸引青年科技创新创业人才，进一步创新政策、完善体制，坚持用宏伟事业感召人才，用良好环境凝聚人才，用优质服务吸引人才，用合理待遇激励人才，充分调动青年科技人才创新创业的积极性；要大气魄使用青年科技创新创业人才，破除论资排辈、求全责备等观念，放开视野选人才，不拘一格用人才，为青年科技人才大胆创新创业提供更多机会，使他们人尽其才、才尽其用。②

5月 国家发改委出台政策，高校毕业生创业可免3年行政事业性收费；小型微利企业按20%的比例减征所得税；对资金不足者提供小额担保贷款并由国家对一些微利项目进行50%的贴息；对能力不足者提供创业培训服务，鼓励高校毕业生自主创业、自谋职业。③

6月10—13日 中国共产主义青年团第十六次全国代表大会在北京召开。大会号召要组织动员青年积极参与经济建设。要积极创造条件，鼓励和推动青年创新创业，在促进经济又好又快发展中充分发挥生力军和突击

---

① 《窦铁成同志先进事迹座谈会在京召开》，《人民日报》2008年5月1日，第5版。

② 《习近平在青年科技创新创业人才座谈会上强调 青年科技人才要勇做创新先锋》，《人民日报》2008年5月5日，第1版。

③ 《为政府分担大学生创业成本叫好》，《中国教育报》2008年5月19日，第8版。

队作用。[①]

6月23日 中国科学院第十四次院士大会、中国工程院第九次院士大会开幕。中共中央总书记、国家主席、中央军委主席胡锦涛出席会议并发表重要讲话。他强调，科学技术是第一生产力，是先进生产力的集中体现和主要标志，是中国特色社会主义理论体系关于科技思想的基本观点。必须坚定不移地实施科教兴国战略，充分发挥科学技术作为第一生产力的作用，加快缩小我国与世界先进水平的发展差距，为推动经济社会又好又快发展，实现全面建设小康社会、基本实现社会主义现代化的战略目标提供强大科技支撑。[②] 要大力弘扬以爱国主义为核心的民族精神和以改革创新为核心的时代精神，……要最大限度地鼓励和支持科技创新，最大限度地激发科技人员的创新激情和活力，最大限度地鼓励人才干事业、支持人才干成事业、帮助人才干好事业，特别是要为年轻人才施展才干提供更多机会和更大舞台，在全社会营造尊重和鼓励创新创业的良好氛围。[③]

7月21日 中央书记处书记、中央组织部部长李源潮，国务委员兼国务院秘书长马凯，代表党中央、国务院，到北戴河看望参加暑期休假活动的海外留学回国创新创业专家代表，召开座谈会听取专家们对编制《全国人才队伍建设中长期规划纲要》的意见。李源潮指出，希望留学回国专家学者一如既往地站在科技创新创业的前列，为建设创新型国家，为培养更多的人才做出新的贡献。各级党委、政府和组织人事部门，要深入贯彻党的十七大精神和胡锦涛同志在两院院士大会上的重要讲话精神，大力实施科教兴国、人才强国战略，认真落实国家鼓励海外留学人员回国工作、吸引他们以多种形式为国服务的政策，加大吸引海外留学人员回国工作的力度，为他们创新创业提供良好的环境和条件。[④]

9月26日 国务院办公厅转发了人力资源和社会保障部等部门《关于促进以创业带动就业工作的指导意见》（以下简称《意见》），就进一步指

---

① 《高举中国特色社会主义伟大旗帜 团结带领广大青年为夺取全面建设小康社会新胜利而奋斗》，《人民日报》2008年6月11日，第4版。

② 《十七大以来重要文献选编》（上），中央文献出版社，2009，第498页。

③ 《十七大以来重要文献选编》（上），中央文献出版社，2009，第503页。

④ 《党中央国务院邀请海外留学回国创新创业专家到北戴河暑期休假》，《人民日报》2008年7月22日，第4版。

导、规范和大力推进以创业带动就业工作做出部署。《意见》指出，采取多项措施鼓励高校毕业生等群体创业，加强普通高校和职业学校的创业课程设置，各地区、各有关部门可根据实际情况，适当放宽高校毕业生、失业人员以及返乡农民工创业的市场准入条件。根据《意见》精神，今后国家将重点指导和促进高校毕业生、失业人员和返乡农民工创业，军队复员转业人员、留学回国人员等创业，允许创业者将家庭住所、租借房、临时商业用房等作为创业经营场所。同时建立创业项目资源库，确立有效采集和定期发布制度，接受创业者的咨询和投诉。①

10 月 22 日 人力资源和社会保障部下发了《关于推动建立以创业带动就业的创业型城市的通知》，就促进以创业带动就业工作提出指导意见。一是统一思想认识，明确目标任务；二是完善扶持政策，改善创业环境；三是强化创业培训，提高创业能力；四是健全服务体系，提供优质服务；五是加强组织领导，推动工作开展。强调要营造良好氛围，加强创业教育，增强创业意识，建设创业文化，使更多的劳动者乐于创业、敢于创业。②

10 月 25 日 第八届全国“创业之星”经验交流表彰大会在北京举行。回良玉出席会议并强调，农民就业创业事关我国经济和社会发展全局，要认真贯彻落实党的十七届三中全会精神，按照统筹城乡发展的要求，进一步破除体制机制障碍，努力营造良好的政策环境，促进农民充分就业，鼓励农民积极创业，推动农民增收和社会主义新农村建设。③

11 月 4 日 由国家工商总局、教育部、人力资源和社会保障部支持，中国个体劳动者协会主办的“‘自主创业我先行’全国高校大学毕业生创业报告会”启动仪式和首场报告会在北京大学举行。④

11 月 12 日 “教育部第六期高校创业教育骨干教师高级研修班”在北京航空航天大学开班。参加本期研修班的教师共有 225 名，分别来自各高校教务、专业院系、学生工作等部门。⑤

---

① 《国务院办公厅转发人力资源社会保障部等部门关于促进以创业带动就业工作指导意见的通知》（国办发〔2008〕111 号）。

② 《关于推动建立以创业带动就业的创业型城市的通知》（人社部发〔2008〕87 号）。

③ 《推进体制机制创新 促进农民就业创业》，《人民日报》2008 年 10 月 26 日，第 2 版。

④ 《“想创业就别怕丢面子”——全国高校毕业生创业报告会举行》，《中国教育报》2008 年 11 月 6 日，第 2 版。

⑤ 《教育部第六期创业教育骨干教师研究班日前举行》，《中国教育报》2008 年 11 月 12 日。

11 月 16 日 第六届“挑战杯”中国大学生创业计划竞赛决赛在四川大学开幕。来自内地 109 所高校的 150 件大学生创业计划作品将通过书面评审和秘密答辩，角逐“挑战杯”金奖、银奖以及最佳团队表现奖、最佳创意团队等单项奖。①

11 月 27 日 “2008 创业周暨全球创业周中国站”活动在北京、上海等地高校举行，一大批青年学子通过与企业家投资人的经验分享、成果展示，接受了创业教育、创业文化的熏陶和洗礼。这是在 2007 年之后，中国举办的更大规模的大学生创业推广活动。为了激发大学生的创业热情，两年来该基金会共资助大学生创业项目 293 项，其中已有 240 个项目完成工商注册，已为 1641 名大学生提供了就业岗位，其中本科以上大学生达 1207 人，创业者中 67%为硕士、博士。②

11 月 28 日 中国创业女性高层论坛暨全国优秀创业女性表彰大会在北京举行。授予 10 位女企业家“全国十佳巾帼创业明星”荣誉称号，授予 179 人“全国优秀创业女性”荣誉称号。中国创业女性高层论坛暨全国优秀创业女性表彰大会由全国妇联、全国妇女“巾帼建功”活动领导小组主办。③

11 月 30 日 以“创业、创新、就业与科学发展”为主题的全球创业型经济论坛在北京举行。论坛上，来自联合国、国际劳工组织、国家发改委、中华职业教育社、中国人事科学研究院、国家行政学院、清华大学等有关方面的近 20 位专家、学者围绕创业型经济的内涵、发展路径和模式，创业型经济与创新型人才培养，创业型经济与创业教育，创业型经济与创业型城市建设等方面的内容进行了深入交流和研讨。论坛发布了《全球创业型经济论坛北京宣言》和《全球创业型经济研究报告》。④

12 月 21 日 共青团中央、全国青联、欧美同学会共同举办的“2008 海外学人回国创业周”活动在北京开幕。李源潮会见参加创业周活动的全体代表，勉励他们弘扬我国留学人员爱国奉献的光荣传统，把所学知识与祖国建设的需要连在一起，把事业追求与祖国人民的幸福连在一起，抓住现

---

① 《150 个创业计划竞逐“挑战杯”》，《中国教育报》2008 年 11 月 17 日，第 1 版。

② 《激发大学生创业力》，《人民日报》2008 年 11 月 27 日，第 4 版。

③ 《优秀创业女性受表彰》，《人民日报》2008 年 11 月 29 日，第 6 版。

④ 《创业型经济论坛力倡以创业带动就业》，《光明日报》2008 年 12 月 2 日，第 6 版。

代化建设为各类人才施展才华提供的大好机遇，积极回国创新创业，更好地实现理想抱负和人生价值。“海外学人回国创业周”活动自 2001 年创办以来，已连续举办 7 届，为海外留学人员回国创新创业和以多种方式报效祖国搭建了桥梁，受到广大留学人员的热烈欢迎和国内各方面的好评。本届活动共有近 200 名海外学人参加，其中具有博士学位的占 98%。[①]

① 《鼓励支持海外留学人员回国创新创业报效祖国》，《人民日报》2008 年 12 月 22 日，第 4 版。

二〇〇九年

1月7日 温家宝主持召开国务院常务会议，部署高校毕业生就业工作。会议决定实施鼓励和引导毕业生到城乡基层就业、鼓励毕业生到中小企业和非公有制企业就业、鼓励骨干企业和科研项目吸纳和稳定高校毕业生就业、鼓励和支持毕业生自主创业、强化毕业生就业服务、提升毕业生就业能力、建立和完善困难毕业生援助制度等七项措施，大力加强毕业生就业工作。①

同日 中共中央办公厅转发《中央人才工作协调小组关于实施海外高层次人才引进计划的意见》（以下简称《意见》），要求各地区各部门进一步解放思想，完善体制机制，健全政策措施，以更开阔的眼界、更宽的思路和更广的胸襟做好海外高层次人才引进工作。《意见》指出，在国家重点创新项目、重点学科和重点实验室、中央企业和国有商业金融机构、以高新技术产业开发区为主的各类园区等，引进并有重点地支持一批海外高层次人才回国（来华）创新创业。在符合条件的中央企业、高等院校和科研机构以及部分国家级高新技术产业开发区，建立一批海外高层次人才创新创业基地，推进产学研紧密结合，探索建立国际通行的科学研究和科技研发、创业机制，集聚一批海外高层次创新创业人才和团队。《意见》强调，要坚持重在使用，切实为海外高层次人才充分发挥作用提供良好条件，使他们能够全力以赴地开展创新创业活动。②

1月19日 由共青团中央建立的首批1952个共青团“青年就业创业见

---

① 《温家宝主持召开会议　部署做好高校毕业生就业工作》，《新华日报》2009年1月8日，第A1、A6版。

② 《大力引进海外高层次人才》，《人民日报》2009年1月8日，第1版。

习基地”向社会公布。这批基地将提供59802个见习岗位，广泛分布在金融、出版、通信、交通和制造等行业，涵盖了大型国有企业、规模以上非公企业、世界500强外资企业等不同类别的经济组织。见习岗位具备一定的技术技能含量，对有见习意愿的青年来说，可选择面比较广、专业可匹配性比较强。共青团“青年就业创业见习基地”是以市场机制为准则，以岗位需求为前提，依托各类企事业单位建立的。主要目的是为应届大中专毕业生、已毕业未就业大中专毕业生、下岗失业青年和青年农民工四类青年群体提供岗位见习的机会，为他们提升就业技能、积累创业经验创造条件。①

同日　中华人民共和国国务院办公厅发布《关于加强普通高等学校毕业生就业工作的通知》，要求各地区、各有关部门把高校毕业生就业摆在当前就业工作的首位，采取切实有效的措施，拓宽就业门路，鼓励高校毕业生到城乡基层、中西部地区和中小企业就业，鼓励自主创业，鼓励骨干企业和科研项目单位吸纳和稳定高校毕业生就业。第一，鼓励和引导高校毕业生到城乡基层就业；第二，鼓励高校毕业生到中小企业和非公有制企业就业；第三，鼓励骨干企业和科研项目单位积极吸纳和稳定高校毕业生就业；第四，鼓励和支持高校毕业生自主创业；第五，强化高校毕业生就业服务和就业指导；第六，提升高校毕业生就业能力；第七，强化对困难高校毕业生的就业援助；第八，加强领导，明确责任。②

1月20日　教育部、财政部通过质量工程建设项目，加强了对创业教育的支持力度，设立了32个“创业教育类人才培养模式创新实验区”。③

---

① 《首批1952个青年就业创业见习基地确定》，《光明日报》2009年1月20日，第2版。

② 《关于加强普通高等学校毕业生就业工作的通知》，《人民日报》2009年2月16日，第7版。

③ 2008年度人才培养模式创新实验区共有100个，其中创新创业教育类人才培养模式创新实验区共有32个，分别是清华大学创业教育创新实验区；北京交通大学国际化创业型工程与管理复合型人才培养模式创新实验区；北京航空航天大学北航创业管理培训学院；燕山大学机械工程“学研产互动”与“做中学”创业型人才培养模式创新实验区；大连理工大学立体化创业教育人才培养模式创新实验区；黑龙江大学基于专业教育深化改革的创业教育人才培养模式创新实验区；上海交通大学人才培养模式创新实验区——创新创业大讲堂；华东理工大学基于CSSO的全程创业教育新模式；上海财经大学财经人才创业教育创新实验区；上海对外贸易学院本科大学生创业教育基地；东南大学基于知行合一理念的创新创业人才培养实验区；江南大学创业教育实验区以及生物工程专业高水平创新创业人才培养模式实验区；中国药科大学生物医药创业型人才培养实验区；南京航空航天大学（转下页注）

2月18日 全国妇女"巾帼建功"活动领导小组第十八次会议召开。陈至立出席会议并强调，要围绕党和国家的工作大局，以科学发展观为指导，充分发挥"巾帼建功"活动引领广大妇女创业就业的作用，为国家经济社会平稳较快发展做出更大贡献。"巾帼建功"活动旨在提高城镇妇女素质，促进妇女创业就业。18年来，活动领域已从窗口服务业拓展到党政机关、科研院所、企事业单位、两新组织和社区村落，取得了明显成效。①

2月22日 国务院办公厅发出通知，要求加强高校毕业生就业工作，并鼓励高校毕业生自主创业，为此国家出台了四项优惠政策：一是免收行政事业性收费；二是提供小额担保贷款；三是享受职业培训补贴；四是鼓励支持高校毕业生通过多种形式灵活就业，并保障其合法权益，符合规定的，可享受社会保险补贴政策。②

3月1日 人力资源和社会保障部正式批准创建首批国家级创业型城市，全国共81个城市入选。首批全国创业型城市的创建时间为2009—2010年，2011年国家将对创建工作进行全面评估验收。③

3月2日 由共青团中央建立的第二批2131个共青团"青年就业创业见习基地"向社会公布，这批基地将提供61844个见习岗位。岗位广泛分布在建筑、交通、通信、传媒、农业、电子信息和制造等行业，涵盖了大型

（接上页注③）创业教育实验区；苏州大学理工结合模式培养化学化工科技创业人才实验基地；南京财经大学创新创业型人才培养模式创新实验区；宁波大学"平台·模块·窗口"式大学生自主创业教导模式创新实验区；温州大学创业型人才培养温州模式创新实验区；浙江万里学院基于合作性学习教学改革的创业教育人才培养模式创新实验区；江西财经大学创业型人才"两层次"培养模式创新实验区；中国海洋大学水产养殖学专业创业型人才培养模式创新实验区；华中科技大学CDIO型光电工程创新创业人才培养实验区；武汉理工大学基于职业发展教育的全程化大学生创业教育模式创新实验区；中南大学创业教育人才培养模式创新实验区；湖南大学大学生创业型人才阶梯嵌入培养模式创新实验区；中山大学本科生创业教育实验区；华南理工大学电子信息类专业创业型精英人才培养模式创新实验区；广西大学中国—东盟自由贸易区复合型创业人才培养模式改革实验基地；西南大学农学类专业"顶岗实习支农"创业型人才培养模式创新实验区；西安交通大学创业教育基地；西安电子科技大学电子信息类大学生创业人才培养模式创新实验区。参见《教育部财政部关于批准2008年度人才培养模式创新实验区建设项目的通知》（教高函〔2009〕4号）。

① 《扎实推进"巾帼建功"活动 促进妇女创业就业建功成才》，《人民日报》2009年2月19日，第3版。

② 《高校毕业生就业创业可享受多项财政优惠政策》，《光明日报》2009年2月22日，第3版。

③ 《新乡市被列入首批国家级创建创业型城市》，《光明日报》2009年3月1日，第5版。

国有企业、规模以上非公企业、外资企业等不同类别的经济组织。相比第一批见习基地，这批见习基地增加了街道、社区、经济技术开发区以及汽车 4S 店等新的见习岗位。至此，共青团中央已建立“青年就业创业见习基地”4083 个，提供见习岗位 121646 个。①

3 月 5 日 温家宝在《政府工作报告》中明确指出：“把促进高校毕业生就业放在突出位置。”“加快建设一批投资少、见效快的大学生创业园或创业孵化基地。”“大力支持自主创业、自谋职业，促进以创业带动就业。在市场准入、财税金融、经营用地等方面提供便利和优惠，鼓励更多劳动者成为创业者。”②

3 月 16 日 共青团中央、国家开发银行联合下发《关于深化实施“中国青年创业小额贷款项目”的通知》，部署增强青年创业小额贷款的普遍性、解决青年创业过程中面临的资金瓶颈问题。该项目将重点向初次创业的、具有小额融资需求的青年倾斜，努力填补初次创业青年融资渠道的空白。在贷款额度和期限上，青年创业小额贷款每人单笔额度一般在 10 万元以内，最多不超过 100 万元；青年创办的中小企业贷款单户额度一般在 500 万元以下，最多不超过 3000 万元；贷款期限一般不超过 3 年。③

3 月 26 日 中共中央政治局常委、中央书记处书记、国家副主席习近平在北京调研时强调，要注重从各方面优秀人才中选拔基层干部。特别要积极引导大学毕业生到基层和生产一线工作，到乡镇、街道、社区、农村工作。这是一项重要的战略任务，既为大学生就业拓宽了渠道，又为青年学生锻炼成才提供了舞台。要深入总结这方面经验，建立和完善激励大学生到基层干事创业的长效机制，努力使大学生能够下得去、待得住、干得好、流得动。④

同日 由全国妇联、教育部、人力资源和社会保障部、中国女企业家协会共同开展的全国女大学生创业导师行动，挑选优秀企业家担任女大学

---

① 《团中央确定第二批就业创业见习基地》，《中国教育报》2009 年 3 月 8 日，第 2 版。

② 《十七大以来重要文献选编》（上），中央文献出版社，2009，第 906~907 页。

③ 《团中央国开行联手小额贷款项目　解决青年初次创业资金瓶颈问题》，《光明日报》2009 年 3 月 17 日，第 7 版。

④ 《认真贯彻中央部署要求　扎实搞好学习实践活动》，《人民日报》2009 年 3 月 27 日，第 11 版。

生创业导师，并依托企业，将在三年内建立 5000 个“女大学生创业实践基地”，为 10 万名女大学生创业就业提供指导和帮助。①

4 月 16 日 中国高等教育学会创新创业教育分会成立大会暨高峰论坛在中南大学举行。中国高等教育学会创新创业教育分会是隶属于中国高等教育学会的全国性学术团体，以强化创业意识为先导，传授创业知识为重点，培养创业能力为核心，提升创业素质为目标，致力于深化普及和开展创业教育。清华大学、北京大学、中国人民大学等 102 所高校的领导、专家共 146 人参会，会议还举行了中国高等教育学会创新创业教育分会揭牌和网站开通仪式。②

4 月 25 日 国内最大且专门面向高校毕业生的创业孵化基地在大连市正式启用。占地面积达 1 万多平方米的创业中心，可同时容纳 100 多家大学生创业企业。③

5 月 1 日 中国证监会发布《首次公开发行股票并在创业板上市管理暂行办法》并正式实施。证监会新闻发言人表示，推出创业板能够为数量众多的自主创业和成长型创业企业提供资本市场服务，有利于强化资本市场对国民经济发展的支持，推动创新型国家建设。④

6 月 30 日 中国青年创业就业基金会成立仪式在京举行。王兆国会见了中国青年创业就业基金会 23 家原始基金发起人代表，并出席启动仪式为代表们颁发了捐赠证书。⑤

7 月 22 日 中组部和科技部召开依托国家科技重大专项引进高层次人才工作会议。会议指出，实施国家科技重大专项，加快建设创新型国家，关键靠人才尤其是高层次科技创新创业人才。要落实好“特聘专家”制度，加快建设高层次人才创新创业基地，建立健全重大专项人才引进、项目实施、基地建设有机结合的新机制，形成对引进高层次人才的特殊使用和激

① 《我国将建五千“女大学生创业实践基地”》，《人民日报》2009 年 3 月 25 日，第 10 版。

② 王革、曹胜利、刘乔斐：《深化高等教育改革，大力推动创新创业教育的发展——全国高校创新创业教育高峰论坛综述》，《中国高教研究》2009 年第 6 期。

③ 《国内最大大学生创业基地在大连启用》，《光明日报》2009 年 4 月 26 日，第 1 版。

④ 《强化资本市场对经济发展的支持——创业板上市办法出台，5 月 1 日起施行》，《人民日报》2009 年 3 月 31 日，第 1 版。

⑤ 《中国青年创业就业基金会成立》，《人民日报》2009 年 7 月 1 日，第 4 版。

励制度。①

8月5日 受党中央、国务院邀请，60位新中国成立以来各个时期各个领域的创新创业创优优秀人才代表到北戴河休假。李源潮、马凯前往北戴河看望并听取专家意见。②

8月17日 中央书记处书记、中组部部长李源潮参加欧美同学会·中国留学人员联谊会举办的海外留学人员座谈会，听取他们对人才工作的意见。李源潮指出，希望更多海外留学人员响应祖国召唤，抓住国家建设快速发展的机遇，回国创新创业创优，实现报国之志和人生理想。对回国创新创业的海外留学人员特别是高层次人才，要一视同仁、充分信任、放手使用、有所优待。③

9月13日 在迎接新中国成立60周年之际，“100位为新中国成立作出突出贡献的英雄模范人物和100位新中国成立以来感动中国人物”代表座谈会在北京举行。李长春出席座谈会并讲话。他指出，要像“双百”人物那样，争做创新创业的先锋，为提高自主创新能力、建设创新型国家贡献聪明才智。④

9月24日 全国首家为大学生创业提供综合指导与服务的省级公益性基地——辽宁省大学生创业教育实训基地正式揭牌。⑤

9月30日 海外高层次人才和留学回国人员国庆观礼团成员报告会在京举行，李源潮出席并讲话。他指出，海外高层次人才是我国现代化建设的特需人才资源，希望广大海外留学人员乘祖国发展东风，响应祖国召唤，回国创新创业，在报效国家中成就事业、实现理想。⑥

9月 在第六届高等教育国家级教学成果奖评审中，有13项关于创业教育的成果获奖，涉及医学类、财经类、综合类、理工类、农林类、高职、

---

① 《抓住机遇加大力度引进海外高层次人才》，《人民日报》2009年7月23日，第2版。
② 《党中央国务院邀请新中国成立以来创新创业创优优秀才代表到北戴河休假》，《人民日报》2009年8月6日，第4版。
③ 《希望更多海外留学人员回国创新创业》，《人民日报》2009年8月19日，第4版。
④ 《在“双百”人物代表座谈会上的讲话》，《人民日报》2009年9月15日，第2版。
⑤ 《辽宁省大学生创业教育实训基地揭牌》，《中国教育报》2009年9月25日，第1版。
⑥ 《乘祖国发展东风　实现报国之志和人生理想》，《人民日报》2009年10月1日，第2版。

职业技术等不同类型的院校。[1]

10月30日 “21世纪中英创业计划大赛”2009—2010年赛事在英国约克大学开幕。从参赛规模和风险投资的参与程度看，创业计划大赛正赢得中英两国越来越广泛的兴趣和参与。[2]

11月20日 2010年全国普通高校毕业生就业工作视频会议召开，教育部部长袁贵仁强调，各地要进一步扩大“农村教师特岗计划”的规模，加强创业教育，调整人才培养类型结构和专业结构，开展就业实习实训，推进就业信息化建设，开设就业指导和职业发展课程，加大对家庭经济困难毕业生、残疾人毕业生、少数民族毕业生等特殊群体的帮扶力度。[3]

11月22日 国内规模最大的女性创业扶持计划——“花木兰中国行”在北京启动。“花木兰中国行”活动汇聚了国内数百家投资基金、专业投资公司、金融机构以及相关专业服务机构，共同形成战略联盟，致力于为女性企业和女性创业者提供融资洽谈、经营指导、经验交流指导，以及有针对性的孵化服务。活动巡回城市涵盖北京、上海、深圳、沈阳、成都、西安、杭州、郑州、青岛等经济发达城市，包括创业评选、女性经济论坛、投资对接会等。评选活动将采用赛区晋级的方式，通过专业评审团的层层选拔，最终产生60个最具投资价值的女性创业企业，并将获得活动组委会及其战略合作机构资金、技术等方面的全方位扶持。[4]

11月27日 由全国教师教育专家委员会、中国远程教育网络中心组织的“全国英才培养计划暨百场家庭创新教育专题活动”在北京启动。本次活动的中心思想及目的是“争做优秀家长、培养优秀人才”。刘延东为本次活动题词，倡导培养全面发展的优秀人才，并指出长期以来党中央、国务院十分关心和高度重视未成年人的教育和成长，更关心未成年人的创造性和个性化创造教育。[5]

---

① 侯慧君、林光彬等：《中国大学生创业教育蓝皮书——大学生创业教育实践研究》，经济科学出版社，2011，第25~26页。

② 《中英创业计划大赛影响日增》，《光明日报》2009年11月1日，第8版。

③ 《2010年普通高校毕业生将达630余万》，《人民日报》2009年11月22日，第2版。

④ 《国内规模最大的女性创业扶持计划启动》，《光明日报》2009年11月22日，第5版。

⑤ 《英才培养计划暨百场家庭教育专题活动在京启动》，中国青年网，http：//news. youth. cn。

二〇一〇年

3月26日 “KAB创业教育年会暨第二届大学生创业教育论坛”在北京举行，来自全国130多所高校的学校领导、就业办负责人、创业教育专家就如何提高大学生就业创业能力，如何以创业带动就业等热点问展开了深入探讨与交流。会上，全国青联与国际劳工组织共同指定了28所高校为新一批“大学生KAB创业教育基地”，奖励了在首届“青年恒好”大学生慈善项目征集活动中表现优秀的8家KAB创业俱乐部。KAB创业教育项目是由共青团中央、全国青联与国际劳工组织共同开展的国际合作项目。KAB创业教育项目已在全国近600所高校实施，341所高校开设了KAB创业基础课程，56所高校创设了KAB创业俱乐部，有8万余名学生参加了学习实践。①

3月30日 科技部批准全国首批149家大学生科技创业见习基地试点。截至5月28日，149家大学生科技创业基地试点单位已有2300多家大学生创业企业落户，集聚了14850多人的创业团队和超过2060人的创业导师队伍，培育出大批创业人才。②

4月6日 2010—2015年教育部高等学校创业教育指导委员会成立。创业教育指导委员会的主要任务是：组织和开展创业教育的理论与实践研究；指导高等学校创业教育的课程建设、教材建设、教学内容改革，指导高等学校开展创业实践活动等工作；组织开展创业教育师资培训、经验交流，宣传推荐创业教育优秀成果。③

---

① 《六百高校开展KAB创业教育》，《中国教育报》2010年3月27日，第2版。

② 侯慧君、林光彬等：《中国大学生创业教育蓝皮书——大学生创业教育实践研究》，经济科学出版社，2011，第34页。

③ 林蕙青：《对教指委工作的几点希望》，《创新与创业教育》2010年第3期。

4 月 7 日　首届中国农业科技创新创业大赛北方赛区（科技特派员农村科技创新创业大赛）启动仪式在陕西省杨凌国际会展中心举行。本次大赛面向全球，分为南北两个赛区，参赛对象分为企业成长组和初创项目组，拟设“农业科技创新创业奖”。大赛着力培育科技特派员创业者和创业团队，特别是支持大学生创业团队、科技特派员创业团队创新创业。[①]

4 月 8 日　教育部、科技部联合制定了《高校学生科技创业实习基地认定办法（试行）》（以下简称《办法》），指出“高校学生科技创业实习基地”是依托高新技术产业开发区、大学科技园或其他园区等设立的，为高校学生提供实习、实训、创业和就业的综合服务平台，简称“双实双业”基地。“双实双业”基地的主要任务是开展创业教育和培训，接纳学生实习实训，促进学生创业就业，整合各方优势资源，为提高高校人才培养质量，实现以创业带动就业提供支撑和服务。该《办法》对在校生和应届毕业生以及毕业两年（含两年）的往届毕业生提供创业支持。[②]

4 月 22 日　教育部在北京召开推进高等学校创新创业教育和大学生自主创业工作视频会议。教育部党组副书记、副部长陈希出席会议并讲话，强调创新创业教育要面向全体学生、结合专业教育、融入人才培养全过程，要以转变教育思想、更新教育观念为先导，以提升学生的社会责任感、创新精神、创业意识和创业能力为核心，以改革人才培养模式和课程体系为重点，不断提高人才培养质量。同时，打造全方位创新创业教育和促进学生自主创业支撑平台，以国家大学科技园为主要依托全面建设 100 个“高校学生科技创业实习基地”，通过多种形式建立省级、地市级大学生创业实习和孵化基地。进一步落实和完善大学生自主创业的政策扶持，实施“创业引领计划”，对高校学生自主创业实行税费减免，提供小额担保贷款，落实创业补贴政策，加强创业培训和服务工作。[③]

4 月 24 日　教育部、人力资源和社会保障部、财政部、中国人民银行、国家税务总局、国家工商总局等六部门联合开展“创业引领计划”，从创新

---

① 《首届中国农业科技创新创业大赛启动》，《人民日报》2010 年 4 月 7 日，第 9 版。

② 《教育部办公厅、科技部办公厅关于印发〈高校学生科技创业实习基地认定办法（试行）〉的通知》（教技厅〔2010〕2 号）。

③ 陈希：《在推进高等学校创新创业教育和促进大学生自主创业工作视频会议上的讲话》，《中国大学生就业》2010 年第 6 期。

创业教育、创业基地建设、创业政策支持、创业服务等方面，促进大学毕业生创业、就业。该计划采取的主要措施有放宽市场准入条件、收费减免、提供小额担保贷款和劳动保障服务等。①

4月26日 “国家大学生创业示范基地”授牌仪式暨全国大学生创业工作座谈会，在江苏省徐州市召开。会议贯彻落实教育部推进高校创新创业教育和大学生自主创业工作视频会议精神，推广徐州市在大学生创业政策和创业基地建设方面的经验，授予徐州大学生创业园“国家大学生创业示范基地”称号。②

5月4日 教育部下发《关于大力推进高等学校创新创业教育和大学生自主创业工作的意见》，要求各地大力推进创新创业教育，加强创业基地建设，进一步落实和完善大学生自主创业扶持政策，强化创业指导和服务，推动创新创业教育和大学生自主创业工作实现突破性进展。首次以教育部高教司、科技司、学生司、就业指导中心四大司局的联动机制，打造创新创业教育、创业基地建设、创业政策支持、创业服务“四位一体、整体推进”的格局。③

同日 人力资源和社会保障部推出大学生创业引领计划。按照规定，2010—2012年的工作目标是：3年内引领45万名大学生实现创业。其中，2010年不少于10万人，2011年不少于15万人，2012年不少于20万人。有创业愿望并具备一定条件的大学生都可以得到创业培训，准备创业的大学生都可以得到创业指导服务，初步建立市场导向的大学生创业机制。④

5月5日 国务院总理温家宝主持召开国务院常务会议，审议并通过了中国进入21世纪之后的第一个教育规划，以及今后一个时期指导全国教育改革和发展的纲领性文件——《国家中长期教育改革和发展规划纲要(2010—2020年)》(以下简称《纲要》)。《纲要》明确指出：加强就业创业教育和就业指导服务，提高人才培养质量；充分发挥高校在国家创新体系中的重要作用，鼓励高校在知识创新、技术创新、国防科技创新和区域

---

① 《六部门力促高校毕业生创业》，《人民日报》2010年4月24日，第2版。

② 《大力推动大学生自主创业》，《中国教育报》2010年4月27日，第1版。

③ 《教育部推进大学生自主创业工作》，《中国教育报》2010年5月7日，第1版。

④ 《人力资源和社会保障部关于实施大学生创业引领计划的通知》（人社部发〔2010〕31号）。

创新中做出贡献。[①]

5月8日 教育部会同科技部，决定以国家大学科技园为主要依托，重点建设一批“高校学生科技创业实习基地”，以推动创新创业教育和大学生自主创业工作实现突破。[②]

5月13日 教育部高等学校创业教育指导委员会成立大会暨高等学校创新创业教育工作经验交流会在北京举行。林蕙青在讲话中强调，高等学校要更新教育教学观念，将创新创业教育纳入教学主渠道，结合专业教育，贯穿于人才培养全过程。要将加强创新创业教育作为教育教学改革重点内容，深化课程体系、教学内容和教学方法改革。要加强创新创业教育实践教学，积极开展以创新创业教育为主要内容的第二课堂活动。要着力培养、建设一支既有理论知识又有实践经验的专兼职创业教师队伍，探索建立创业导师制，指导高校学生的创业实践。同时，鼓励高校从学校类型、层次、特点和所处区域的实际出发，探索形成多样化的创新创业教育模式。高等学校创业教育指导委员会是在教育部领导下，对高校开展创业教育进行指导、咨询的专家组织。[③]

5月15日 全国科技活动周开幕式大学生创新创业成果展在北京开幕。中央政治局委员、国务委员刘延东参观并高度评价大学生创业成果。“科技活动周”是2001年国务院批准设立的全国性大规模群众科学技术活动，于每年5月第三周举行，由科技部会同中宣部、中国科协、教育部等19个部门和单位组织实施。本次科技活动周的主题为“携手建设创新型国家”。[④]

5月28日 由科技部火炬中心主办的“营造孵化环境，引领大学生创业就业”论坛在襄樊高新区创业服务中心开幕。来自科技部、教育部、共青团中央、中组部人才局、湖北省政府等有关领导，以及全国各省级科技部门、各省（区、市）大学生科技创业见习基地试点单位的负责人出席会议。[⑤]

---

① 《国家中长期教育改革和发展规划纲要（2010—2020年）》，人民出版社，2010。

② 《高校将建科技创业实习基地》，《光明日报》2010年5月8日，第2版。

③ 《将创新创业教育纳入教学主渠道》，《中国教育报》2010年5月14日，第1版。

④ 《2010年全国科技活动周在京开幕》，《华东科技》2010年第6期，第10页。

⑤ 侯慧君、林光彬等：《中国大学生创业教育蓝皮书——大学生创业教育实践研究》，经济科学出版社，2011，第31页。

6月11日　“中国大学生创业大讲堂”公益行动启动仪式在北京举行。“中国大学生创业大讲堂”行动将以“自主创业、成就梦想”为主题，邀请一批优秀的民营企业家组成“创业导师团”，走进高校与大学生面对面交流，帮助他们掌握在市场竞争中寻找商机的本领，并向大学生提供创业实验基地。为支持“创业导师团”走进更多高校，给大学生创业更多切实帮助，由中国社会福利教育基金会发起的“中国大学生创业公募基金”也将同步启动。①

6月12日　第九届全国“创业之星”经验交流表彰大会在北京举行。回良玉出席会议并强调，促进农民就业创业，事关农村民生改善和社会主义新农村建设，事关国民经济发展与社会和谐稳定大局。要把农民就业创业放在突出位置，采取更加有力的措施，大力支持农民就业，积极鼓励农民创业，悉心关怀新生代农民工成长立业，切实保障农民工合法权益，让亿万农民创造社会财富的潜能得到充分释放、才能得到充分发挥、劳动成果得到充分保护，努力走出一条以创业带动就业、以就业促进增收的新路子。②

6月22日　由教育部高教司支持，全国高校学生信息咨询与就业指导中心和北京理工大学等联合主办的“易梦想·易成就”2010年中国高校创业计划大赛正式启动。据了解，此次比赛面向全国所有在校大学生群体，目前已经有数十所高校的团队报名。比赛将从6月持续到11月，分为初赛、复赛和决赛，每个环节结束后都将为优胜团队提供创业培训、企业实习、风险投资机会等创业支持。③

6月28日　“2010年中国大学生创业高峰论坛”在湖南省长沙市召开。论坛以“面向未来的中国大学生创业”为主题，内容涉及面向未来的创业理念、创业教育、创业政策、创业基地建设和创业指导服务等方面。陈希在讲话中强调，从深入贯彻落实中央精神和建设创新型强国战略的高度，进一步明确了当前形势下做好大学生创业工作的重大意义，强调推进大学生创业是贯彻《国家中长期教育改革和发展规划纲要》的重要举措，

---

① 《六部委联合启动创业讲堂进高校》，《光明日报》2010年6月17日，第6版。

② 《大力营造有利于农民就业创业环境　以创业带动就业》，《人民日报》2010年6月13日，第3版。

③ 《2010中国高校创业计划大赛启动》，《光明日报》2010年6月23日，第7版。

对教育战线深入贯彻中央领导指示精神、大力推动今后的创业工作提出了具体要求，特别强调各高校要根据本校实际，抓紧制订实施创业教育教学计划、创业教师队伍建设计划、大学生创业实践基地建设计划和针对毕业生的创业指导服务计划等四个计划，全面开展创业教育、实践培训和指导服务工作。①

6月29日　“2010中国海外学子创业周”在辽宁大连开幕，李源潮出席开幕式并讲话。他指出，要坚定不移地实施人才强国战略，确立人才优先发展战略布局，努力形成人才辈出、人尽其才的生动局面。希望海外留学人员抓住祖国发展机遇，积极回国创新创业，实现人生抱负和报国理想。②

同日　“调研三农 创富家乡”大学生公益扶持计划在北京启动，中国农业大学、中国人民大学等10所大学在2010年暑期各选拔6个调研团队，分赴各团队成员家乡，进行为期30天的实地调研，最后形成调研报告或创业方案。③

7月13日　胡锦涛在全国教育工作会议的讲话中指出：“要以学生为主体，以教师为主导，充分发挥学生的主动性，尊重教育规律和学生身心发展规律，为多样化、个性化、创新型人才成长提供良好环境和机制，着力培养我国现代化建设需要的各方面人才，特别是要高度重视培养拔尖创新人才。要促进学生全面发展，优化知识结构，丰富社会实践，加强劳动教育，着力提高学习能力、实践能力、创新能力，提高综合素质，加快改变学生创新能力培养不足状况。”④

8月9日　“中国青年创业国际计划”走进北京大兴区，大兴青年创业促进会暨大兴创业办公室在北京经济技术开发区管委会挂牌成立。当日，YBC全国办公室专家就YBC的模式、运作原理、项目评审和导师辅导工作对大兴区初任创业导师进行了培训。⑤

---

① 《中国大学生创业高峰论坛举行呼吁建立中国特色创新创业教育模式》，《中国教育报》2010年6月29日，第1版。

② 《抓住祖国发展机遇 实现创业报国理想》，《人民日报》2010年6月30日，第2版。

③ 《十所高校“调研三农创富家乡”》，《光明日报》2010年6月29日，第4版。

④ 《十七大以来重要文献选编》（中），中央文献出版社，2011，第880页。

⑤ 《中国青年创业国际计划走进北京大兴》，《光明日报》2010年8月10日，第4版。

9 月 25—29 日 由共青团中央、中国科协、教育部、全国学联联合主办的第七届“挑战杯”中国大学生创业计划竞赛终审决赛在吉林大学举行，这是“挑战杯”系列赛事首次在东北地区举办。来自大陆地区 115 所高校的 165 支团队和港澳台地区 8 所高校的 17 支团队在决赛中进行金奖角逐，本次终审决赛的参赛高校数、参赛团队数均创下历届之最。终审决赛作品涵盖农林、畜牧、食品及相关产业类，生物医药类，化工技术、环境科学类，电子信息类，材料类，机械能源类，服务咨询类等众多领域。①

10 月 第三届“海峡杯”两岸大专学生创新创业竞赛举行，大赛由上海交通大学、中华杰出青年交流促进会联合主办，邀请了台湾大学、台湾科技大学、台湾交通大学、清华大学、复旦大学等 11 所高校参加。②

11 月 2 日 经国务院批准，财政部、国家税务总局发布了《关于支持和促进就业有关税收政策的通知》。规定自 2011 年 1 月 1 日起，我国将实施新的支持和促进就业的税收优惠政策，并将享受自主创业税收优惠政策的人员范围扩大到大学生就业群体。“新政”具有 3 个新特点：一是着重支持自主创业，二是创业政策惠及面更广，三是税收优惠政策管理更规范。③

11 月 5 日 首届全国大学生优秀创业团队大赛颁奖典礼暨 2010 年百所高校昆山行产业科技人才合作洽谈会在昆山举行。刘延东为大赛成功举办发来贺信，林蕙青出席颁奖典礼并宣读刘延东同志的贺信。“昆山杯”全国大学生优秀创业团队大赛作为教育部首届针对大学生创业的全国性大赛，时间跨度长（2009 年 11 月—2010 年 11 月），覆盖面广（29 个省、区、市，636 所高校），参与人数众多（共有 4154 支团队的 8 万多名大学生），影响广泛，是推动高校创业教育和自主创业工作的重要举措。④

11 月 10 日 由科技部、教育部联合召开的第三次全国大学科技园工作会议在上海举行。教育部党组书记、部长袁贵仁在会上代表科技部、教育部做工作报告并指出，“十二五”期间，大学科技园建设要以服务科学发展

---

① 曾毅：《第七届“挑战杯”中国大学生创业计划竞赛终审决赛开赛》，《光明日报》2010 年 9 月 27 日，第 7 版。

② 侯慧君、林光彬等：《中国大学生创业教育蓝皮书——大学生创业教育实践研究》，经济科学出版社，2011，第 32 页。

③ 柯进：《高校毕业生创业将享受税收优惠》，《中国教育报》2010 年 11 月 3 日，第 1 版。

④ 《“昆山杯”全国大学生优秀创业团队大赛情况通报》（教毕指〔2010〕72 号）。

为主题，以自主创新为主线，以体制机制改革为动力，以促进经济发展方式转变为重点，以实施绩效评价为手段，进一步提高办园质量和效益，切实提升园区创新和服务能力，进一步完善大学科技园的绩效评价指标体系，进一步完善管理体制和运行机制，重点支持和培育一批高水平大学科技园。重点是进一步拓宽大学科技园功能定位，提升在高等教育改革发展中的地位，强化创新创业人才的培养，提升综合服务能力，推动区域经济发展，促进国内外的交流与协作，抓住机遇，锐意进取，努力开创大学科技园建设和发展的新局面。①

11 月 19 日 教育部在京召开 2011 年全国普通高校毕业生就业工作视频会议。袁贵仁在讲话中强调：要着力做好首届 1 万余名免费师范毕业生的就业工作；推进高校创新创业教育和大学生自主创业工作实现新突破。进一步加大创业政策扶持力度，全面推进创新创业教育，加强创业实习和孵化基地建设，加强创业培训和指导服务。②

12 月 13 日 教育部办公厅颁布了《关于做好核发〈高校毕业生自主创业证〉有关工作的通知》。通知主要包括三方面内容：一是自主创业证发放对象和创业税收优惠政策享受流程；二是自主创业证的申领程序和监督管理；三是要求各高校加强领导，认真做好自主创业证审核和发放工作。③

---

① 《强化创新创业人才培养　推动区域经济创新发展　科技部教育部联合召开第三次全国大学科技园工作会议》，《中国科技产业》2010 年第 11 期，第 13 页。

② 《突出重点　狠抓落实　全力以赴做好 2011 年高校毕业生就业工作——在 2011 年全国普通高校毕业生就业工作视频会议上的讲话》，《中国大学生就业》2010 年第 23 期，第 6~9 页。

③ 《关于做好核发〈高校毕业生自主创业证〉有关工作的通知》（教学厅函〔2010〕31 号）。

二〇一一年

1月5日　“诺基亚青年创业教育计划2010年度颁奖典礼”在京举行。“诺基亚青年创业教育计划”作为国内最早开展大学生创业扶持、创业实践的项目之一，是由全国青联、中国光华科技基金会、诺基亚公司联合发起的。该项目坚持“青年创业，成就未来”的宗旨，以提升大学生创业能力为目的。2010年是“诺基亚青年创业教育计划”第二期项目启动第一年，该项目吸引了众多大学生积极参与，共在23个城市、45所高校举办。在创业项目的设计创新上，首次引入了先进的商战模拟软件作为海选工具，扩大了高校参与的范围，提高了入选作品的质量，在海选阶段，有来自100所高校的600多支团队参加。经过严格评选，有6所高校的创业团队获得诺基亚提供的5万元奖金。①

1月10日　共青团中央、农业部签署《关于共同实施农村青年创业就业行动框架协议》，双方约定在“十二五”期间开展农村青年创业培训、农业科学技术普及、农业科研杰出人才培养等工作，服务和支持农村青年增收致富、成长成才，发挥农村青年示范带动作用，促进农业农村经济快速发展。农村青年创业就业行动包括六项内容：一是在现代农业领域的青年创业培训；二是面向青少年和普通农民的农业科技普及；三是农业科研青年领军人才的培养；四是针对基层青年农技人员的知识更新；五是农村环境的整治和清洁生产；六是支持青年领办专业合作组织。②

1月12日　由人力资源和社会保障部、欧美同学会共同发起的中国留

---

① 《“诺基亚青年创业教育计划2010年度颁奖典礼”今天在京举行》，《光明日报》2011年1月6日，第8版。

② 《农村青年创业就业行动启动》，《人民日报》2011年1月11日，第2版。

学人员回国创业专家指导委员会成立。韩启德出席成立大会，并指出成立专家委员会旨在贯彻落实全国人才工作会议精神和人才规划，积极推动留学人员创业平台建设，提高留学人员创业能力。他强调，专家委员会是为国家发展做公益事业，专家在开展指导工作时，既要坚持公益原则，也要遵循市场规律，还要抓紧研究制定相关规则，实现工作的规范化和制度化。成立大会上，专家委员会向首批 25 位专家代表颁发了聘书。①

2 月 14 日　中共中央政治局常委、中央书记处书记、国家副主席习近平做出重要批示，大学生村干部张广秀同志的事迹很朴实、很感人，她全身心为村民服务，身患重病不忘本职，用真诚赢得了大家的认可。要注意总结宣传张广秀同志这样的先进典型，进一步引导大学生村干部扎根基层、奉献才干、锻炼成长。② 2 月 15 日，全国大学生村干部论坛执委会代表全国 20 万名大学生村干部致信，表达对张广秀精神的敬佩，感谢中央领导同志对一位普通大学生村干部的关心，表示要学习张广秀精神，听党的话，扎根基层，服务群众，创业致富。2 月 16 日，中共中央政治局委员、中央书记处书记、中组部部长李源潮给张广秀和大学生村干部论坛执委会回信，充分肯定张广秀热爱人民、无私奉献的高尚精神，希望广大大学生村干部向张广秀学习，扎根基层、服务群众，做与人民群众心连心、受人民群众欢迎的大学生村干部。③

2 月 17 日　教育部印发《教育部 2011 年工作要点》。要点提出：要加快创新人才培养模式；全面推进素质教育深化课程教材、教学方式和考试评价制度改革，注重引导和培养学生独立思考、实践创新能力。④

2 月 27 日　由共青团中央、全国青联、全国学联与联合国国际劳工组织主办的“2011 年 KAB 创业教育年会暨第三届大学生就业创业教育论坛”在湖南大学落幕。KAB（Know About Business）是国际劳工组织为培养大中学生创业意识和创业能力而专门开发和推广的创业教育课程体系，2005 年

---

① 《“海归”创业有“导师”了》，《人民日报》2011 年 1 月 13 日，第 6 版。

② 《习近平等中央领导同志充分肯定大学生村官张广秀事迹》，《人民日报》2011 年 2 月 18 日，第 1 版。

③ 《习近平等中央领导同志充分肯定大学生村官张广秀事迹》，《人民日报》2011 年 2 月 18 日，第 1 版。

④ 《教育部 2011 年工作要点》，《人民教育》2011 年第 5 期。

由共青团中央、全国青联引入。借助高校团学组织体系的优势，KAB 项目的影响力迅速扩大，参与的高校目前已经达到 850 所，其中 600 多所高校开设了 KAB 基础课程，累计近百万名大学生参加了项目活动。此次会议的主题是“公益·责任·创业”，旨在探讨就业创业教育与社会责任的关系，以及在新形势下就业创业教育如何促进经济社会发展。①

3 月 14 日　十一届全国人大四次会议表决通过了《中华人民共和国国民经济和社会发展第十二个五年规划纲要》（以下简称《纲要》）。《纲要》提出，要大力实施人才强国战略，坚持服务发展、人才优先、以用为本、创新机制、高端引领、整体开发的指导方针，加强现代化建设需要的各类人才队伍建设，为加快转变经济发展方式、实现科学发展提供人才支撑。突出培养造就创新型科技人才。围绕提高科技创新能力、建设创新型国家，以高层次创新型科技人才为重点，造就一批具有世界水平的科学家、科技领军人才、工程师和创新团队。创新教育方式，突出培养学生的科学精神、创造性思维和创新能力。加强实践培养，依托国家重大科研项目和重大工程、重点学科和重点科研基地、国际学术交流合作项目，建设高层次创新型科技人才培养基地。注重培养一线创新人才和青年科技人才，积极引进和用好海外高层次创新创业人才。②

3 月 24 日　教育部分别授予辽宁省教育厅、杭州市和长沙市“国家大学生创业示范基地”称号。③

3 月 29 日　中国大学生自主创业工作经验交流会暨全球创业周峰会在上海开幕。刘延东出席开幕式并发表讲话，指出创新创业是落实科学发展观、推动经济社会发展和进步的重要途径，有利于扩大就业和增进民众福祉。中国政府历来高度重视自主创业活动，把支持青年特别是大学生创业作为促进就业的重要内容，形成了“政府促进创业、市场驱动创业、学校助推创业、社会扶持创业、个人自主创业”的生动局面。强调“加强创新创业，关键在人才，基础在教育。要把创新创业理念融入各级各类教育，

---

① 《850 所高校开展创业教育课程》，《光明日报》2011 年 2 月 28 日，第 6 版。

② 《国民经济和社会发展第十二个五年规划纲要提出教育和人才工作发展任务　创新驱动实施科教兴国和人才强国战略》，《中国教育报》2011 年 3 月 17 日，第 1 版。

③ 《努力开创高校创新创业教育和大学生自主创业工作新局面》，《创新创业教育》2011 年第 3 期。

创新教育理念，改革人才培养模式，注重培养学生的创新意识和能力。要拓展创业实践基地，发挥大学科技园和科技企业孵化器作用，帮助学生创新创业。要建立协作机制，加大扶持力度，完善资金支持、税费减免、户籍迁移等优惠政策，加强知识产权保护，激发创造活力，规范市场秩序，建立创新创业人才评价激励机制，努力营造能创新、敢创业、创成业的良好环境”。刘延东希望广大青年学生脚踏实地、艰苦奋斗，在创新创业中实现自身价值、奉献社会。①

4月4日　经中央人才工作协调小组同意，中央组织部、人力资源和社会保障部联合下发《关于支持留学人员回国创业的意见》，这是我国首次从国家层面对支持留学人员回国创业的各方面政策做出规定。至此，回国工作、为国服务和回国创业三位一体的留学回国工作政策体系初步形成。②

4月8日　国家行政学院、中央广播电视大学出版社和《中国社会科学》杂志社共同主办的“创新发展论坛暨《走向创业型经济——以创新创业带动就业的政策选择》首发式”在国家行政学院举行。该书由许正中撰著、中央广播电视大学出版社出版。参加论坛的专家学者围绕发展创业型经济这一主题进行了研讨。③

4月17日　主题为“低碳创业，创意未来”的“尚德电力杯”第二届中国大学生创意创业大赛启动仪式在北京林业大学举行。这项赛事为大学生搭建了创意、创业和交流互动的平台，鼓励大学生运用知识产权创业，同时将低碳环保和知识产权教育融入其中。④

4月19日　由清华大学启迪创新研究院和清华科技园共同创办、致力于培育未来创业者和企业家的“启迪创业学院”正式揭牌成立。学院聘请科技部原部长朱丽兰担任名誉院长，师资队伍由柳传志等在创业培训方面具有深厚理论造诣和丰富实践经验的知名专家组成。学院将以案例教学、探讨交流创业普遍规律为主要内容，以关注创业者人文修养和综合素质的

---

① 《中国大学生自主创业工作经验交流会暨全球创业周峰会开幕》，《人民日报》2011年3月30日，第2版。

② 《支持留学人员带技术回国创业》，《中国教育报》2011年4月4日，第2版。

③ 《积极发展创业型经济——创新发展论坛暨〈走向创业型经济〉首发式述要》，《人民日报》2011年4月8日，第7版。

④ 《低碳成为大学生创意创业大赛主题》，《光明日报》2011年4月18日，第6版。

全面提升为主要特色，根据在校大学生和处于创业初期、中期或创业初见成效的企业家学员群体的不同要求，建立包括创业启蒙、创业突破和创业育成等基本理论和实践经验的课程体系。①

5月8—11日 中共中央政治局常委、中央书记处书记、国家副主席习近平近日在贵州调研时强调，希望贵州坚持走新型工业化道路，大力发展新兴战略性产业，加大自主创新力度，推动经济发展走科技引领、创新驱动的路子。②

5月31日 国务院发布《关于进一步做好普通高等学校毕业生就业工作的通知》，指出各高校要广泛开展创业教育，积极开发创新创业类课程，完善创业教育课程体系，将创业教育课程纳入学分管理。积极推广成熟的创业培训模式，鼓励高校毕业生参加创业培训和实训，提高创业能力。对高校毕业生在毕业年度内参加创业培训的，根据其获得创业培训合格证书或就业、创业情况，按规定给予培训补贴。要根据高校毕业生特点和需求，提供政策咨询、信息服务、项目开发、风险评估、开业指导、融资服务、跟踪扶持等"一条龙"创业服务。在充分发挥各类创业孵化基地作用的基础上，因地制宜建设一批大学生创业孵化基地，并给予相关政策扶持。对基地内大学生创业企业要提供培训和指导服务，落实扶持政策，努力提高创业成功率，延长企业存活期。③

6月29日 "2011中国海外学子创业周"（以下简称"海创周"）在大连开幕，1200多名留学人员携带了千余个高端科技项目，项目领域涵盖电子信息、生物医药、新材料、新能源、先进制造、农业技术等，全国26个省（区、市）在"海创周"上招贤纳才，提供了一万多个高端就业岗位。④

7月1日 胡锦涛在庆祝中国共产党成立90周年大会的讲话中指出："青年是祖国的未来、民族的希望，也是我们党的未来和希望。全党都要关

---

① 侯慧君、林光彬等：《中国大学生创业教育蓝皮书——大学生创业教育实践研究》，经济科学出版社，2011，第38页。

② 《抓好开局之年工作 推动又好又快发展》，《人民日报》2011年5月12日，第1版。

③ 《国务院关于进一步做好普通高等学校毕业生就业工作的通知》（国发〔2011〕16号）。

④ 《海外学子创业周举行》，《光明日报》2011年6月30日，第14版。

注青年、关心青年、关爱青年，倾听青年心声，鼓励青年成长，支持青年创业。”①

8月1日 全国现代农业科技创业孵化联盟成立大会暨现代农业科技创业孵化恳谈会在陕西杨凌举行。该联盟发起单位有40家，包括各类孵化器、风险投资机构、农业科研院所等。30多名海外留学及归国创业人员参加了大会，洽谈创业合作项目。杨凌示范区给予投资建设科技企业孵化器20万—50万元补助；对于在孵化器内建设公共服务平台的补贴达40万元；给予创业企业贴息贷款达50万元，示范区中小企业信用担保公司免收担保费。②

9月2—5日 第三期“国家特聘专家”培训班在延安干部学院举办。李源潮与培训班学员座谈时勉励他们弘扬延安精神，坚持报国为民的崇高理想，聚精会神创新创业，充分发挥科技创新创业领军人才作用，在实现国家现代化和民族复兴的伟大征程中留下自己的奋斗足迹。专家们听取了国家有关部门负责人的报告，了解了国情和国家发展需要，交流了回国干事创业的体会。③

9月14日 “中国妇女发展基金会玫琳凯女性创业基金10周年回顾与展望”大会在北京举行。陈至立、丽贝卡·格林斯潘等近百位中外各界人士出席了会议。玫琳凯大中国区总裁麦予甫在会上宣布再向该基金增资640万元。④

9月29日 由全国妇联、教育部、人力资源和社会保障部、中国女企业家协会共同主办的“女大学生创业扶持行动暨女大学生创业季”在北京正式启动。陈至立出席了在中华女子学院举行的启动仪式，并为创业代表颁发女大学生创业扶持资金。女大学生“创业季”活动历时3个月，在北京大学、中国人民大学、中国传媒大学、北京信息科技大学、北京工业大学、首都师范大学、北京服装学院、北京联合大学和中华女子学院等高等

① 《胡锦涛文选》第3卷，人民出版社，2016，第543页。

② 《现代农业科技创业孵化联盟成立》，《人民日报》2011年8月2日，第10版。

③ 《珍惜回国创新创业难得机遇　为祖国发展民族复兴多作贡献》，《人民日报》2011年9月7日，第4版。

④ 《玫琳凯女性创业基金受欢迎》，《光明日报》2011年9月16日，第8版。

学校率先开展。①

10 月 25 日 由教育部、科技部联合主办的第四届全国大学生创新年会暨“大学生创新创业训练计划”启动工作会在同济大学举行。林蕙青在讲话时指出，培养大学生的创新精神和创新能力是建设创新型国家的迫切需要，是提高高等教育质量尤其是全面提高人才培养质量的必然要求。教育部一直大力推动创新人才培养，积极支持高等学校实施“大学生创新创业训练计划”，加大项目经费投入力度，扩大大学生参与覆盖面，将该计划纳入高等学校的人才培养方案中，加强人才培养模式和课程体系改革，并在此基础上推动构建国家、省、校三级大学生创新创业训练体系。她表示，高等学校要努力为培养造就更多新知识的创造者、新技术的发明者、新学科的创建者做出积极贡献，要积极营造良好环境，鼓励学生独立思考、自由探索、勇于创新，使学生创新智慧竞相迸发；要改进教学方法，注重学思结合、因材施教，激发学生的好奇心，培养学生的兴趣爱好；要创新人才培养模式，建立健全有利于创新人才脱颖而出的体制机制。②

11 月 16 日 新华都商学院创业 MBA 项目启动，这也是我国首个以“创业”为专业的 MBA 学位点。新华都商学院在创业教育上形成了学位教育和高端培训相结合的完整的教学结构，未来将采取“学业导师+企业导师”的双导师教学方式，进一步整合企业界、风投界等创业链各端资源，培养真正具有“全球视野、中国实践”的创新型创业人才。③

11 月 18 日 2011 中国大学生创业与就业高峰论坛在上海市举行。论坛以“创业驱动转型”为主题，通过主题演讲、高峰对话、交流晚宴等形式，充分集合政府、学术界、媒体、企业、高校以及全社会的力量，深入探讨当前大学生创业与就业趋势。④

12 月 3—4 日 2011 黑马大赛第二季暨第四届创业家年会在北京拉开帷幕。来自全国各行各业的近 400 家黑马企业创始人、近百名顶级投资人以及

---

① 《“女大学生创业季”闪亮开场》，《光明日报》2011 年 9 月 30 日，第 3 版。

② 《大学生创新创业训练计划启动》，《中国教育报》2011 年 10 月 25 日，第 1 版。

③ 《国内首个“创业 MBA”学位点设立》，《光明日报》2011 年 11 月 16 日，第 6 版。

④ 陈萍：《创业驱动转型——2011 中国大学生创业与就业高峰论坛在同济大学成功举办》，《中国品牌》2011 年第 12 期，第 60 页。

商界领袖，汇聚一堂，表彰金马（明星新上市公司）、发掘黑马。[①]

12月17日 以造就创业人才，弘扬创业精神，助力转型升级为宗旨的中国创业家联盟在北京成立。该联盟由企业、创业投资机构、高校、科研机构、NGO组织和媒体等按照“自愿、平等、合作”的原则组成。以国家有关规划的战略要求为导向，通过共同开展合作教育、共建科技创新平台、共同实施重大项目等方式，培养高层次人才和创新团队，是促进中国中小企业创新发展的非营利性行业自律联盟。[②]

12月28日 在第十一届全国人民代表大会常务委员会第二十四次会议上，教育部部长袁贵仁向全国人大常委会报告《国家中长期教育改革和发展规划纲要（2010—2020年）》实施情况。袁贵仁指出，一年来，我们注重培养学生的创新精神和实践能力；深入实施素质教育，全面修订义务教育课程标准，开展义务教育各学科教材修订工作，进一步明确能力培养的基本要求，强化探究学习和实验教学，调整课程容量和难度，使其更加符合教育教学规律和人才成长规律。加强实践环节，教育部与国家发改委等10多个部委共同确定了47个国家级中小学社会实践基地。加强创新创业教育，2011年参与创业的大学生达17余万人，比2010年增长56%。[③]

---

① 《中国创新价值引创业家激辩》，《光明日报》2011年12月14日，第10版。

② 《中国创业家联盟在京成立》，《光明日报》2011年12月19日，第5版。

③ 《国务院关于实施〈国家中长期教育改革和发展规划纲要（2010—2020年）〉工作情况的报告——2011年12月28日在第十一届全国人民代表大会常务委员会第二十四次会议上》，《中国教育报》2011年12月29日，第1版。

二〇一二年

1月4日 第二十次全国高等学校党的建设工作会议在北京召开，刘延东在讲话中强调，要深刻认识高校党建面临的新形势新任务，全面落实中央系列部署，按照六中全会要求，以社会主义核心价值体系为引领，推动高校党建工作再上新台阶。要用马克思主义中国化最新成果武装头脑、指导教学科研实践，用中国特色社会主义共同理想凝聚师生，培养造就大批社会主义合格建设者和可靠接班人。要大力开展以爱国主义为核心的民族精神教育和以改革创新为核心的时代精神教育，激发师生民族自豪感、自信心和创新创造活力。要自觉践行社会主义荣辱观，培育大学精神，加强学风教风校风建设，重视师生道德培养，把高校建成全社会的道德高地。[①]

1月10日 科技部、教育部和江苏省政府签署《关于推动科技教育与经济紧密结合 支撑江苏新兴产业培育和发展合作协议书》，三方将推动建立由地方政府和高校、科研院所、企业及投资机构等共同参与的“新兴产业创新合作组织”，负责对产业发展规划、创新资源配置、学科人才建设、重大科技攻关等重大事项进行协调与决策。两部一省将加快高校院所学科人才建设和创新能力提升，试行科技、教育与经济紧密结合的创新合作新机制，具体建立规划、信息、研发、载体等9个方面的协同机制。[②]

1月16日 创新人才教育研究会成立大会暨第一次会员代表大会在北京召开，创新人才教育研究会是经教育部、民政部批准的国家一级学会，它集结起致力于创新人才教育研究的单位和个人，探索行之有效的创新人才培养模式。研究会近阶段将主要开展三方面的工作：以创新型人才培养

---

① 《第二十次全国高校党建工作会议在京召开》，《人民日报》2012年1月5日，第1版。

② 《两部一省联手培育新兴产业》，《中国教育报》2012年1月12日，第1版。

的现状研究、创新型人才培养的历史经验研究、创新型人才培养的国外经验研究等20个课题为重点开展研究；联合国家教育咨询委员会创新人才培养模式组，加强对试点高校和中学的试点工作研究，梳理经验，创新模式，推广成果；加强创新人才培养的国际交流与合作。[①]

2月2日 发布《教育部2012年工作要点》。文件强调，要着力做好高校毕业生就业工作。引导高校毕业生到中西部地区、基层、中小企业就业。配合有关部门实施好高校毕业生“到村任职”“三支一扶”等基层就业项目，配合有关部门推进“基层农技推广特设岗位计划”。做好征集高校毕业生入伍工作。加强高校创新创业教育，加强就业指导课程建设，以更大力度支持高校毕业生自主创业，完善创业扶持政策。全面推广“全国大学生就业信息服务一体化系统”。采取“一对一”帮扶等有效办法，做好困难学生就业工作。配合有关部门，强化对离校未就业高校毕业生的就业服务和就业援助。[②]

2月21日 据教育部发布的《关于批准实施“十二五”期间“高等学校本科教学质量与教学改革工程”2012年建设项目的通知》，教育部将投入8亿元支持清华大学、北京大学等111个高校、部门，开展专业综合改革试点项目、大学生创新创业训练计划项目以及校外实践教育基地项目等，以支持高校开展综合改革、创业训练以及校外实践。[③]

3月5日 温家宝在十一届全国人大五次会议上做《政府工作报告》时提出，高等教育要提高教育质量和创新能力。要大力推进科技创新。加强国家创新体系建设。推动基础研究和前沿技术研究，提高原始创新能力。要全面加强人才工作，大力培养造就高水平创新创业人才、青年人才和急需紧缺人才，引进高层次人才。[④]

3月16日 教育部印发《关于全面提高高等教育质量的若干意见》，文件强调加强创新创业教育和就业指导服务，把创新创业教育贯穿人才培养

---

① 《创新人才教育研究会成立》，《人民日报》2012年1月17日，第6版。

② 《教育部2012年工作要点》（教政法〔2012〕2号）。

③ 《教育部关于批准实施“十二五”期间“高等学校本科教学质量与教学改革工程”2012年建设项目的通知》（教高函〔2012〕2号）。

④ 《温家宝在十一届全国人大五次会议上作的政府工作报告（摘要）》，《人民日报》2012年3月6日，第2版。

全过程。制定高校创新创业教育教学基本要求，开发创新创业类课程，并纳入学分管理。大力开展创新创业师资培养培训，聘请企业家、专业技术人才和能工巧匠等担任兼职教师。支持学生开展创新创业训练，完善国家、地方、高校三级项目资助体系。依托高新技术产业开发区、工业园区和大学科技园等，重点建设一批高校学生科技创业实习基地。普遍建立地方和高校创新创业教育指导中心和孵化基地。加强就业指导服务，加快就业指导服务机构建设，完善职业发展和就业指导课程体系。建立健全高校毕业生就业信息服务平台，加强困难群体毕业生就业援助与帮扶。①

3 月 23 日　国务委员刘延东出席全面提高高等教育质量工作会议时强调深化教育体制机制改革创新、创新教学方法和学习方式，认为不改革就没有出路，不触及深层次矛盾就难见成效，全面提高高等教育质量必须坚持改革创新，克服不敢改、不愿改、不会改的畏难情绪，摒弃安于现状、小富即安的惰性思维，敢于突破思想观念和体制机制障碍。②

3 月 29—30 日　由共青团中央、全国青联、全国学联与联合国国际劳工组织共同主办的 2012 年 KAB 创业教育年会在温州大学举行。KAB 项目作为就业创业教育的一种方式，较好地契合了我国经济社会发展对人才培养的新要求，同时可以满足大学生就业创业的现实需要。③

4 月 2 日　国务院副总理李克强出席博鳌亚洲论坛 2012 年年会开幕式并发表主旨演讲。他指出，中国将按照推动科学发展、加快转变经济发展方式的要求，把握稳中求进的总基调，继续促进经济社会全面协调可持续发展。要实现这个目标，加快转型是关键、改善民生是根本、改革创新是动力。要协调推进工业化、城镇化和农业现代化，释放巨大的消费和投资需求，保障粮食安全，提升工业发展水平，加快发展服务业并提升比重，不断提高发展的质量和效益。构建社会保障安全网，推进基本公共服务均等化，鼓励就业创业，努力实现居民收入增长和经济发展同步。深化财税、金融、价格、收入分配、企业等方面的改革，全面推进制度创新、技术创新、管理创新。实

---

① 《教育部关于全面提高高等教育质量的若干意见》（教高〔2012〕4 号）。

② 《以人才培养为中心 以改革创新为动力 全面提高高等教育质量》，《人民日报》2012 年 3 年 24 日，第 3 版。

③ 《KAB 创业教育项目扎根 1000 多所高校》，《光明日报》2012 年 4 月 25 日，第 14 版。

施更加积极主动的开放战略，努力提高开放型经济发展水平。[①]

4月12日 “留学报国”大型主题活动——“科技创业神州行”在江苏扬州启动。“留学报国”由致公党中央发起，科技部、教育部、国家外专局共同支持。“科技创业神州行”活动将在扬州、南京、广州等多个城市具体开展，通过科技成果展、学术报告会等形式，推动留学人员在当地创新创业。在“科技创业神州行”首站活动中，还举办了留学人员创业园联盟扬州产业化基地揭牌仪式、“千人计划”特聘专家代表扬州座谈会、“春晖杯”中国留学人员创新创业项目（扬州）视频对接洽谈会等活动。[②]

5月4日 胡锦涛在纪念中国共产主义青年团成立90周年大会上发表重要讲话，希望广大青年坚持开拓创新。……大力发扬以改革创新为核心的时代精神，有那么一种勇立潮头的浩气，有那么一种超越前人的勇气，有那么一种与时俱进的朝气，立足岗位、立足实际，讲求科学、讲求方法，把创新潜能充分发挥出来，为推动理论创新、制度创新、科技创新、文化创新以及其他各方面创新贡献聪明才智。[③]

5月7日 中关村高端人才创业基地在北京揭牌。这是北京市中关村科技园区管理委员会、海淀区人民政府、北京科技大学共同建设的高端人才创业基地，也是中组部实施高端人才发展战略以来全国建立的首家高端人才创业基地。该人才基地主要吸引了新一代信息技术、新材料、新能源、节能环保等战略性新兴产业的高新技术企业入驻。基地刚刚启用就吸引了6家“千人计划”企业、1家“海聚工程”企业和1家“高聚工程”企业入驻。[④]

5月26日 第十届全国“创业之星”经验交流表彰大会在京举行，回良玉出席会议并讲话。他强调，要抓住工业化、城镇化、农业现代化同步推进的新机遇，采取更加有力的措施，营造更为有利的政策和制度环境，引导农民创现代农业之业，鼓励农民就地就近创业，支持农民进城入镇创业，倡导外出的农民返乡创业，努力走出一条以创业带动就业、以就业促进增收的新路子，努力实现农村劳动力充分就业。要充分尊重农民的首创精神，激发农民的创新活力，让亿万农民创造社会财富的潜能得到充分释

---

① 《博鳌亚洲论坛2012年年会开幕》，《人民日报》2012年4月3日，第3版。

② 《“科技创业神州行”启动》，《人民日报》2012年4月12日，第16版。

③ 《十七大以来重要文献选编》（下），中央文献出版社，2013，第955页。

④ 《全国首家高端人才创业基地揭牌》，《光明日报》2012年5月7日，第6版。

放，使积极性、主动性和创造性竞相迸发。①

6月15日 第二届中国人才发展论坛在深圳开幕。李源潮出席开幕式并与专家座谈。他指出，科技创新创业是现代经济社会发展最重要的驱动力，要按照科学人才观的要求，努力创建中国特色创新创业人才开发体系，更好地培养、引进、使用创新创业人才，推动加快建设创新型国家和人才强国。本届中国人才发展论坛以“创新创业人才开发理论与实践”为主题。著名物理学家、诺贝尔物理学奖获得者李政道专门发来贺信。②

6月19—20日 中共中央政治局常委、中央书记处书记、国家副主席习近平在北京高校就加强和改进高校党建工作进行调研。他勉励学生们坚持把文化知识学习和思想品德修养紧密结合起来，把创新思维和社会实践紧密结合起来，把全面发展和个性发展紧密结合起来，在艰苦环境中砥砺意志，在实践锻炼中增长本领，在奉献祖国中成长成才，充分利用所学知识、充分发挥聪明才智，书写充实、美好、灿烂的人生。③

6月20日 国务委员刘延东出席“2011中国大学生年度人物”颁奖典礼和座谈会时强调，希望广大青年学生刻苦学习、勇于创新，及时更新知识，不断丰富自己，培养探索兴趣，激发创新热情，为推动理论创新、制度创新、科技创新、文化创新贡献才智。④

7月5日 首届创新创业大赛在北京启动。此次大赛由科技部、教育部、财政部和全国工商联共同指导，是国内最高规格的创新创业赛事。大赛分为初创企业组、成长企业组和创业团队组，将历时6个月，分别在北京、上海、宁波、深圳和成都五个城市进行分赛区比赛，分赛区和大赛总决赛前几名的企业和团队还将获得创新创业扶持资金的支持。⑤

7月7日 全球华人微纳米分子系统学会主办，北京大学和中国科技馆承办的教育部质量工程项目——2012年国际大学生物联网创新创业大赛总决赛在中国科技馆举行。大赛从2007年发展至今，不仅在青年学子中产生

---

① 《尊重农民首创精神　激发改革发展活力　营造政策制度环境　支持农民就业创业》，《人民日报》2012年5月27日，第2版。

② 《努力创建中国特色创新创业人才开发体系》，《人民日报》2012年6月16日，第3版。

③ 《高校党建要继续坚持和贯彻好正确指导原则》，《人民日报》2012年6月21日，第3版。

④ 《大学生要立志成才勇于实践　做科学发展推动者和谐社会构建者》，《人民日报》2012年6月22日，第4版。

⑤ 《首届创新创业大赛启动》，《人民日报》2012年7月6日，第2版。

了广泛影响，而且为青年人的创新创业提供了优良平台，比赛作品中产生的国内外发明专利达百余项，而且促成了近十个以比赛项目为基础的青年科技创新团队走向创业，其产品已经在新兴行业崭露头角。目前，比赛已经形成良好的产学研相结合的科技创新创业氛围，由比赛获奖作品集锦而成的《奇思妙想的物联网》一书，已经面市并且在社会上产生了较大的影响。①

7月11日 袁贵仁在教育部党组会议上强调，为进一步发挥高等院校作为科技第一生产力和人才第一资源结合点的重要作用，发挥高校人才、学科、科研综合优势，提升高校创新能力和服务经济社会发展能力，必须做到以下几点：一是支持高校为企业增强技术创新能力服务；二是提升高校创新人才培养和队伍建设水平；三是发挥高校在国家创新体系中的基础和生力军作用；四是提高高校科技创新能力；五是鼓励大学生自主创新创业；六是加强统筹协调，积极配合其他部门落实好相关工作。②

7月14日 刘延东在陕西调研时强调，高校和科研院所要发挥学科和人才优势，注重围绕国家战略和市场需求加强协同创新，加快知识传授和技术转移，解决现代化建设面临的各类科技问题。要支持和引导科技中介服务机构规范化、专业化发展，为科技创新和成果转化提供服务保障。要提高科技管理的科学化水平，促进科技资源优化配置和高效利用，营造创新创业的良好环境。③

7月17日 全国就业创业工作表彰大会在北京举行，温家宝出席会议并讲话，强调扩大就业是保障和改善民生的头等大事，各级党委、政府要进一步提高对就业工作极端重要性的认识，切实把促进就业创业摆在各项工作的优先位置。④

7月27日 《科技部、教育部关于加强协同创新，提升高校科技创新能力合作协议》签字仪式在北京举行。教育部部长袁贵仁在会议上指出，教育部将充分发挥高校科技、学科、人才综合优势，认真落实协议内容。

---

① 《国际大学生物联网创新创业大赛举行总决赛》，《光明日报》2012年7月23日，第13版。

② 《着力提升高校服务经济社会发展能力》，《中国教育报》2012年7月11日，第1版。

③ 《深入贯彻全国科技创新大会精神　群策群力加快推进创新型国家建设》，《人民日报》2012年7月14日，第2版。

④ 《国务院召开全国就业创业工作表彰大会》，《光明日报》2012年7月18日，第3版。

一是坚持教育与科技相结合，培育高素质创新人才；二是坚持教育科技与经济相结合，提升科技创新能力；三是坚持政策引导与管理创新相结合，完善科技创新机制；四是坚持引进与培育相结合，构筑创新人才高地；五是坚持优化创新环境与形成优良学风相结合，加强创新文化建设，着力营造崇尚科学、求真务实、风清气正的学术氛围。[①]

7月30日 李源潮为中科院干部和专家做人才工作报告，介绍我国培养引进高层次创新创业人才的情况。他指出，要认真学习贯彻胡锦涛总书记重要讲话精神，大力实施人才强国战略，落实国家中长期人才发展规划，培养、引进和用好高层次创新创业人才，为建设创新型国家提供坚强人才支撑。国内高层次人才是建设创新型国家的主体力量，国家将出台实施国内高层次人才创新创业特殊支持计划，重点支持国家科技发展和产业发展急需紧缺的创新创业人才、高层次领军型人才和青年拔尖人才，特别是在一线担重任的创新创业骨干人才，建立高层次创新创业人才队伍开发体系，更好地把各类优秀人才凝聚到党和国家事业中来。[②]

8月17日 教育部印发《普通本科学校创业教育教学基本要求（试行）》，强调各地高校要“面向全体学生单独开设‘创业基础’必修课”。要求各高校结合实际，以教授创业知识为基础，以锻炼创业能力为关键，以培养创业精神为核心，以课堂教学为主渠道，以课外活动、社会实践为重要途径，使学生掌握创业的基础知识和基本理论，熟悉创业的基本流程和基本方法，了解创业的法律法规和相关政策，激发学生的创业热情，提高学生的社会责任感和创业能力。同时，要求把创业教育教学效果作为学校本科教学评估的重要内容，并体现在学校本科教学质量年度报告中，主动接受社会监督。[③]

8月29日 国务院总理温家宝主持召开国务院常务会议，会议讨论通过《关于深入推进义务教育均衡发展的意见》，确定了全面提高教育质量，建立以素质教育为导向的质量评价体系。促进学生全面发展和生动活泼主

---

① 《深化科教结合　推进协同创新　提升高校科技创新能力　科技部教育部签署合作协议》，《中国教育报》2012年7月27日，第1版。

② 《李源潮在中国科学院介绍人才工作时指出大力加强高层次创新创业人才队伍建设　为建设创新型国家提供坚强人才支撑》，《人民日报》2012年8月1日，第2版。

③ 《高校将增开“创业基础”必修课》，《光明日报》2012年8月18日，第4版。

动发展，切实减轻学生过重课业负担。培养学生的社会责任感、创新精神和实践能力。鼓励学校开展教育教学改革实验，努力办出特色、办出水平。[①]

同日 教育部、中科院在京联合启动实施“科教结合协同育人行动计划”。国务委员刘延东在讲话中指出，要认真贯彻全国科技创新大会精神和教育规划纲要，深化人才培养模式改革，大力推进科技与教育协同育人，促进科研与教学互动、科研与人才培养结合，努力培养造就高素质人才和拔尖创新人才。刘延东强调，推进科教结合协同育人，要按照“加强统筹、试点引领、重点突破、全面推进”的原则，以培养创新人才为目标，以提高学生科研实践能力为重点，以建立高校和科研院所协同机制为保障，努力实现高水平科学研究与高质量人才培养的相互支撑。教育部和中科院要加强领导、系统谋划，完善考试招生、学位授予等方面的政策措施，把优秀科研人员、先进实验室、前沿项目等优质科研资源引入育人过程，充分发挥计划实施对教育教学改革的引领、示范和辐射作用。各有关高校和科研院所要树立开放合作、融合发展的观念，着力打破体制机制壁垒，在培养目标、教学保障、资源共享、管理运行等方面建立协同机制。科研人员和教师要把培养人才放在首位，潜心治学从教，努力培养更多创新人才。广大学生要以优秀科学家为榜样，树立科学精神，心怀报国理想，努力成长为社会主义现代化建设的栋梁之材。[②]

9月3日 教育部、财政部继续实施高等学校本科教学质量与教学改革工程，强调实践创新能力培养，整合各类实验实践教学资源，建设100个实验教学示范中心、1000个国家大学生校外实践教育基地，开设46300个大学生创新创业训练项目，推动教学与科研紧密结合、学校与社会密切合作，促进大学生在科学研究中学习、在社会实践中学习。

9月19日 胡锦涛出席发展中国家科学院第二十三届院士大会开幕式并致辞：中国提出到2020年进入创新型国家行列的奋斗目标。秉持科学发展的理念，坚持把科技摆在优先发展的战略位置，深入实施科教兴国战略

① 《关于深入推进义务教育均衡发展的意见》（国发〔2012〕48号）。

② 《“科教结合协同育人行动计划”启动 刘延东出席启动仪式并讲话》，《人民日报》2012年8月30日，第2版。

和人才强国战略，坚持自主创新、重点跨越、支撑发展、引领未来的方针，大力提升自主创新能力。中国将加快建设国家创新体系，持续增加科技投入，深化科技体制改革，加强协同创新，促进科技和经济紧密结合，形成以企业为主体、市场为导向、产学研紧密结合的技术创新体系，建设若干一流科研机构，建设一批高水平研究型大学，培育优势学科和创新型人才，实现创新资源合理配置、高效利用、开放共享。①

9月23日 中共中央、国务院印发了《关于深化科技体制改革加快国家创新体系建设的意见》。文件指出：完善人才发展机制，激发科技人员的积极性、创造性，统筹各类创新人才发展和完善人才激励制度。深入实施重大人才工程和政策，培养造就世界水平的科学家、科技领军人才、卓越工程师和高水平创新团队。改进和完善院士制度。加强科研生产一线高层次专业技术人才和高技能人才培养。支持创新人才到西部地区特别是边疆民族地区工作。支持35岁以下的优秀青年科技人才主持科研项目。鼓励大学生自主创新创业。鼓励在创新实践中脱颖而出的人才成长和创业。重视工程实用人才、紧缺技能人才和农村实用人才的培养。②

10月13日 刘延东在河北调研时指出，要深入实施科教兴国战略和人才强国战略，坚持教育优先发展，培养更多高素质人才，提升自主创新能力，加快推进创新型国家建设，为经济社会发展提供人才保障和科技支撑，重点改善农村地区和薄弱学校办学条件，努力提高学校办学水平。要全面实施素质教育，创新教育教学模式，促进学生德智体美全面发展。③

11月8日 党的十八大报告提出："推动实现更高质量的就业"，"实施就业优先战略和更加积极的就业政策"，"引导劳动者转变就业观念，鼓励多渠道多形式就业，促进创业带动就业"，"加强职业技能培训，提升劳动者就业创业能力，增强就业稳定性"④，"全党都要关注青年、关心青年、关爱青年，倾听青年心声，鼓励青年成长，支持青年创业"⑤。

---

① 《在发展中国家科学院第二十三届院士大会开幕式上的致词》，《人民日报》2012年9月19日，第2版。

② 《深化科技体制改革加快国家创新体系建设》，《人民日报》2012年9月24日，第1版。

③ 《加快发展教育科技文化事业　为稳增长转方式惠民生提供有力支撑》，《人民日报》2012年10月14日，第2版。

④ 《十八大以来重要文献选编》（上），中央文献出版社，2014，第28页。

⑤ 《十八大以来重要文献选编》（上），中央文献出版社，2014，第44页。

11月24—25日 教育部、科技部联合主办的第五届全国大学生创新创业年会在中国农业大学举行。共有来自全国160余所高校的800多位师生参加了年会，196项大学生创新创业项目被集中展出，90篇优秀大学生论文在会上交流。林蕙青在闭幕式上指出，学习贯彻党的十八大精神，提高创新人才培养水平，要加快建立面向全体大学生的创新创业训练体系；要积极构建国家、省、校三级大学生创新创业训练体系；要进一步加强创新思维、创新方法、创业类课程建设；要与科研院所、行业企业等开展更广泛的协同合作，联合培养创新创业人才；要切实加大在创新创业训练师资、课程、实践平台建设等方面的投入力度，为大规模开展大学生创新创业训练创造条件。①

11月28日 由共青团中央、中国科协、教育部、全国学联、上海市人民政府共同主办，同济大学承办，复星集团协办的第八届“挑战杯”复星中国大学生创业计划竞赛决赛在上海落下帷幕。经过商业计划书书面评审、秘密答辩、公开答辩等竞赛环节的激烈角逐，竞赛评委会最终评出69件高校作品获得金奖，其中，16件作品已经投入实际运营，占参赛已创业作品的29.1%；澳门科技大学《Macard明信片服务有限公司》等17件作品分获“最佳创意奖”“最具投资潜力奖”“最受媒体关注奖”“最佳展示奖”“最具人气奖”“评委推荐特色奖”；20支团队获得竞赛首次设立的“网络虚拟运营”专项竞赛一等奖。本届竞赛以“共挑战·创未来”为主题，吸引了社会各界尤其是风险投资界、企业界和地方创业园区的广泛关注，共有94件参赛作品与有关投资方已签订投资协议或达成投资意向，签约及意向投资金额共计2.81亿元。竞赛决赛期间，还举办了参赛项目作品展、创业大讲堂、《共挑战·创未来》新书发布仪式、创业达人挑战赛、大学生创业示范园区和服务大学生就业创业项目推介会、“MM百万青年创业计划”工作推进会、国际大学生创业夏令营成果展等丰富多彩的互动交流活动。②

---

① 《教育部科技部联合举办全国大学生创新创业年会》，《中国教育报》2012年11月26日，第2版。

② 《第八届“挑战杯”复星中国大学生创业计划竞赛决赛闭幕》，创青春官网，http://www.chuangqingchun.net/article/1101/。

二〇一三年

1月23日 《教育部2013年工作要点》发布，文件指出，要部署一批国家战略性新兴产业发展和改善民生急需的相关学科专业。继续实施好本科教学工程，建设国家级教师教学发展示范中心以及国家大学生校外实践教育基地、国家级实验教学示范中心，开展大学生创新创业训练项目。①

3月25日 教育部办公厅印发《中等职业学校德育课贯彻党的十八大精神教学指导纲要》，指出在教学中，要结合“职业生涯发展与就业、创业”单元的教学，帮助学生了解国家支持创业创新、保护合法经营、倡导勤劳致富等就业政策；引导学生认识实现高质量的就业，需要不断提高劳动者素质；帮助学生提高自身职业素养和就业创业自觉性，把握实现更高质量就业的主动权。要结合“职业生涯规划与职业理想”单元的教学，引导学生了解社会、了解职业，增强学生对所学专业以及职业的认识。结合“职业生涯发展条件与机遇”“职业生涯发展与就业、创业”等单元的教学，引导学生提升社会责任感、创新精神、实践能力，感受党对青年的关爱，做好适应社会、融入社会的准备，明确使命，立志投身于中国特色社会主义伟大事业，让青春焕发出绚丽的光彩。②

4月26日 刘延东参加科学大师宣传会演活动时强调，弘扬老一辈科学家的崇高精神，凝聚起建设创新型国家的强大力量。刘延东希望广大青年学生和科技工作者以老一辈科学家为楷模，把自身事业追求同国家富强、社会进步、人民幸福结合起来，坚持人民利益高于一切，以报国奉献为最

---

① 参见《教育部2013年工作要点》。

② 《关于印发〈中等职业学校德育课贯彻党的十八大精神教学指导纲要〉的通知》（教职成厅〔2013〕1号）。

高追求，积极投身社会主义现代化建设实践，开拓创新、勇攀高峰，为建设创新型国家、全面建成小康社会、实现中华民族伟大复兴“中国梦”做出应有贡献。[①]

5月4日 习近平总书记在中国航天科技集团有限公司中国空间技术研究院同各界优秀青年代表座谈。他强调，广大青年一定要勇于创新创造。创新是民族进步的灵魂，是一个国家兴旺发达的不竭动力，也是中华民族最深沉的民族禀赋，正所谓“苟日新，日日新，又日新”。生活从不眷顾因循守旧、满足现状者，从不等待不思进取、坐享其成者，而是将更多机遇留给善于和勇于创新的人们。青年是社会上最富活力、最具创造性的群体，理应走在创新创造前列。青年兴则国家兴，青年强则国家强。我们党自成立之日起，就始终代表广大青年、赢得广大青年、依靠广大青年。各级党委和政府要充分信任青年、热情关心青年、严格要求青年，为青年驰骋思想打开更浩瀚的天地，为青年实践创新搭建更广阔的舞台，为青年塑造人生提供更丰富的机会，为青年建功立业创造更有利的条件。各级领导干部要关注青年愿望、帮助青年发展、支持青年创业，做青年朋友的知心人，做青年工作的热心人。[②]

同日 李源潮在北京与中国青年五四奖章获得者等优秀青年代表座谈。他指出，当代青年要按照习近平总书记要求，坚定理想信念，学习不停步、奋斗不停步、奉献不停步，脚踏实地创新创业创优，让青春在“中国梦”的实现中焕发光彩。[③]

5月14—15日 习近平总书记在天津考察时强调，就业是民生之本，解决就业问题根本要靠发展。要切实做好以高校毕业生为重点的青年就业工作，做好城镇困难人员、退役军人、农村转移劳动力就业工作，搞好职业技能培训、完善就业服务体系，缓解结构性失业问题。[④] 有关部门要加大对高校毕业生自主创业的支持力度，对就业困难毕业生进行帮扶，增强学

① 《弘扬老一辈科学家崇高精神　凝聚起建设创新型国家的强大力量》，《人民日报》2013年4月28日，第2版。

② 《在同各界优秀青年代表座谈时的讲话》，《中国教育报》2013年5月5日，第1版。

③ 《当代青年要为实现中国梦创新创业创优》，《人民日报》2013年5月5日，第4版。

④ 《习近平关于社会主义社会建设论述摘编》，中央文献出版社，2017，第65页。

生就业创业和职业转换能力。[①]

5 月 15 日 国务院总理李克强主持召开国务院常务会议。会议指出，2013 年高校应届毕业生达 699 万人，就业压力明显增大。要采取有效措施，切实保障应届毕业生就业水平不降低、有提高。一要落实现有政策；二要拓宽就业渠道；三要鼓励自主创业；四要完善就业服务；五要开展就业帮扶；六要促进就业公平。[②]

5 月 29 日 习近平总书记在同全国各族少年儿童代表共庆“六一”国际儿童节的讲话中强调，生活靠劳动创造，人生也靠劳动创造。你们从小就要树立劳动光荣的观念，自己的事自己做，他人的事帮着做，公益的事争着做，通过劳动播种希望、收获果实，也通过劳动磨炼意志、锻炼自己。想象力、创造力从哪里来？要从刻苦的学习中来。知识越学越多，知识越多越好，你们要像海绵吸水一样学习知识。既勤学书本知识，又多学课外知识，还要勤于思考，多想想，多问问，这样就能培养自己的创造精神。[③]

6 月 9 日 国务院总理李克强到河北师范大学视察大学生就业情况。李克强对毕业生到基层工作给予鼓励并深情寄语，同学们只有“下得去”、有本事才能“上得来”，干事才能“拿得起”，基层最能锻炼人，极大地鼓舞和激励了该校师生。李克强指出：“下基层、到基层工作，才能使人更快地成长起来；基层的经验，无论以后走到什么岗位都将是一笔宝贵的财富，只有经历基层锻炼，才会成长为社会的有用之才。”李克强主张从具体措施的角度为广大青年选择自主创业创造良好的投资环境，与习近平总书记从思想认识和发展理念层面关怀青年成长相呼应。[④]

6 月 13 日 科技部在北京召开“发挥科技作用促进高校毕业生创业就业”视频会议。会议提出，科技界要强化大局意识，坚决贯彻落实习近平总书记、李克强总理重要指示和国务院电视电话会议精神，以高度的责任感和使命感，坚持把促进高校毕业生就业摆在突出位置，将鼓励高校毕业生创业和吸纳就业有机结合起来，采取综合措施，打好“组合拳”，进一步

---

① 《稳中求进推动经济发展　持续努力保障改善民生》，《人民日报》2013 年 5 月 16 日，第1 版。

② 《李克强主持召开国务院常务会议》，《人民日报》2013 年 5 月 16 日，第 1 版。

③ 《习近平关于青少年和共青团工作论述摘编》，中央文献出版社，2017，第 89~90 页。

④ 《国务院总理李克强来我校视察》，《河北师大报》2013 年 6 月 15 日，第 1 版。

发挥好科技创新在促进高校毕业生创业就业中的重要作用。①

6 月 14 日 教育部召开高等学校创业教育和大学生自主创业工作经验交流视频会议。教育部党组副书记、副部长杜玉波出席会议并强调，各地高校要把加强高校创业教育，作为服务国家加快转变经济发展方式、建设创新型国家和人力资源强国的战略举措，作为全面实施素质教育、深化高等教育领域综合改革、提高人才培养质量、促进大学生全面发展的重要途径，作为落实以创业带动就业、促进高校毕业生充分就业的重要措施。要提高认识，自觉把思想、认识和行动统一到中央的决策、部署和要求上来，加快高校创业教育和大学生自主创业工作发展步伐；狠抓质量，把提高质量作为创业教育和大学生自主创业工作最核心的任务，推动高校创业教育科学化制度化规范化建设；强化实践，把实践育人作为高校加强创业教育的切入点和突破口，着力培养大学生的创业能力。要在进一步加强领导、强化特色、加强教材建设、加强教师队伍建设、搭建平台上下功夫，努力开创高校创业教育和大学生自主创业工作新局面。②

6 月 28 日 刘延东出席 2013 年全国职业院校技能大赛闭幕式。刘延东指出，要注重学生全面发展，不仅要重视专业技能训练，还要强化思想品德和职业道德教育，提高就业创业和职业转换能力。要以服务经济社会发展为宗旨，以解决青年就业为导向，系统设计职业教育体系框架和专业结构，实现与现代产业、公共服务和终身教育体系融合发展。同时，希望职业院校学生珍惜学习机会，练就过硬本领，砥砺意志品质，把个人梦、职业梦融入国家梦和民族梦之中，用双手开创成功之路和美好生活。③

7 月 17 日 习近平总书记在中国科学院考察工作中指出，要最大限度调动科技人才创新积极性，尊重科技人才创新自主权，大力营造勇于创新、鼓励成功、宽容失败的社会氛围。他强调，要引进和学习世界先进科技成果，更要走前人没有走过的路。科技界要共同努力，树立创新自信，敢于

① 《发挥科技作用促进高校毕业生创业就业》，《科技日报》2013 年 6 月 14 日，第 1 版。

② 《开创高校创业教育和大学生自主创业新局面》，《中国教育报》2013 年 6 月 15 日，第 1 版。

③ 《发展现代职业教育提供人才支撑》，《人民日报》2013 年 6 月 30 日，第 2 版。

质疑现有理论，勇于开拓新的方向，不断在攻坚克难中追求卓越。[1]

8月17—19日 国务院总理李克强到甘肃定西、兰州考察时强调，大学生是社会的宝贵财富，对大学生的求职就业，政府、学校都会关心到底。得知学校鼓励毕业生留在西部特别是到基层就业，李克强说，这是很好的磨炼，会大有作为。听到有的同学有创业的打算，李克强赞扬道，大学生要敢于创业、勇于创新，这也是国家发展的希望所在。高校要积极培养创业和创新型人才，社会要大力提倡“双创”精神，使年轻人更好地运用自己的“知识本钱”服务社会、创造财富。[2]

9月1日 国务院总理李克强主持召开国家科技教育领导小组第一次全体会议。李克强对近年来教育、科技工作取得的显著成就给予充分肯定，强调要始终把教育和科技放在全局性、战略性位置，予以高度重视。李克强指出，发挥科技第一生产力作用，关键是促进科技和经济社会深度融合，并以创新和创业为导向。要增强科技创新实力、提升产业核心竞争力，就必须围绕大局，瞄准世界科技与产业革命的大趋势和我国经济社会发展需要，紧扣结构调整和转型升级的要求，通过创新体制机制，充分发挥企业的主体作用，使广大科研人员的创造活力、创新能力迸发出来，使创新成果转化为实实在在的经济社会效益，让科技造福人民。应用研究和基础研究都要沿着这个方向加大力度。[3]

9月29日 第三批国务院侨办重点华侨华人创业团队授牌仪式在北京举行。有50个相关负责人或代表出席授牌仪式。[4]

同日 财政部、科技部、国家税务总局联合发布了中关村“新四条政策”，这四条政策的落实对于进一步优化中关村国家自主创新示范区创新创业环境，更好地发挥先行先试的示范作用具有重要意义。这四条政策包括：科技部、财政部、国家税务总局联合发布的《关于在中关村国家自主创新示范区开展高新技术企业认定中文化产业支撑技术等领域范围试点的通知》，财政

---

① 《深化科技体制改革增强科技创新活力　真正把创新驱动发展战略落到实处》，《人民日报》2013年7月18日，第1版。

② 《把政策措施落到实处　使广大群众真得实惠》，《人民日报》2013年8月21日，第1版。

③ 《注重教育公平　推动科技创新　为经济社会发展提供战略支撑》，《人民日报》2013年9月1日，第1版。

④ 《国侨办为华侨华人创业团队授牌》，《人民日报》（海外版）2013年10月9日，第6版。

部、国家税务总局联合发布的《关于中关村国家自主创新示范区有限合伙制创业投资企业法人合伙人企业所得税试点政策的通知》、《关于中关村国家自主创新示范区技术转让企业所得税试点政策的通知》以及《关于中关村国家自主创新示范区企业转增股本个人所得税试点政策的通知》。①

9月30日 中共中央政治局在北京中关村以实施创新驱动发展战略为主题进行第九次集体学习。习近平总书记指出，实施创新驱动发展战略决定着中华民族前途命运。② 全党全社会都要充分认识科技创新的巨大作用，敏锐把握世界科技创新发展趋势，紧紧抓住和用好新一轮科技革命和产业变革的机遇，把创新驱动发展作为面向未来的一项重大战略实施好。实施创新驱动发展战略是一项系统工程，涉及方方面面的工作，需要做的事情很多。最为紧迫的是要进一步解放思想，加快科技体制改革步伐，破除一切束缚创新驱动发展的观念和体制机制障碍。③ 习近平总书记就此提出五个方面的任务。一是着力推动科技创新与经济社会发展紧密结合；二是着力增强自主创新能力；三是着力完善人才发展机制；四是着力营造良好政策环境；五是着力扩大科技开放合作。④

10月22日 习近平总书记在欧美同学会成立100周年庆祝大会上发表讲话："希望大家奋力创新创造。创新是一个民族进步的灵魂，是一个国家兴旺发达的不竭动力，也是中华民族最深沉的民族禀赋。在激烈的国际竞争中，惟创新者进，惟创新者强，惟创新者胜。留学人员视野开阔，理应走在创新前列。祖国改革开放和社会主义现代化建设的火热进程，为一切有志于创新创造、干一番事业的人们提供了广阔舞台。希望广大留学人员积极投身创新创造实践，有敢为人先的锐气，有上下求索的执著，得风气之先、开风气之先，力争有所突破、有所发展、有所建树。在中国的大地上，要想有建树、有成就，关键是要脚踏着祖国大地，胸怀着人民期盼，找准专业优势和社会发展的结合点，找准先进知识和我国实际的结合点，

---

① 《"新四条"再推中关村创新创业》，《光明日报》2013年9月30日，第1版。

② 《习近平关于社会主义经济建设论述摘编》，中央文献出版社，2017，第128页。

③ 《习近平关于科技创新论述摘编》，中央文献出版社，2016，第56~57页。

④ 《敏锐把握世界科技创新发展趋势　切实把创新驱动发展战略实施好》，《人民日报》2013年10月2日，第1版。

真正使创新创造落地生根、开花结果。”①

10月23日 习近平总书记在同全国总工会新一届领导班子成员集体谈话时强调，要加强对广大青少年的教育，让他们从小就树立起辛勤劳动、诚实劳动、创造性劳动的观念，不要养成贪吃懒做、好逸恶劳、游手好闲、投机取巧、坐享其成等错误观念。②

10月25日 国务院总理李克强在国务院常务会议上部署了推进公司注册资本登记制度改革相关政策。推行注册资本登记制度改革，降低创业成本，激发社会投资活力。③“一是放宽了注册资本登记条件，取消了原来有限责任公司最低注册资本3万元、一人有限责任公司最低注册资本10万元、股份有限公司最低注册资本500万元的限制，不再限制公司设立时股东（发起人）的首次出资比例和缴足出资的期限，公司实收资本不再作为工商登记事项；二是将企业年检制度改为年度报告制度，任何单位和个人均可查询，使企业相关信息透明化；三是按照方便注册和规范有序的原则，放宽市场主体住所（经营场所）登记条件，由地方政府具体规定；四是大力推进企业诚信制度建设；五是推进注册资本由实缴登记制改为认缴登记制，降低开办公司成本。”④

11月4日 习近平总书记在中南大学考察时指出：“我国经济发展要突破瓶颈、解决深层次矛盾和问题，根本出路在于创新，关键要靠科技力量。要充分发挥高校人才荟萃、学科齐全、思想活跃、基础雄厚的优势，面向经济建设主战场，面向民生建设大领域，加强科学研究工作，加大科技创新力度，努力形成更多更先进的创新成果。”⑤

11月8日 习近平总书记向2013年全球创业周中国站活动组委会致信：

> 值此全球创业周中国站开幕暨全球创业周中国站校园伙伴揭牌之际，我向你们表示热烈的祝贺！向辛勤创新创业的广大青年，向关心

---

① 《习近平谈治国理政》，外文出版社，2014，第59~60页。

② 《习近平关于青少年和共青团工作论述摘编》，中央文献出版社，2017，第23页。

③ 《李克强主持召开国务院常务会议》，《人民日报》2013年10月28日，第1版。

④ 《注册资本登记制度改革方案》（国发〔2014〕7号）。

⑤ 《深化改革开放推进创新驱动 实现全年经济社会发展目标》，《人民日报》2013年11月6日，第1版。

和支持青年创新创业的各界人士，致以诚挚的问候！

青年是国家和民族的希望，创新是社会进步的灵魂，创业是推动经济社会发展、改善民生的重要途径。青年学生富有想象力和创造力，是创新创业的有生力量。希望广大青年学生把自己的人生追求同国家发展进步、人民伟大实践紧密结合起来，刻苦学习，脚踏实地，锐意进取，在创新创业中展示才华、服务社会。

你们这次活动，以“创业梦、中国梦”为主题，传播创业文化，分享创业经验，弘扬创业精神，有利于激励更多青年特别是青年学生开启创业理想、开展创业活动，为实现中华民族伟大复兴的中国梦贡献力量。

全社会都要重视和支持青年创新创业，提供更有利的条件，搭建更广阔的舞台，让广大青年在创新创业中焕发出更加夺目的青春光彩。①

11月12日 十八届三中全会通过的《中共中央关于全面深化改革若干重大问题的决定》提出:“完善扶持创业的优惠政策，形成政府激励创业、社会支持创业、劳动者勇于创业新机制”，“实行激励高校毕业生自主创业政策，整合发展国家和省级高校毕业生就业创业基金”。②

12月1日 “圆梦创业者，投资人在行动”活动在清华大学举行。互联网企业家与大学生分享创业心得，6组青年创业团队现场阐述创业项目，接受投资人的提问与评估。活动现场，部分互联网企业家与同学们分享创业的心路历程，对大学生创业提出建议。创业团队与投资人面对面交流，接受投资人的评估与建议。此项活动由工信部指导，中国互联网协会、教育部大学生就业指导中心及共青团北京市委员会主办，该活动随后还将在北京航空航天大学、复旦大学、湖南大学等举办。③

12月5日 在中国青年志愿者行动实施20周年暨第二十八个国际志愿

① 《习近平致2013年全球创业周中国站活动组委会的贺信》，《人民日报》2013年11月9日，第1版。

② 《中共中央关于全面深化改革若干重大问题的决定》，人民出版社，2013，第44~45页。

③ 《“圆梦创业者，投资人在行动”活动走进清华大学》，中华人民共和国中央人民政府，http：//www.gov.cn/gzdt/2013-12/01/content_2539439.htm。

者日之际，中共中央总书记、国家主席、中央军委主席习近平给华中农业大学“本禹志愿服务队”回信，肯定了他们在服务他人、奉献社会中取得的成绩，勉励他们弘扬志愿精神，为实现中华民族伟大复兴的中国梦做出新的更大的贡献，并向这支志愿服务队和全国广大青年志愿者致以诚挚问候和崇高敬意。回信指出：

> 得知你们在徐本禹同志感召下，积极加入青年志愿者队伍，走进西部，走进社区，走进农村，用知识和爱心热情服务需要帮助的困难群众，坚持高扬理想、脚踏实地、甘于奉献，在服务他人、奉献社会中收获了成长和进步，找到了青春方向和人生目标，感到十分欣慰。值此中国青年志愿者行动实施20周年之际，我向你们以及全国广大青年志愿者，致以诚挚的问候和崇高的敬意！
>
> 当前，全国各族人民正在中国共产党领导下，全面贯彻党的十八大和十八届三中全会精神，满怀信心为实现中华民族伟大复兴的中国梦而奋斗。你们在信中表示，要勇敢肩负起历史赋予的责任，积极投身改革发展伟大事业，奉献社会，服务人民，说得很好。
>
> 历史和现实都告诉我们，青年一代有理想、有担当，国家就有前途，民族就有希望，实现中华民族伟大复兴就有源源不断的强大力量。希望你们弘扬奉献、友爱、互助、进步的志愿精神，坚持与祖国同行、为人民奉献，以青春梦想、用实际行动为实现中国梦作出新的更大贡献。[①]

12月10日 习近平总书记在中央经济工作会议上强调：“要把做好就业工作摆到突出位置，重点抓好高校毕业生就业和化解产能过剩中出现的下岗再就业工作。现在，多数高校毕业生都想在大城市就业，找不到工作也在城里漂着，处理不好容易形成社会风险。各级党委和政府要落实已有的政策和措施，努力创造就业岗位，尽力吸纳更多高校毕业生就业创业，同时引导和鼓励他们到基层和中西部地区就业创业。”[②]

---

① 《勉励青年志愿者以青春梦想用实际行动 为实现中国梦作出新的更大贡献》，《人民日报》2013年12月6日，第1版。

② 《习近平关于全面建成小康社会论述摘编》，中央文献出版社，2016，第137页。

二〇一四年

1月10日　国家科学技术奖励大会在北京隆重召开，国务院总理李克强强调，要促进科技创新与经济社会发展深度融合，使创新成果更多转化为现实生产力。要把发挥人的创造力作为推动科技创新的核心，营造鼓励大胆探索、包容失败的宽松氛围，使青年创新型人才脱颖而出，吸引和激励更多人投身创新创业，汇聚建设创新型国家的强大合力，用改革红利、人才红利、创新红利推动经济社会持续健康发展，为建设富强民主文明和谐的社会主义现代化国家，实现中华民族伟大复兴的中国梦而不懈奋斗。①

2月7日　《国务院关于印发注册资本登记制度改革方案的通知》发布。该通知指出，改革工商登记制度，进一步放松市场主体准入管制，切实优化营商环境；推进工商注册制度便利化，严格市场主体监督管理，依法维护市场秩序，对加快政府职能转变、创新政府监管方式、建立公平开放透明的市场规则、保障创业创新，具有重要意义。②

2月26日　国务院总理李克强主持召开国务院常务会议，部署加快发展现代职业教育，审议通过了《事业单位人事管理条例（草案）》。会议认为，发展职业教育是促进转方式、调结构和民生改善的战略举措。以改革的思路办好职业教育，对提升劳动大军的就业创业能力、产业素质和综合国力，意义重大。③

3月9日　教育部部长袁贵仁“微访谈”回答网友提问指出，近年来，每年大学毕业生都在700万名左右，是国家宝贵的人才资源，党和政府非常

---

① 《国家科学技术奖励大会在京举行　习近平向最高科技获奖得者颁奖》，《人民日报》（海外版）2014年1月11日，第1版。

② 《国务院关于印发注册资本登记制度改革方案的通知》（国发〔2014〕7号）。

③ 《李克强主持召开国务院常务会议》，《人民日报》2014年2月27日，第2版。

重视，已采取多种措施支持大学生就业和创业。教育部门的主要任务有以下几点：一是深化教育教学改革，提高创新创业能力；二是加强就业指导，鼓励到基层就业；三是完善就业服务，提供就业信息，宣传就业政策。①

4 月 16 日 国务院总理李克强主持召开国务院常务会议。为进一步促进高校毕业生、下岗失业人员、残疾人等重点群体创业就业，扶持小微企业发展，会议决定，将 2013 年底到期的支持和促进重点群体创业就业税收政策，延长至 2016 年 12 月 31 日，并加以完善。取消享受优惠政策的行业和人员范围限制；提高征税扣除额上限；增加扣减税费种类；简化程序，将税收优惠政策管理由审批改为备案，努力营造更好的创业就业环境。②

4 月 30 日 国务院总理李克强主持召开国务院常务会议。会议决定，为进一步落实高校毕业生就业创业的政策措施，在落实好原有政策的基础上，推出以下新措施。一是将小微企业招用高校毕业生享受社会保险补贴政策延长至 2015 年底。科技型小微企业招收高校毕业生达到一定比例的，可申请不超过 200 万元的小额贷款，并享受财政贴息。二是启动实施“大学生创业引领计划”，落实和完善创业扶持政策，帮助更多高校毕业生自主创业。在电子商务网络平台开办“网店”的高校毕业生，可享受小额担保贷款和财政贴息政策。三是对离校未就业高校毕业生实现灵活就业并办理实名登记、缴纳社会保险费的，2 年内给予一定数额的社会保险补贴。四是加大就业困难高校毕业生帮扶力度，将现行只限于城乡低保家庭毕业生的求职补贴扩大到残疾毕业生。五是国有企业招聘应届高校毕业生，要在政府网站发布信息，对拟聘人员进行公示。六是简化高校毕业生在不同地域和所有制单位流动就业的落户等手续。③

5 月 3 日 习近平总书记给保定学院西部支教毕业生群体代表回信，向青年朋友致以节日的问候，勉励青年人到基层和人民中去建功立业，在实现中国梦的伟大实践中书写别样精彩的人生。习近平总书记在信中表示，你们响应国家号召，怀着执着的理想，奔赴条件艰苦的西部和边疆地区，扎根基层教书育人，十几年如一日，写下了充满激情和奋斗的人生历程。

---

① 《部长微博话教改》，《中国教育报》2014 年 3 月 9 日，第 1 版。

② 《李克强主持召开国务院常务会议》，《人民日报》2014 年 4 月 17 日，第 2 版。

③ 《李克强主持召开国务院常务会议》，《人民日报》2014 年 5 月 1 日，第 2 版。

你们的坚守、你们的事迹，令人感动。习近平总书记指出，我在西部地区生活过，深知那里的孩子渴求知识，那里的发展需要人才。多年来，一批批有理想、有担当的青年，像你们一样在西部地区辛勤耕耘、默默奉献，为当地经济社会发展、民族团结进步做出了贡献。习近平强调，同人民一道拼搏、同祖国一道前进，服务人民、奉献祖国，是当代中国青年的正确方向。好儿女志在四方，有志者奋斗无悔。希望越来越多的青年人以你们为榜样，到基层和人民中去建功立业，让青春之花绽放在祖国最需要的地方，在实现中国梦的伟大实践中书写别样精彩的人生。①

5 月 4 日 习近平总书记在北京大学考察时强调："青年有着大好机遇，关键是要迈稳步子、夯实根基、久久为功。心浮气躁，朝三暮四，学一门丢一门，干一行弃一行，无论为学还是创业，都是最忌讳的。'天下难事，必作于易；天下大事，必作于细。'成功的背后，永远是艰辛努力。青年要把艰苦环境作为磨炼自己的机遇，把小事当作大事干，一步一个脚印往前走。滴水可以穿石。只要坚韧不拔、百折不挠，成功就一定在前方等你。"②习近平总书记还强调："各级党委和政府要高度重视高校工作，始终关心和爱护学生成长，为他们放飞青春梦想、实现人生出彩搭建舞台。要全面深化改革，营造公平公正的社会环境，促进社会流动，不断激发广大青年的活力和创造力。要强化就业创业服务体系建设，支持帮助学生们迈好走向社会的第一步。"③

同日 国务院副总理刘延东指出，多年来广大青年学生不负党和国家期望和重托，立志成才，爱国奉献，涌现出一大批自强不息、见义勇为、创新创业的先进典型，高校辅导员成为引导学生健康成长的重要力量，广大青年师生值得信赖、大有可为、堪当重任。④

5 月 13 日 国务院办公厅印发《关于做好 2014 年全国普通高等学校毕业生就业创业工作的通知》（以下简称《通知》），鼓励高校毕业生到城乡基层就业，鼓励小型微型企业吸纳高校毕业生就业，鼓励大学生自主创业

---

① 《习近平给河北保定学院西部支教毕业生群体代表回信》，《人民日报》2014 年 5 月 4 日，第 1 版。

② 《十八大以来重要文献选编》（中），中央文献出版社，2016，第 8 页。

③ 《十八大以来重要文献选编》（中），中央文献出版社，2016，第 9 页。

④ 《为实现中国梦贡献青春智慧和力量》，《人民日报》2014 年 5 月 5 日，第 4 版。

包括开设网店等，确保就业形势稳定。《通知》包括以下内容。开办“网店”可享补贴。国家继续引导和支持高校毕业生自主创业，并在2014—2017年实施“大学生创业引领计划”，以提高高校毕业生创业比例。高校毕业生创办的小型微型企业，可按规定享受减半征收企业所得税、月销售额不超过2万元的暂免征收增值税和营业税等税收优惠政策。从事个体经营的高校毕业生和毕业年度内的高校毕业生，可按规定享受相关税收优惠政策。留学回国的高校毕业生自主创业，也可以享受现行高校毕业生创业扶持政策。为鼓励网络创业，《通知》还出台了一条新政策：在电子商务网络平台开办“网店”的高校毕业生，可享受小额担保贷款和贴息政策。①

5月21日 国务院总理李克强主持召开国务院常务会议，决定大幅增加国家创投引导资金促进新兴产业发展。会议要求，要营造宽容失败、敢于开拓的氛围，抓紧建立健全体制机制，鼓励创业投资向创新型企业起步成长的前端延伸，带动大学生创新创业和就业。使全社会创业投资生机盎然，让各类创新创业人才大展身手，促进新兴产业蓬勃发展。②

5月22日 《人力资源社会保障部等九部门关于实施大学生创业引领计划的通知》下发，该文件指出，2014—2017年实施新一轮“大学生创业引领计划”。促进大学生创业要坚持政府政策支持与创业者努力相结合，合理运用政府公共资源，充分动员社会其他资源，激发大学生创新活力，以创新引领创业，以创业带动就业。各地有关部门要从普及创业教育、加强创业培训、提供工商登记和银行开户便利、提供多渠道资金支持、提供创业经营场所支持、加强创业公共服务六个方面综合施策，为大学生创业提供支持和服务。要求各级教育部门加强对高校创业教育工作的指导和管理，推动高校普及创业教育，实现创业教育科学化、制度化、规范化。各高校要将创业教育纳入人才培养体系，贯穿人才培养全过程，面向全体学生广泛、系统开展；积极开发开设创新创业类课程，并纳入学分管理；不断丰富创业教育形式，开展灵活多样的创业实践活动；切实加强师资队伍建设，为普及创业教育提供有力支持。③

---

① 《下基层补学费　要创业给优惠》，《人民日报》2014年5月14日，第13版。

② 《李克强主持召开国务院常务会议》，《人民日报》2014年5月22日，第4版。

③ 《人力资源社会保障部等九部门关于实施大学生创业引领计划的通知》（人社部发〔2014〕38号）。

5月25日 首届清华大学“校长杯”创新挑战赛十强决赛举行，比赛由清华大学创意创新创业教育平台主办。清华大学“校长杯”创新挑战赛以“推动社会进步的创新”为主题，关注环境、教育、社会创新等领域的创新项目，旨在发现和打造优秀创新人才和项目，营造创意、创新、创业氛围。此次挑战赛于2013年12月启动，共吸引了125支由清华在校学生、校友及教师组成的团队参赛，最终决出十强团队。①

5月27日 国务院总理李克强出席全球研究理事会2014年北京大会开幕式并致辞。李克强表示，中国发展既处于难得的重要战略机遇期，又面临着一系列重大结构性问题。持续下好中国经济这盘棋，实现升级是方向，这需要不断深化体制改革，激发全社会创新动力、创造潜力、创业活力。②

6月4日 国务院常务会议确定进一步简政放权促进创业就业。会议确定，围绕促进投资创业便利化、优化营商环境，逐步将工商登记前置审批事项改为后置审批。③

6月6日 国务院总理李克强在国务院部门行政审批制度改革工作推进会上做出重要批示，批示指出：深化行政体制改革任重道远。今年要按照《政府工作报告》要求继续奋力攻坚，聚焦投资创业创新等经济社会发展领域，再取消和下放200项以上含金量高、能够激发市场活力的行政审批事项，更多释放改革红利。各部门要进一步解放思想，转变职能，放管结合，取信于民。深入研究解决疑难问题，确保改革平稳推进。④

6月9—13日 中国科学院第十七次院士大会、中国工程院第十二次院士大会在京召开。9日，习近平总书记出席开幕式并发表重要讲话。他强调：“我国科技发展的方向就是创新、创新、再创新。”⑤“今天，我们比历史上任何时期都更接近中华民族伟大复兴的目标，比历史上任何时期都更有信心、有能力实现这个目标。而要实现这个目标，我们就必须坚定不移贯彻科教兴国战略和创新驱动发展战略，坚定不移走科技强国之路。”⑥“科

① 《清华打造创新创业生态系统》，《光明日报》2014年6月3日，第12版。

② 《让创新成为实现中国经济升级的强大动力》，《光明日报》2014年5月28日，第3版。

③ 《李克强主持召开国务院常务会议》，《人民日报》2014年6月5日，第1版。

④ 《国务院部门行政审批制度改革工作推进会召开　李克强作重要批示》，《光明日报》2014年6月7日，第3版。

⑤ 《十八大以来重要文献选编》（中），中央文献出版社，2016，第23页。

⑥ 《十八大以来重要文献选编》（中），中央文献出版社，2016，第119页。

技是国家强盛之基，创新是民族进步之魂。”[①] “中华民族是富有创新精神的民族。”[②] 党的十八大做出实施创新驱动发展战略的重大部署，强调“科技创新是提高社会生产力和综合国力的战略支撑，必须摆在国家发展全局的核心位置。”[③] 他指出：“创新的事业呼唤创新的人才。我国要在科技创新方面走在世界前列，必须在创新实践中发现人才、在创新活动中培育人才、在创新事业中凝聚人才，必须大力培养造就规模宏大、结构合理、素质优良的创新型科技人才。”[④] 10日，国务院总理李克强在两院院士大会上做经济形势报告。李克强指出，创新驱动根本要靠人才。要进一步破除阻碍人才成长和施展才华的各种障碍，弘扬探索未知、追求真理的科学精神，营造宽容失败、鼓励创新的良好氛围，充分激发人才特别是青年人才的创新活力。两院院士是国家的宝贵财富、科技创新的杰出代表，要发挥好引领作用，培育和带动更多青年人才投身建设创新型国家的伟大事业，使创新创造成为中国发展故事新乐章的强音。[⑤] 11日，国务院副总理刘延东在两院院士大会上做报告时强调，要深入学习贯彻以习近平同志为核心的党中央关于科技创新的重要部署和要求，认真实施创新驱动发展战略，深化科技体制改革，推进科技创新发展，加快创新型国家和科技强国建设，为实现“两个百年”目标做出新贡献。[⑥]

6月13日 国家税务总局、财政部、人力资源和社会保障部、教育部、民政部联合发布《关于支持和促进重点群体创业就业有关税收政策具体实施问题的公告》，明确了支持和促进重点群体创业就业税收政策的申请、减免、备案、管理程序等四大类政策，确保政策落实到位，防止出现管理漏洞。[⑦] 23日，国家税务总局相关负责人指出，在鼓励自主创业的基础上，2014年将把高校毕业生纳入企业吸纳就业税收优惠受益人群，缓解高校毕

---

① 《习近平关于科技创新论述摘编》，中央文献出版社，2016，第27页。

② 习近平：《在中国科学院第十七次院士大会、中国工程院第十二次院士大会上的讲话》，人民出版社，2014，第3页。

③ 《习近平关于科技创新论述摘编》，中央文献出版社，2016，第23页。

④ 《十八大以来重要文献选编》（中），中央文献出版社，2016，第26页。

⑤ 《创新宏观调控 实施创新驱动 保持中高速增长 向中高端水平迈进》，《光明日报》2014年6月11日，第3版。

⑥ 《自觉担当创新驱动发展的重大使命》，《光明日报》2014年6月12日，第4版。

⑦ 《财政部等五部门：四大政策支持重点群体创业就业》，《光明日报》2014年6月14日，第2版。

业生就业压力。[①]

6月23—24日 全国职业教育工作会议在京召开。习近平总书记就加快职业教育发展做出重要指示。他强调："要树立正确人才观，培育和践行社会主义核心价值观，着力提高人才培养质量，弘扬劳动光荣、技能宝贵、创造伟大的时代风尚，营造人人皆可成才、人人尽展其才的良好环境，努力培养数以亿计的高素质劳动者和技术技能人才。"[②] "要牢牢把握服务发展、促进就业的办学方向，深化体制机制改革，创新各层次各类型职业教育模式，坚持产教融合、校企合作，坚持工学结合、知行合一，引导社会各界特别是行业企业积极支持职业教育，努力建设中国特色职业教育体系。要加大对农村地区、民族地区、贫困地区职业教育支持力度，努力让每个人都有人生出彩的机会。"[③] 国务院总理李克强在会前接见与会全体代表并讲话，强调要加快培养高素质劳动者和技能人才，为推动经济发展和保持比较充分就业提供支撑。国务院副总理马凯在会上指出，要把握职业教育规律，坚持把促进就业作为办学导向，把提高能力作为办学目标，把校企合作作为办学制度，把立德树人作为办学根本，努力提高技能人才培养水平。会议召开前，国务院印发了《关于加快发展现代职业教育的决定》。[④]

7月3—4日 国务院总理李克强在湖南长沙、株洲深入工地、车间、粮库等一线和校园考察调研。李克强对湖南大学学生表示，大学生有很多创造火花，你们的潜能和社会价值，需要通过就业创业来释放和体现。全社会都要鼓励创新创业，宽容失败，政府要当好"服务员"，让创业者都有施展才华的舞台。[⑤]

8月18日 习近平总书记主持召开中央财经领导小组第七次会议，研究实施创新驱动发展战略。习近平总书记在会议上发表重要讲话："创新始终是推动一个国家、一个民族向前发展的重要力量。"[⑥] 我国是一个发展中

---

① 《国家税务总局：鼓励大学生自主创业》，《光明日报》2014年6月24日，第10版。

② 《习近平关于科技创新论述摘编》，中央文献出版社，2016，第119页。

③ 《习近平关于社会主义社会建设论述摘编》，中央文献出版社，2017，第48~49页。

④ 《更好支持和帮助职业教育发展 为实现"两个一百年"奋斗目标提供人才保障》，《人民日报》2014年6月24日，第1版。

⑤ 《向改革创新要动力 向结构调整要助力 以奋发有为真抓实干的精神状态促发展惠民生》，《人民日报》2014年7月6日，第2版。

⑥ 《习近平关于科技创新论述摘编》，中央文献出版社，2016，第4页。

大国，正在大力推进经济发展方式转变和经济结构调整，必须把创新驱动发展战略实施好。习近平总书记阐述了实施创新驱动发展战略的基本要求，提出4点意见。他强调，要强化激励，大力集聚创新人才。创新驱动实质上是人才驱动。为了加快形成一支规模宏大、富有创新精神、敢于承担风险的创新型人才队伍，要重点在用好、吸引、培养上下功夫。①

8月20日 国务院常务会决定推出进一步简政放权措施、持续扩大改革成效，部署加快发展科技服务业、为创新驱动提供支撑，为创业兴业开路、为企业发展松绑、为扩大就业助力，为经济社会发展增添新动力，以促改革稳增长。②

8月21日 国务院总理李克强同国家杰出青年科学基金获得者代表座谈时强调，要推动科技与经济社会发展更加紧密结合，为千千万万人创业提供支撑，促进创新创造创业的深度融合。要打破束缚人才的制度羁绊，让创新血液在全社会自由流动，让创造活动拥有更广阔的空间。鼓励更多科技人员积极创业，用创新创造成果引领新一轮生产力解放，培育新的经济增长点，开发更多就业岗位，提供更多适应群众消费升级需要的产品和服务，更好发挥对稳增长、调结构、惠民生的重要作用。③

9月2日 国务院总理李克强主持召开国务院组成部门和相关单位负责人会议并做重要讲话，研究部署“十三五”国民经济和社会发展规划编制启动工作。李克强指出着力用结构性改革破解结构性难题，用简政放权激发市场活力和释放发展潜力，用科技创新、大众创业增添经济发展新动能，用提升开放水平拓展发展空间，使经济更有效率、社会更加公平、发展更可持续。④

9月10日 夏季达沃斯论坛在天津举行，国务院总理李克强致开幕辞。强调要破除一切束缚发展的体制机制障碍，让每个有创业意愿的人都拥有自主创业的空间，让创新创造的血液在全社会自由流动，让自我发展的精

---

① 《加快实施创新驱动发展战略 加快推动经济发展方式转变》，《光明日报》2014年8月19日，第1版。

② 《李克强主持召开国务院常务会议》，《人民日报》2014年8月21日，第1版。

③ 《以深化改革释放人才红利 激发全社会创新创造创业活力》，《光明日报》2014年8月23日，第3版。

④ 《科学谋划 精心组织 以改革创新精神编制好“十三五”规划》，《光明日报》2014年9月5日，第3版。

神在群众中蔚然成风。借改革创新的“东风”，在中国960万平方公里土地上掀起“大众创业”“草根创业”新浪潮。大众创业、万众创新将会迸发出灿烂的火花。①

9月17日 国务院总理李克强主持召开国务院常务会议，部署进一步扶持小微企业发展，推动大众创业、万众创新，决定全面建立临时救助制度，为困难群众兜底线救急难。②

9月24日 国务院总理李克强主持召开国务院常务会议，部署完善固定资产加速折旧政策、促进企业技术改造、支持中小企业创业创新，决定进一步开放国内快递市场、推动内外资公平有序竞争。③

10月8日 国务院总理李克强主持召开国务院常务会议，决定再次修订政府核准的投资项目目录，促进有效投资和创业；听取对中央企业监督检查情况的汇报，推进国企改革发展。④

10月9日 《国务院关于加快科技服务业发展的若干意见》（以下简称《意见》）发布。《意见》指出，要重点发展创业孵化服务，构建以专业孵化器和创新型孵化器为重点、综合孵化器为支撑的创业孵化生态体系。加强创业教育，营造创业文化氛围，办好创新创业大赛，充分发挥大学科技园在大学生创业就业和高校科技成果转化中的载体作用。⑤

10月14日 国务院总理李克强出席第三届莫斯科国际创新发展论坛，并发表题为《以创新实现共同发展包容发展》的演讲。他表示，当今世界正处于大变革、大调整之中，迫切要求更大范围、更深层次的创新，需要各国携手分享改革创新经验，在合作创新中解决发展难题，促进共同发展、包容发展。他强调，中国要破除束缚创新的壁垒，建设“创新型政府”，通过简政放权，给市场让出空间，降低市场准入门槛。我们要构建激励创新的机制，深化科技体制改革，给创新者更大的自主支配权，让创造发明者获得应有回报。我们要营造保护创新的环境，不断完善法制，规范市场环

---

① 《开启大众创业万众创新新时代——2014夏季达沃斯论坛传递的中国发展新信息》，《人民日报》2014年9月11日，第3版。

② 《部署进一步扶持小微企业发展 推动大众创业万众创新 决定全面建立临时救助制度为困难群众兜底线救急难》，《人民日报》2014年9月18日，第4版。

③ 《李克强主持召开国务院常务会议》，《人民日报》2014年9月25日，第1版。

④ 《李克强主持召开国务院常务会议》，《人民日报》2014年10月9日，第3版。

⑤ 《国务院关于加快科技服务业发展的若干意见》（国发〔2014〕49号）。

境，维护市场秩序。我们要打造创新驱动型经济，支持企业创新，用创新的办法挖掘巨大的内需潜力，推进结构优化升级；并欢迎俄罗斯和各国青年参加 2015 年举办的中国创新创业大赛。①

10 月 30 日 《关于促进国家级经济技术开发区转型升级创新发展的若干意见》（以下简称《意见》）发布。《意见》指出，加快人才体系建设，推动产业转型升级。加快发展现代职业教育，提升发展保障水平，深化产教融合、校企合作，鼓励中外合作培养技术技能型人才。支持国家级经开区通过设立创业投资引导基金、创业投资贴息资金、知识产权作价入股等方式，搭建科技人才与产业对接平台。鼓励国家级经开区加大高端人才引进力度，形成有利于人才创新创业的分配、激励和保障机制。②

10 月 31 日 《国务院关于扶持小型微型企业健康发展的意见》发布。该意见指出，高校毕业生到小型微型企业就业的，其档案可由当地市、县一级的公共就业人才服务机构免费保管。③

11 月 3 日 国务院总理李克强主持召开座谈会。他强调，发展根本上还是要靠全面深化改革。推出简政放权、放管结合的进一步措施，做实行政审批、市场壁垒和各种“路障”的“减法”，做好市场空间、创业天地的“加法”，激发市场活力，形成更多机遇，让 13 亿人民的聪明智慧在大众创业、万众创新中充分涌流、大展身手，不仅创造更多社会财富，而且使千千万万的人在公平规范竞争中实现人生价值。④

11 月 5 日 国务院总理李克强主持召开国务院常务会议，决定削减前置审批、推行投资项目网上核准，释放投资潜力、发展活力；部署加强知识产权保护和运用，助力创新创业、升级“中国制造”。⑤

11 月 26 日 中国留学人员创业园建设 20 周年座谈会在北京举行。会议对留学人员创业园 20 年来的发展历程和现状进行了回顾与总结，截至

---

① 《李克强出席第三届“开放式创新”莫斯科国际创新发展论坛开幕式并发表演讲》，《人民日报》2014 年 10 月 15 日，第 2 版。

② 《关于促进国家级经济技术开发区转型升级创新发展的若干意见》（国办发〔2014〕54 号）。

③ 《国务院关于扶持小型微型企业健康发展的意见》（国发〔2014〕52 号）。

④ 《把压力变动力　化挑战为机遇　以改革创新推动中国经济升级发展》，《光明日报》2014 年 11 月 4 日，第 3 版。

⑤ 《李克强主持召开国务院常务会议》，《人民日报》2014 年 11 月 6 日，第 1 版。

2013 年，全国各地实际挂牌并能保持正常运转的各级各类留学人员创业园总数为 261 家，并已然成为海外留学人员回国创新创业施展才华的重要舞台。各地留学人员创业园不断探索创新，建立了较为成熟的提供落地、政策、政务、商业、市场、融资等创业支持的基础服务体系。[①]

11 月 28 日 教育部印发《关于做好 2015 年全国普通高等学校毕业生就业创业工作的通知》，要求各地各高校强化就业创业服务体系建设，提升大学生就业创业比例。要全面推进创新创业教育和自主创业工作。各地各高校要将创新创业教育作为推进高等教育综合改革的重要抓手，将创新创业教育贯穿人才培养全过程，面向全体学生开发开设创新创业教育专门课程，纳入学分管理，组织学生参加各类创新创业竞赛、创业模拟等实践活动。建立弹性学制，允许在校学生休学创业，并聘请创业成功者、企业家、投资人、专家学者等，担任兼职导师，对创新创业学生进行一对一指导。要加大对大学生自主创业的资金支持力度，多渠道筹集资金，建设一批创业示范基地，开辟专门场地用于学生开展创新创业实践活动，实施好新一轮大学生创业引领计划。加强毕业生就业创业与职业发展状况跟踪调查，完善就业质量评价指标体系，把大学生创新创业能力、就业创业状况作为高校评估的重要内容。[②]

12 月 3 日 国务院常务会议部署在更大范围推广中关村试点政策、加快推进国家自主创新示范区建设，进一步激励大众创业、万众创新。[③]

12 月 4 日 2015 年全国普通高校毕业生就业创业工作网络视频会议在北京召开，袁贵仁在讲话中强调，各地各高校要切实增强责任感、紧迫感，坚定信心、迎难而上，以开阔的思路和务实的作风，全力做好 2015 年高校毕业生就业创业工作。积极推动毕业生自主创业，力争实现大学生创业人数和比例有明显增长。要加强创新创业教育，强化学生创业实践和分类指导，建立健全创业成果和学分转化教学管理制度，实行弹性学制，支持大

---

① 《中国留学人员创业园建设 20 周年座谈会在北京举行》，中央政府门户网站，http：//www.gov.cn/xinwen/2014-12/10/content_2789125.htm。

② 《关于做好 2015 年全国普通高等学校毕业生就业创业工作的通知》（教学〔2014〕15 号）。

③ 《李克强主持召开国务院常务会议》，《人民日报》2014 年 12 月 4 日，第 1 版。

学生休学创业，加强毕业生就业创业政策宣传。[①]

12月9—11日 中央经济工作会议在北京举行。习近平总书记发表重要讲话并指出，市场要活、创新要实、政策要宽，“营造有利于大众创业、市场主体创新的政策环境和制度环境，政府要加快转变职能，创造更好市场竞争环境，培育市场化的创新机制，在保护产权、维护公平、改善金融支持、强化激励机制、集聚优秀人才等方面积极作为”[②]。

12月10日 国务院总理李克强指出，当前，中国正在通过促进大众创业、万众创新，培育经济新动力，打造经济新的“发动机”，推动中国经济保持中高速增长，向着中高端水平迈进。爱尔兰在20世纪80年代借助创新与科技，实现了从农牧经济向知识经济的跨越式发展。中方愿同爱方交流分享经验，实现互利共赢，共同发展。[③]

① 《以创新引领创业　以创业带动就业　高校毕业生就业创业工作网络视频会召开》，《中国教育报》2014年12月5日，第1版。

② 《习近平关于社会主义经济建设论述摘编》，中央文献出版社，2017，第83页。

③ 《李克强张德江分别会见爱尔兰总统》，《光明日报》2014年12月11日，第3版。

二〇一五年

1月7日 国务院常务会议确定规范和改进行政审批的措施，促进行政权力法治化，营造便利创业创新的营商环境，激发社会活力和创造力。①

1月14日 国务院总理李克强主持召开国务院常务会议，决定设立国家新兴产业创业投资引导基金，助力创业创新和产业升级。会议认为，设立国家新兴产业创业投资引导基金，重点支持处于“蹒跚”起步阶段的创新型企业，对于促进技术与市场融合、创新与产业对接，孵化和培育面向未来的新兴产业，推动经济迈向中高端水平，具有重要意义。②

1月15日 《中国青年报》与KAB全国推广办公室联合发布了《中国青年公益创业调查报告》（以下简称《报告》），这是国内首部有关中国青年公益创业发展的报告。《报告》旨在总结中国青年公益创业的现状，有针对性地找出公益创业的问题，并研究相关解决方案。报告首次提出了中国青年公益创业标准及评价基础指标，主要内容包括五个方面：一是创业的目的和价值取向；二是创业的主题和表现形式；三是创业的规模和有效性；四是运作模式与可推广性；五是创新性与可持续性。③

1月21日 国务院总理李克强在瑞士达沃斯出席世界经济论坛2015年年会，并在会上发表题为《维护和平稳定　推动结构改革　增强发展新动能》的致辞。强调中国经济要实现“双中高”，必须用好政府和市场这“两只手”，开启“双引擎”。打造新引擎，改造传统引擎，推动大众创业、万众创新，释放民智民力，增进大众福祉，实现人生价值，推动社会纵向流

① 《李克强主持召开国务院常务会议》，《人民日报》2015年1月8日，第2版。
② 《李克强主持召开国务院常务会议》，《人民日报》2015年1月15日，第2版。
③ 《细数中国青年公益创业那些事》，《中国教育报》2015年3月10日，第9版。

动，促进社会公平正义。[1]

1月28日 国务院总理李克强主持召开国务院常务会议，制定支持发展“众创空间”的政策措施，为创业创新搭建新平台。会议指出，顺应网络时代推动大众创业、万众创新的形势，构建面向人人的“众创空间”等创业服务平台，对于激发亿万群众创造活力，培育包括大学生在内的各类青年创新人才和创新团队，带动扩大就业，打造经济发展新的“发动机”，具有重要意义。[2]

同日 国务院副总理汪洋与全国农村青年致富带头人、全国乡村好青年代表进行座谈。汪洋指出，农村青年要勇于创业，大力发展规模经营、集约经营，发展绿色农业、特色农业，走综合发展、可持续发展之路。要敢于创新，积极采用互联网等新的科学技术，树立新的生产经营理念，引入新的产业形态，推广新的营销模式。[3]

2月6日 国务院常务会议，部署改革政府投资管理方式和转变职能，建立部门和地方协同联动的投资项目审批监管制度，便利投资创业、规范市场秩序。[4]

2月12日 国务院副总理刘延东在中国科学院考察调研时强调，要深入贯彻习近平总书记对中科院“四个率先”的要求，落实国务院决策部署，面向世界科技前沿、国家重大需求、国民经济主战场，聚焦实施创新驱动发展战略，推动以科技创新为核心的全面创新，切实破除体制机制障碍，不断增强自主创新能力，让创新成为驱动发展的新引擎，增添国家繁荣发展的新动能。[5]

2月25日 国务院总理李克强主持召开国务院常务会议，确定进一步减税降费措施、支持小微企业发展和创业创新。会议认为，要坚持宏观调控的思路和方式，围绕大众创业、万众创新打造新引擎，以扩大公共产品和服务供给改造传统引擎，加强定向调控，加大财税政策支持力度，用减

---

① 《李克强在世界经济论坛年会上发表特别致辞》，《人民日报》2015年1月23日，第3版。

② 《李克强主持召开国务院常务会议》，《人民日报》2015年1月29日，第1版。

③ 《汪洋勉励广大农村青年——积极创业创新创优　推动农业农村发展》，《人民日报》2015年1月29日，第2版。

④ 《李克强主持召开国务院常务会议》，《人民日报》2015年2月7日，第1版。

⑤ 《为实施创新驱动发展战略助力添彩》，《人民日报》2015年2月13日，第2版。

税降费鼓励创业创新，带动社会就业和调节收入分配。①

3月2日 科技部部长万钢在发展众创空间推进大众创新创业全国电视电话会议上发表了题为《点燃大众创新创业火炬 打造新常态下经济发展新引擎》的讲话。讲话指出，大众创新创业是稳增长的新动力，是调结构的新途径，是创新产业组织的新方式，是创新驱动的新活力。②

同日 国务院办公厅印发《关于发展众创空间推进大众创新创业的指导意见》（以下简称《意见》），部署推进大众创业、万众创新工作。《意见》指出，顺应网络时代大众创业、万众创新的新趋势，加快构建众创空间等新型创业服务平台，营造良好的创新创业生态环境，是加快实施创新驱动发展战略，适应和引领经济发展新常态的重要举措，对于激发亿万群众创造活力，打造经济发展新引擎意义重大。《意见》明确了推进大众创新创业要坚持市场导向、加强政策集成、强化开放共享、创新服务模式。③

3月5日 十二届全国人大三次会议在北京开幕。国务院总理李克强向大会做《政府工作报告》时指出，坚持稳政策稳预期和促改革调结构“双结合”，打造大众创业、万众创新和增加公共产品、公共服务“双引擎”，推动发展调速不减势、量增质更优，实现中国经济提质增效升级。个人和企业要勇于创业创新，全社会要厚植创业创新文化。④

同日 习近平总书记参加上海代表团审议时指出：“创新是引领发展的第一动力。”⑤“抓创新就是抓发展，谋创新就是谋未来。适应和引领我国经济发展新常态，关键是要依靠科技创新转换发展动力。”⑥“实施创新驱动发展战略，根本在于增强自主创新能力。”⑦“人才是创新的根基，创新驱动实质上是人才驱动，谁拥有一流的创新人才，谁就拥有了科技创新的优势和主导权。”⑧“要择天下英才而用之。上海人才基础是好的，但要实施更加积

---

① 《李克强主持召开国务院常务会议》，《人民日报》2015年2月26日，第2版。

② 《点燃大众创新创业火炬 打造新常态下经济发展新引擎》，《科技日报》2015年3月27日，第1版。

③ 《国务院办公厅关于发展众创空间推进大众创新创业的指导意见》（国办发〔2015〕9号）。

④ 《李克强作的政府工作报告（摘登）》，《人民日报》2015年3月6日，第2版。

⑤ 《习近平关于全面建成小康社会论述摘编》，中央文献出版社，2016，第34页。

⑥ 《习近平关于科技创新论述摘编》，中央文献出版社，2016，第7页。

⑦ 《习近平关于科技创新论述摘编》，中央文献出版社，2016，第50页。

⑧ 《习近平关于科技创新论述摘编》，中央文献出版社，2016，第122页。

极的创新人才引进政策，集聚一批站在行业科技前沿、具有国际视野和能力的领军人才。”①

3月11日 科技部部长万钢在十二届全国人大三次会议新闻中心回答中外记者提问时指出，大众创业、万众创新是我国创新创业出现的新特征、新趋势，在我国有很好的基础。②

3月20日 国务院总理李克强在国家工商行政管理总局考察并主持召开座谈会。李克强表示，实现中国经济保持中高速增长、向中高端水平迈进，必须推动大众创业、万众创新，打造发展新引擎。这是一项重大改革，也是结构性改革。我们简化审批、放宽准入，促进小企业“铺天盖地”涌现，不仅可以更好地激发群众创造力、带动就业，而且有利于提高社会化协作配套水平，促进大企业“顶天立地”。要切实落实好财税、金融等扶持政策，对准初创小微企业经营中的难点、“痛点”加力出招，让千百万新企业健康成长，在市场中更加活跃。要做好“互联网+”的大文章，提升实体经济创新力和生产力，以“互联网+”行动计划推动新兴产业蓬勃壮大。③

4月9—10日 国务院总理李克强在吉林省进行专题调研，并与吉林大学即将去西部地区支教的大学生志愿者和创客互动交流。他表示，大学生第一位的是学习，既要向书本学习，也要向实践学习，通过创业等社会实训，让学到的知识更加扎实，从而更好地服务社会。政府、学校和社会都要营造良好环境，使更多人靠就业自立、凭创业出彩。④

4月15日 国务院副总理刘延东在推进大众创新创业座谈会上发表了题为《吹响大众创业万众创新的时代号角》的讲话。讲话强调，要按照党中央、国务院决策部署，全面实施创新驱动发展战略，深化体制机制改革，简政放权、转变职能，支持低成本、便利化、全要素、开放式的众创空间发展，激发全社会创新智慧与创造活力，掀起大众创业、万众创新的新热

---

① 《习近平关于科技创新论述摘编》，中央文献出版社，2016，第122~123页。

② 《为大众创业万众创新搭好科技平台》，《光明日报》2015年3月12日，第3版。

③ 《营造大众创业良好环境 加快培育发展新动能》，《人民日报》2015年3月23日，第1版。

④ 《以改革创新扩需求、增动力保持经济稳定增长和民生持续改善》，《人民日报》2015年4月12日，第1版。

潮，为稳增长、调结构、惠民生增添不竭动力。[①]

4月18日 第十三届中国国际人才交流大会暨“深圳论坛”在深圳召开，国务院副总理马凯在开幕式讲话中强调，中国经济正在实施创新驱动战略、实现提质增效升级、打造增长新引擎，发展的中国为国内外人才施展才华提供了更加宽广的舞台。要全面深化改革，破除不利于人才发展、束缚人才成长的体制机制障碍，极大激发各类人才创业创新创造活力。[②]

4月21日 国务院总理李克强主持召开国务院常务会议，部署进一步促进就业鼓励创业，以稳就业惠民生助发展。会议认为，大众创业、万众创新是富民之道、强国之举，有利于产业、企业、分配等多方面的结构优化。面对2015年就业压力加大的形势，必须采取更加积极的就业政策，大力支持大众创业、万众创新，把创业和就业结合起来，以创业创新带动就业。[③]

4月25日 由中国教育部与科技部主办的“第十届‘春晖杯’中国留学人员创新创业大赛”在北京举行启动仪式。作为吸引海外学子回国创业的平台和留学人员圆梦的舞台，大赛让更多中国留学生提早打开了回国创业与国内对接的窗口。[④]

5月1日 国务院印发《关于进一步做好新形势下就业创业工作的意见》（以下简称《意见》），进一步促进就业鼓励创业，以稳就业惠民生助发展。《意见》指出，随着我国经济发展进入新常态，就业总量压力依然存在，结构性矛盾更加凸显。必须着力培育大众创业、万众创新的新引擎，实施更加积极的就业政策，把创业和就业结合起来，以创业创新带动就业。[⑤]

5月4日 李克强总理给清华大学学生创客们回信。回信指出：

> “五四”青年节前，收到你们的来信，被你们的活力所感染，更为

① 《狠抓政策落实完善服务模式　为大众创业万众创新营造良好环境》，《人民日报》2015年4月16日，第2版。

② 《大力促进各类人才创业创新创造》，《人民日报》2015年4月19日，第2版。

③ 《李克强主持召开国务院常务会议》，《人民日报》2015年4月22日，第3版。

④ 《十年“春晖”洒满留创平台》，《人民日报》（海外版）2015年4月30日，第7版。

⑤ 《国务院印发意见进一步促进就业鼓励创业》，《人民日报》2015年5月2日，第1版。

你们的创新精神所打动。创客将奇思妙想转化为现实产品，这与刻在你们校园日晷上“行胜于言”的校风相得益彰。毫无疑问，学习是学生第一位的任务。我希望当代大学生要有钻研学问的精进态度，学好基础知识，提高基础本领，筑实基础研究，在学习中不仅要向书本学习，也要向实践学习。与此同时，也应鼓励勇于打破常规创新创业的开拓精神。

“大众创业、万众创新”，核心在于激发人的创造力，尤其在于激发青年的创造力。青年愿创业，社会才生机盎然；青年争创新，国家就朝气蓬勃。

我很欣赏你们信中所说的，在创客的时代，创造不再是少数人的专业，而是多数人的机会。政府将会出台更多的积极政策，为“众创空间”清障搭台，为创客们施展才华、实现人生价值提供更加广阔的舞台。

希望你们不断丰富创客文化，把创客种子在更大范围播撒开来。有机会我会去清华大学看望你们的创客团队。向老师和同学们问好！①

同日 国务院办公厅印发《关于深化高等学校创新创业教育改革的实施意见》，指出近年来高校创新创业教育不断加强，但也存在一些不容忽视的突出问题，各地区、各高校要努力完成立德树人根本任务，主动适应经济发展新常态，以推进素质教育为主题，以提高人才培养质量为核心，以完善条件和政策保障为支撑，促进高等教育与科技、经济、社会紧密结合，加快培养规模宏大、富有创新精神、勇于投身实践的创新创业人才队伍。并明确要重点抓好9个方面的工作：一是完善人才培养质量标准；二是创新人才培养机制；三是健全创新创业教育课程体系；四是改革教学方法和考核方式；五是强化创新创业实践；六是改革教学和学籍管理制度；七是加强教师创新创业教育教学能力建设；八是改进学生创业指导服务；九是完善创新创业资金支持和政策保障体系。②

---

① 《李克强总理给清华创客回信勉励同学们　青年争创新，国家就朝气蓬勃》，《中国青年报》2015年5月5日，第1版。

② 《关于深化高等学校创新创业教育改革的实施意见》（国办发〔2015〕36号）。

5月5日 教育部部长袁贵仁主持召开党组会，传达学习李克强总理重要回信精神，研究部署贯彻落实工作。会议强调，要把深化高校创新创业教育改革作为推进高等教育综合改革的重要抓手和突破口，促进高等教育与科技、经济、社会紧密结合，加快培养规模宏大、富有创新精神、勇于投身实践的创新创业人才，为建设创新型国家、实现“两个一百年”奋斗目标和中华民族伟大复兴的中国梦提供强大的人才支撑。[①]

5月7日 国务院总理李克强先后在中国科学院和北京中关村创业大街考察调研。他强调，推动大众创业、万众创新是充分激发亿万群众智慧和创造力的重大改革举措，是实现国家强盛、人民富裕的重要途径，要坚决消除各种束缚和桎梏，让创业创新成为时代潮流，汇聚起经济社会发展的强大新动能。[②]

5月12日 国务院总理李克强在全国推进简政放权放管结合职能转变工作电视电话会议上发表讲话。他强调，推进大众创业、万众创新，需要靠深化简政放权等改革清障搭台。推进“双创”，既是发展的动力之源，也是富民之道、公平之计、强国之策，是建设中国特色社会主义题中应有之义；推进“双创”，不仅限于个人和新生企业，现有企业包括大企业也要通过不断创业创新来保持活力和竞争力；推进“双创”，我们有得天独厚的条件。他指出，要优化政府服务，更好满足人民群众和经济社会发展需求，为大众创业、万众创新提供全方位服务，加强政策支持，提供平台综合服务，服务要便捷高效。[③]

5月16日 全国科技活动周启动式在北京举行。国务院总理李克强做出重要批示：2015年的活动以“创新创业、科技惠民”为主题，契合时代大潮，很有意义。科技发展和普及是大众创业、万众创新的重要支撑。要进一步完善科技管理体制机制，进一步培育尊重知识、崇尚创造、追求卓越的创新文化，进一步激发亿万群众尤其是青年人的创业创新热情，人人

---

① 《深化高校创新创业教育改革　努力造就大众创业万众创新生力军》，《中国教育报》2015年5月6日，第1版。

② 《着力推动大众创业万众创新　汇聚经济社会发展强大新动能》，《人民日报》2015年5月8日，第2版。

③ 《简政放权　放管结合　优化服务　深化行政体制改革　切实转变政府职能》，《人民日报》2015年5月15日，第2版。

皆可创新、创新惠及人人，拓展创业新空间，汇聚发展新动能，促进经济保持中高速增长、迈向中高端水平。[①]

5月19日 全国就业创业工作电视电话会议在北京召开。国务院总理李克强做出重要批示，指出要坚持实施更加积极的就业政策，突出抓好高校毕业生、就业困难人员等重点群体就业；坚持以大众创业、万众创新拓展就业空间，以服务业、新兴产业加快发展扩大就业容量；坚持简政放权、放管结合、优化服务，用改革的办法搭建更优创业平台，用市场的力量创造更多就业机会，推动经济持续健康发展，促进社会公平正义。[②]

同日 财政部、工信部等五部门联合印发通知，支持开展小微企业创业创新基地城市示范工作。财政部有关负责人表示，部门联手形成合力，对示范城市予以整体支持，缩短了政策流程。开展小微企业创业创新基地城市示范，分部门分行业专项推进，各自发挥职能作用共同推进工作，是打造“大众创业、万众创新”新引擎的重要举措。[③]

5月20日 高校创业新生态建设论坛在清华大学举行，本次论坛由教育部高校毕业生就业协会主办、启明星大学生创业分会承办，论坛围绕新形势下高校创业生态圈建设问题，解读创新创业政策，分享教育实践经验，共同探讨高校创业新生态建设之道。[④]

5月26日 “2015贵阳国际大数据产业博览会暨全球大数据时代贵阳峰会”在贵阳开幕，国务院总理李克强发来贺信。李克强强调，中国是人口大国和信息应用大国，拥有海量数据资源，发展大数据产业空间无限。中国正在研究制订“互联网+”行动计划，推动各行各业依托大数据创新商业模式，实现融合发展，推动提升政府科学决策和管理水平，用新的思路和工具解决交通、医疗、教育等公共问题，助力大众创业、万众创新，促

---

① 《培育尊重知识崇尚创造追求卓越的创新文化　激发亿万群众尤其是青年人的创业创新热情》，《人民日报》2015年5月17日，第2版。

② 《以大众创业万众创新拓展就业空间　以服务业新兴产业加快发展扩大就业容量》，《人民日报》2015年5月20日，第2版。

③ 《小微企业创业创新基地城市示范启动　从补项目到补城市》，《人民日报》2015年5月22日，第2版。

④ 《要允许大学生创业经历长时间的“试错”》，《中国教育报》2015年5月21日，第3版。

进中国经济保持中高速增长、迈向中高端水平。①

6月1日 国务院副总理刘延东在深化职业教育改革创新座谈会上强调，要贯彻落实党中央、国务院决策部署，深化改革、创新模式、完善政策，加快构建现代职业教育体系，为促进大众创新创业和国家现代化建设提供有力的人才支撑。②

6月2日 教育部在北京召开深化高等学校创新创业教育改革视频会议，对深化高校创新创业教育改革工作进行动员部署，教育部部长袁贵仁出席会议并讲话。袁贵仁指出，要牢固树立先进的创新创业教育理念，努力实现创新创业教育与专业教育由“两张皮”向有机融合的转变，由注重知识传授向注重创新精神、创业意识和创新创业能力培养转变，由单纯面向有创新创业意愿的学生向全体学生转变，切实培养学生的创新精神，增强其创业意识，提高其创新创业能力，努力造就大众创业、万众创新的生力军，不断提高高等教育对稳增长促改革调结构惠民生的贡献度。③

6月10日 麦可思研究院在北京发布《2015年中国大学生就业报告》。报告显示，2014届大学生选择创业和升学的毕业生持续增加，大学生自主创业的比例从上届的2.3%上升到2.9%。④

6月11日 首批由137所国内高校和50家企事业单位、社会团体共同组成的“中国高校创新创业教育联盟”正式启动，联盟成立大会暨首届全国创新创业教育论坛在清华大学举行。教育部副部长林蕙青出席大会并讲话。⑤

6月16日 国务院印发《关于大力推进大众创业万众创新若干政策措施的意见》（以下简称《意见》），这是推动大众创业、万众创新的系统性、普惠性政策文件。《意见》从9大领域、30个方面提出了96条政策措施。一是创新体制机制，实现创业便利化；二是优化财税政策，强化创业扶持；三是搞活金融市场，实现便捷融资；四是扩大创业投资，支持创业起步成

---

① 《李克强向2015贵阳国际大数据产业博览会暨全球大数据时代贵阳峰会致贺信　强调依托大数据创新商业模式　助力大众创业万众创新》，《人民日报》2015年5月27日，第3版。

② 《深化改革创新　提升服务能力　推动职业教育发展实现新跨越》，《人民日报》2015年6月2日，第2版。

③ 《把创新创业教育贯穿人才培养全过程》，《中国教育报》2015年6月3日，第1版。

④ 《选择创业和升学毕业生持续增加》，《中国教育报》2015年6月11日，第1版。

⑤ 《中国高校创新创业教育联盟启动》，《中国教育报》2015年6月12日，第3版。

长；五是发展创业服务，构建创业生态；六是建设创业创新平台，增强支撑作用；七是激发创造活力，发展创新型创业；八是拓展城乡创业渠道，实现创业带动就业；九是加强统筹协调，完善协同机制。①

6月18—22日 国际创客周在深圳市6个区共举办了45场活动，累计参与人数达262332人次。②

6月21日 国务院办公厅印发《关于支持农民工等人员返乡创业的意见》（国办发〔2015〕47号），指出要加强统筹谋划，健全体制机制，整合创业资源，完善扶持政策，优化创业环境，全面激发农民工等人员返乡创业热情，全面汇入大众创业、万众创新热潮，加快培育经济社会发展新动力，催生民生改善、经济结构调整和社会和谐稳定新动能。③

6月26日 国务院办公厅印发《进一步做好新形势下就业创业工作重点任务分工方案》。要求进一步分解细化涉及本部门的工作，抓紧制定具体措施，逐项推进落实。同一项工作涉及多个部门的，牵头部门要加强协调，有关部门要密切协作。各省（区、市）人民政府要加强组织领导，落实责任，加快推进各项工作，确保政策落地生效。人力资源和社会保障部要做好跟踪分析、统筹协调、督促检查等工作，重大问题及时向国务院报告。④

7月2日 教育部办公厅下发《关于做好2015年离校未就业高校毕业生就业服务工作的通知》，要求各地各高校切实做好5方面工作，帮助未就业毕业生尽快实现就业创业。该通知要求，积极推进未就业毕业生自主创业。要求各地各高校积极协调有关部门，进一步落实鼓励大学生创业的财政、金融、工商、基地等政策措施，加大创业政策扶持力度，帮助解决创业过程中遇到的难题。加大创业典型宣传力度，增加优秀创业毕业生事迹宣传的广度和深度，营造“大众创业，万众创新”的浓厚氛围；切实做好教育部举办的首届中国“互联网+”大学生创新创业大赛的宣传与组织工作。⑤

---

① 《汇聚发展动能　推进创业创新》，《人民日报》2015年6月17日，第1版。

② 《深圳创客周凸显“国际范”》，《人民日报》（海外版）2015年6月24日，第7版。

③ 《支持农民工等人员返乡创业》，《人民日报》2015年6月22日，第1版。

④ 《国务院办公厅关于印发进一步做好新形势下就业创业工作重点任务分工方案的通知》（国办函〔2015〕47号）。

⑤ 《做好2015届离校未就业高校毕业生就业创业工作》，《中国教育报》2015年7月22日，第1版。

7月15日 国务院总理李克强主持召开国务院常务会议，决定再取消一批职业资格许可和认定事项，以释放创业创新活力；部署促进进出口稳定增长的政策措施，在扩大开放中增强发展动力。①

7月16—18日 习近平总书记在吉林调研时指出，要大力推进创新驱动发展，下好创新这步先手棋，激发调动全社会创新创业活力，加快形成以创新为主要引领和支撑的经济体系。②

7月27日 国务院总理李克强出席国家科技战略座谈会并在讲话中指出，实施创新驱动发展战略，要坚持把科技创新摆在国家发展全局的核心位置，既发挥好科技创新的引领作用和科技人员的骨干中坚作用，又最大限度地激发群众的无穷智慧和力量，形成大众创业、万众创新的新局面。要把科技与人民群众的创造力在更大范围、更深程度、更高层次上结合起来，既要“顶天”，努力突破核心关键技术，勇攀世界科技高峰，又要“立地”，通过大众创业、万众创新将科技成果转化为现实生产力。③

7月30—31日 教育部、人社部、国资委在湖北黄冈联合召开全国高校实践育人暨创新创业现场推进会。会议强调要贯彻落实党中央国务院关于开展实践育人和创新创业的战略部署，学习借鉴黄冈市经验做法，努力开创高校实践育人和创新创业工作新局面。会议为首批50家“全国高校实践育人创新创业基地”入选单位代表授牌。④

8月21日 国务院总理李克强主持国务院专题讲座，讨论加快发展先进制造与3D打印等问题，李克强强调，提高中国制造整体竞争力，关键要用大众创业、万众创新激发亿万人的创造活力。深入推进简政放权、放管结合，优化服务改革，完善政府监管方式，营造破束缚、汇众智、促创新和维护公平的良好环境。⑤

9月1日 国务院总理李克强主持召开国务院常务会议，决定设立国家

---

① 《李克强主持召开国务院常务会议》，《人民日报》2015年7月16日，第1版。

② 《保持战略定力增强发展自信　坚持变中求新变中求进变中突破》，《人民日报》2015年7月19日，第1版。

③ 《促进科技与大众创业万众创新深度融合　以改革创新培育我国经济社会发展新动能》，《人民日报》2015年7月29日，第1版。

④ 《三部门联合推进高校实践育人和创新创业》，《中国教育报》2015年8月1日，第1版。

⑤ 《用新理念新技术推动中国制造由大变强　以大众创业万众创新促发展形成新动能》，《人民日报》2015年8月24日，第1版。

中小企业发展基金，政府与市场携手增强创业创新动力。会议认为，改革创新投融资机制，强化定向调控，让积极的财政政策更加精准发力，破解中小企业融资难、融资贵等难题，对于扩大就业，推动大众创业、万众创新，增加发展新动能，具有重要意义。①

9月10日 第九届夏季达沃斯论坛在大连开幕，国务院总理李克强出席并发表特别致辞。在致辞中，李克强强调，中国最重要的结构性改革是激发全体人民的无穷创造力，推动大众创业、万众创新。“双创”不仅是推动发展的强大动力、扩大就业的有力支撑、发展分享经济的重要推手，也是收入分配模式的创新、促进社会公正的有效途径。推动“双创”，需要全面、可及性强的公共产品、公共服务供给，也要靠结构性改革。我们将通过推广政府购买社会服务、政府与私营资本合作、特许经营等市场化办法，合力提供比较充裕的公共产品、优质高效的公共服务，使创业创新过程更顺畅、经济发展之路更通畅、人民生活水平更提高。②

9月16日 国务院总理李克强主持召开国务院常务会议。会议认为，推动大众创业、万众创新，需要打造支撑平台。要利用“互联网+”，积极发展众创、众包、众扶、众筹等新模式，促进生产与需求对接、传统产业与新兴产业融合，有效汇聚资源推进分享经济成长，助推“中国制造2025”，形成创新驱动发展新格局。③

9月22日 全面推进“三证合一、一照一码”登记制度改革工作全国电视电话会议在北京召开。国务院总理李克强做出重要批示：加快推进“三证合一、一照一码”登记制度改革，是深化商事制度改革之举，是顺应群众干事创业期望之举，也是创新政府行政管理之举，利民利企利国，对于激发市场内在活力、增添经济发展新动力具有重要意义。希望各地区、各相关部门的同志们按照国务院决策部署，勇于担当，密切协同配合，确保这项改革在2015年底前全面顺利实施、尽快取得实效，进一步为市场主体减负助力，进一步打造法治化便利化营商环境，进一步推动大众创业、

① 《李克强主持召开国务院常务会议》，《人民日报》2015年9月2日，第3版。

② 《李克强出席第九届夏季达沃斯论坛开幕式并发表特别致辞》，《人民日报》2015年9月11日，第1版。

③ 《李克强主持召开国务院常务会议》，《人民日报》2015年9月17日，第1版。

万众创新在全社会蓬勃开展。[①]

9 月 26 日 国务院印发《关于加快构建大众创业万众创新支撑平台的指导意见》，这是对大力推进大众创业万众创新和“互联网+”行动的具体部署，是加快推动众创、众包、众扶、众筹等新模式、新业态发展的系统性指导文件。[②]

10 月 12 日 国家知识产权局、财政部、人力资源和社会保障部、中华全国总工会、共青团中央等 5 部门联合印发《关于进一步加强知识产权运用和保护助力创新创业的意见》，提出了鼓励利用发明创造在职和离岗创业等 14 条具体措施，通过进一步加强我国知识产权运用和保护，激发全社会创新创业热情，保护创新创业成果。[③]

同日 第四届中国创新创业大赛生物医药行业总决赛在京落幕。本届大赛分新材料、生物医药、文化创意等 7 个领域，自 2015 年 4 月启动以来，全国各地创业者踊跃参与，总报名数量达 27000 多个。[④]

10 月 19—23 日 全国首届“大众创业万众创新活动周”在北京举办。19 日，国务院总理李克强出席活动周启动仪式并发表重要讲话。他表示，当前，我国发展进入新常态，正处在发展方式和新旧动能转换的关键期，要以大众创业、万众创新这一结构性改革激发全社会创造力，打造发展新引擎。“双创”也有力地促进结构调整，将推动发展从过度依赖自然资源转向更多依靠人力资源，促进经济中高速增长、迈向中高端水平。[⑤] 19 日，由“全国大众创业万众创新活动周”组委会主办的大众创业万众创新高峰论坛在京举办，国务院副总理张高丽在讲话中强调，要以大众创业万众创新培育新产业、新业态，结合实施“互联网+”行动计划和“中国制造 2025”，着力把一批新兴产业培育成主导产业，促进移动互联网、云计算、大数据、物联网等与现代制造业融合，推动经济迈向中高端水平。要以大众创业万

---

① 《进一步打造法治化便利化营商环境　推动大众创业、万众创新在全社会蓬勃开展》，《人民日报》2015 年 9 月 23 日，第 2 版。

② 《国务院印发〈关于加快构建大众创业万众创新支撑平台的指导意见〉》，《人民日报》2015 年 9 月 27 日，第 4 版。

③ 《我国鼓励利用发明创造在职和离岗创业》，《光明日报》2015 年 10 月 15 日，第 6 版。

④ 《激发创新创业的热情与潜能》，《光明日报》2015 年 10 月 19 日，第 11 版。

⑤ 《坚持创新驱动　扎实推进“双创”　不断激发市场活力潜力和社会创造力》，《人民日报》2015 年 10 月 20 日，第 13 版。

众创新催生新职业、新岗位，实现更加充分更高质量的就业，让更多的人富起来，实现机会公平、权利公平、人人参与又人人受益的包容性增长。要完善体制机制、加大政策支持、强化人才支撑、营造良好氛围，为大众创业万众创新提供有力保障。[①] 21日，李源潮出席“全国大众创业万众创新活动周·青年创新创业论坛”，并在论坛上指出，青年是创业创新的生力军，国家特别需要并大力支持青年创业创新。青年创业创新要符合国家和社会发展需要，要千里之行始于足下，脚踏实地从小事做起。要经得住困难的考验、失败的考验、各种诱惑的考验，守法创业、诚信创业、合作创业，以恒心和毅力坚持不懈地创业。共青团和有关部门要共同为青年创业创新服务，大力宣传青年创业创新典型，帮助、支持和引导广大青年做大众创业、万众创新的先锋。[②] 22日，国务院副总理马凯参观了“全国大众创业万众创新活动周”主题展示，后出席“中国创翼”青年创业创新大赛总决赛颁奖仪式，并发表讲话。他强调要把青年人的智慧发挥出来、积极性调动起来，使青年创业创新、草根创业创新、大众创业创新蔚然成风，为实现中国经济“双中高”和中华民族伟大复兴的中国梦做出更大贡献。[③]

10月19—20日 首届中国“互联网+”大学生创新创业大赛总决赛在吉林长春举行，本次大赛共有1800余所高校、57000多支团队、20万名大学生参赛。国务院总理李克强对大赛做出重要批示：大学生是实施创新驱动发展战略和推进大众创业、万众创新的生力军，既要认真扎实学习、掌握更多知识，也要投身创新创业、提高实践能力。中国“互联网+”大学生创新创业大赛，紧扣国家发展战略，是促进学生全面发展的重要平台，也是推动产学研用结合的关键纽带。教育部门和广大教育工作者要认真贯彻落实国家决策部署，积极开展教学改革探索，把创新创业教育融入人才培养，切实增强学生的创业意识、创新精神和创造能力，厚植大众创业、万众创新土壤，为建设创新型国家提供源源不断的智力支持。20日，国务院副总理刘延东接见首届中国“互联网+”大学生创新创业大赛获奖学生、指

---

① 《加快实施创新驱动发展战略　深入推进大众创业万众创新》，《人民日报》2015年10月20日，第1版。

② 《青年是大众创业万众创新的先锋》，《人民日报》2015年10月22日，第3版。

③ 《掀起青年创业创新热潮》，《人民日报》2015年10月23日，第3版。

导老师和专家评委代表，出席深入推进高校创新创业教育改革座谈会并讲话。[①] 刘延东强调，切实增强深入推进高校创新创业教育改革的责任感紧迫感，全面提高人才培养质量，努力造就大众创业万众创新的生力军。人是创新最关键的因素，创新驱动是人才驱动。加快实施创新驱动发展战略，迫切需要深化高校创新创业教育改革。[②]

10月21日 科技引领创新创业座谈会在北京召开，国务院副总理刘延东出席并强调，要把科技创新与大众创新创业更紧密地结合起来，为经济发展注入“源头活水”，推动更多高校、科研院所、企业、金融机构及其他社会力量参与创新创业，激发全社会创业创新活力，打造发展新引擎。[③]

10月24—26日 以“世界为你我众筹——众联、众创、众包、众享，大众创业、万众创新”为主题的2015世界众筹大会在贵阳举行。拥有共享精神的众筹金融虽然在中国起步较晚，但能弥补传统金融的短板，突破了资金与实体经济双方不能有效匹配的瓶颈，为小微企业和大众创业、万众创新带来福音。[④]

10月26—29日 中国共产党第十八届中央委员会第五次全体会议在北京举行，习近平总书记发表重要讲话。全会听取和讨论了习近平总书记受中央政治局委托作的工作报告，审议通过了《中共中央关于制定国民经济和社会发展第十三个五年规划的建议》。习近平总书记就《中共中央关于制定国民经济和社会发展第十三个五年规划的建议（讨论稿）》向全会做了说明。全会提出：“坚持创新发展，就是要把创新摆在国家发展全局的核心位置”[⑤]，“不断推进理论创新、制度创新、科技创新、文化创新等各方面创新，让创新贯穿党和国家一切工作，让创新在全社会蔚然成风。”[⑥] “必须把发展基点放在创新上，形成促进创新的体制架构，塑造更多依靠创新驱动、

---

① 《把创新创业教育融入人才培养　厚植大众创业、万众创新土壤》，《人民日报》2015年10月21日，第3版。

② 《深入推进创新创业教育改革　培养大众创业万众创新生力军》，《中国教育报》2015年10月26日，第1版。

③ 《为大众创新创业插上科技的翅膀》，《人民日报》2015年10月23日，第3版。

④ 《众筹，为大众创新创业带来福音》，《人民日报》（海外版）2015年10月26日，第2版。

⑤ 《习近平关于社会主义经济建设论述摘编》，中央文献出版社，2017，第27页。

⑥ 《习近平关于社会主义经济建设论述摘编》，中央文献出版社，2017，第22页。

更多发挥先发优势的引领型发展。”① “培育发展新动力，优化劳动力、资本、土地、技术、管理等要素配置，激发创新创业活力，推动大众创业、万众创新，释放新需求，创造新供给，推动新技术、新产业、新业态蓬勃发展。”②

11月2日 首届中韩青年领导者论坛在首尔举办，国务院总理李克强与韩国国务总理黄教安共同出席。李克强指出，当前中国正在实施创新驱动发展战略，推动大众创业、万众创新，韩国也致力于倡导“创造型经济”。希望两国青年以中韩国家发展战略对接为契机，集众智、汇众力，在创新创业中打造中韩合作美好未来。希望论坛为中韩两国各界青年精英深入交流、开展创新合作提供平台，也希望两国青年通过论坛，深化友谊，对接创新创业梦想，做中韩各领域务实合作的生力军。③

同日 全国推进内贸流通现代化电视电话会议在北京召开。国务院总理李克强做出重要批示。批示指出：各地区、各有关部门要按照国务院决策部署，大力改革创新，完善支持政策，打破地区封锁，切实降低流通成本。进一步推动大众创业、万众创新，鼓励发展各类主体参与、线上线下融合的流通新兴业态。汪洋出席会议并讲话。他强调，要加快推进内贸流通现代化，将内贸流通打造成经济转型发展的新引擎、资源优化配置的新动力、大众创业就业的新平台、生态文明建设的新领域、传播优秀文化的新载体。④

11月3日 党的十八届五中全会通过的《中共中央关于制定国民经济和社会发展第十三个五年规划的建议》，明确提出落实高校毕业生就业促进和创业引领计划，带动青年就业创业。将就业创业作为共享发展的重要内容，对“十三五”时期就业创业工作提出了新要求，明确了基本方向和战略任务，具有重要意义。⑤

11月7日 国家主席习近平同台湾方面领导人马英九在新加坡会面，

---

① 《十八大以来重要文献选编》（中），中央文献出版社，2016，第793页。

② 《十八大以来重要文献选编》（中），中央文献出版社，2016，第793页，

③ 《李克强出席中韩青年领导者论坛》，《人民日报》2015年11月3日，第3版。

④ 《畅通市场“经脉” 推动大众创业、万众创新把现代流通业打造成为支撑经济社会发展的重要产业》，《人民日报》2015年11月3日，第2版。

⑤ 《促进就业创业》，《人民日报》2015年12月15日，第7版。

就进一步推进两岸关系和平发展交换意见。习近平指出："两岸关系和平发展的根基在基层、希望在青年。现在还有很多台湾乡亲从未来过大陆，我们热诚欢迎他们来大陆走走看看，参与到两岸交流大潮中来。要为两岸青年学习、就业、创业、交流提供更多机遇、创造更好条件，使两岸基层民众尤其是青年一代成为推动两岸关系发展、实现民族振兴的重要力量。"①

11 月 11 日 国务院副总理刘延东在《人民日报》发表题为《深入实施创新驱动发展战略》的文章。文章指出，实施创新驱动发展战略，是《中共中央关于制定国民经济和社会发展第十三个五年规划的建议》的重点和亮点，充分体现了以习近平同志为核心的党中央确立发展新理念、开拓发展新境界的坚定决心与历史担当。我们要深刻领会其精神实质，准确把握其根本要求，切实增强深入实施创新驱动发展战略的自觉性和坚定性。②

11 月 18 日 国务院总理李克强主持召开国务院常务会议，确定改进公共服务措施，以持续简政放权便利群众办事创业；部署加快企业技术升级改造，推动产业迈向中高端；决定统一城乡义务教育经费保障机制，推进教育领域公共服务均等化。③

11 月 24 日 国务院总理李克强在第五届中国—中东欧国家经贸论坛上发表了题为《携手开创互利共赢合作新局面》的讲话。其指出，中国正在大力推动大众创业、万众创新，愿同中东欧国家携手打造中小企业创新合作平台，促进中国—中东欧合作遍地开花，取得丰硕成果。④

11 月 25 日 "无创客，不青春"2015 全国大学生创新创业高峰论坛暨全国大学生移动应用创新大赛四五分赛区颁奖仪式在广东深圳举行。中国教育电视台高校创意总部广东基地落成仪式 25 日同时举行，大学生创新公益基金（CSINF）也于当日发布。国内外众多知名企业及嘉宾出席，与新生代大学生畅谈"创业路上那些事"，共享创业经验，从多层面为青年创客提出建议。⑤

12 月 1 日 教育部印发《关于做好 2016 届全国普通高等学校毕业生就

---

① 《习近平谈治国理政》第 2 卷，外文出版社，2017，第 431 页。

② 《深入实施创新驱动发展战略》，《人民日报》2015 年 11 月 11 日，第 6 版。

③ 《李克强主持召开国务院常务会议》，《人民日报》2015 年 11 月 19 日，第 3 版。

④ 《携手开创互利共赢合作新局面》，《人民日报》2015 年 11 月 25 日，第 2 版。

⑤ 《全国大学生创新创业高峰论坛举办》，《光明日报》2015 年 11 月 26 日，第 8 版。

业创业工作的通知》，指出从 2016 年起所有高校都要设置创新创业教育课程，对全体学生开发开设创新创业教育必修课和选修课，纳入学分管理。[①]

12 月 3 日 国务院办公厅发布《关于改革完善博士后制度的意见》，大力支持博士后研究人员创新创业，促进科研成果转化，完善创新创业激励政策。鼓励符合条件的企业按照有关规定，通过股权、期权、分红等激励方式，调动博士后研究人员创新创业的积极性。[②]

12 月 4 日 2016 届全国普通高校毕业生就业创业工作网络视频会议在北京召开，袁贵仁出席会议并讲话。他强调，要认真贯彻落实党的十八届五中全会精神，着力推进创新创业教育改革和大学生自主创业，提升就业创业指导服务水平，努力实现高校毕业生更加充分、更高质量的就业创业。[③]

12 月 23 日 人社部印发了《关于进一步推进创业培训工作的指导意见》（人社厅发〔2015〕197 号）。意见明确了当前新形势下加强创业培训工作的思路和目标。提出要以服务就业和经济发展为导向，以推行终身职业技能培训制度和提升劳动者创业能力为宗旨，逐步建立起培训主体多元化、培训模式多样化、培训内容多层次，能够有效覆盖创业活动不同阶段的创业培训体系。[④]

12 月 27 日 第十二届全国人民代表大会常务委员会第十八次会议决定对《中华人民共和国高等教育法》予以修改，将第五条修改为“高等教育的任务是培养具有社会责任感、创新精神和实践能力的高级专门人才，发展科学技术文化，促进社会主义现代化建设”，并于 2016 年 6 月 1 日起施行。[⑤]

---

① 《教育部：明年起高校要设创新创业教育课》，《光明日报》2015 年 12 月 14 日，第 6 版。

② 《国务院办公厅印发〈关于改革完善博士后制度的意见〉》，《光明日报》2015 年 12 月 4 日，第 4 版。

③ 《着力推进创新创业教育改革和大学生自主创业》，《中国教育报》2015 年 12 月 5 日，第 1 版。

④ 《关于进一步推进创业培训工作的指导意见》（人社厅发〔2015〕197 号）。

⑤ 《全国人大常委会关于修改〈中华人民共和国高等教育法〉的决定》，《人民日报》2015 年 12 月 28 日，第 6 版。

二〇一六年

1 月 8 日　2015 年度国家科学技术奖励大会在北京举行。党和国家领导人习近平、李克强、刘云山、张高丽出席大会并为获奖代表颁奖。李克强代表党中央、国务院在大会上讲话。李克强强调，创新是引领发展的第一动力。要培育发展新动能，改造提升传统动能，塑造更多依靠创新驱动的引领型发展。①

1 月 12 日　公安部推出支持北京创新发展的 20 项出入境政策措施，以营造北京创新发展的软环境。这些政策措施将于 2016 年 3 月 1 日起正式实施，主要包括：为符合认定标准的外籍高层次人才设立申请永久居留“直通车”；公安部在中关村设立外国人永久居留服务窗口，并缩短审批期限；对中关村市场化外籍人才申请永久居留实施积分评估制度；对中关村创业团队外籍成员和企业选聘的外籍技术人才提供办理口岸签证和长期居留许可的便利；对具有博士研究生以上学历或在中关村长期创业的外籍华人提供申请永久居留的便捷通道；允许境外高校外国学生在中关村短期实习；允许在京高校外国留学生在中关村进行兼职创业等。②

1 月 13 日　国务院总理李克强主持召开国务院常务会议，决定再推出一批简政放权改革措施，让市场活力能够更大释放；确定完善高新技术企业认定办法，使更多创新型企业得到政策支持，为大众创业、万众创新清障搭台。会议认为，通过完善高新技术企业认定办法，加大对科技企业特别是中小企业的普惠性政策扶持，激励市场主体增加研发投入，可以有力

---

① 《中共中央国务院隆重举行国家科学技术奖励大会》，《人民日报》2016 年 1 月 9 日，第 1 版。

② 《公安部推出 20 项出入境便利政策》，《光明日报》2016 年 1 月 13 日，第 4 版。

推动“双创”，培育创造新技术、新业态和提供新供给的生力军，促进经济升级发展。会议决定，修订现行的《高新技术企业认定管理办法》，更多地向中小企业倾斜。一是适当放宽认定条件。二是简化认定流程，缩短公示时间。三是扩充重点支持的高新技术领域。①

1月15日 2016年全国教育工作会议在北京召开。袁贵仁在工作报告中强调，“十三五”时期是全面建成小康社会、实现第一个百年奋斗目标的决胜阶段。我们要牢固树立、全面贯彻五大发展理念，以创新发展激发教育活力，以协调发展优化教育结构，以绿色发展引领教育风尚，以开放发展拓展教育资源，以共享发展促进教育公平。要实实在在地把质量作为新时期我国教育工作的主题，把时间、精力和资源更多地用在内涵建设上，实现我国教育更高质量、更有效率、更加公平、更可持续的发展。要把促进人的全面发展、适应经济社会发展需要作为根本标准，提升学校办学综合实力、学生成长成才能力、社会贡献力、国际竞争力。②

2月4日 教育部印发《教育部2016年工作要点》，提出：加强创新创业教育，修订人才培养方案，完善创新创业教育课程体系，推进协同育人，开展丰富多彩的创新创业实践活动；抓紧修订《普通高等学校学生管理规定》，放宽学生修业年限，允许学生休学创业，建立创新创业学分积累与转换制度，让学生在创新创业中展现才华、服务社会。③

2月17日 国务院总理李克强主持召开国务院常务会议，制定支持科技成果转移转化的政策措施，促进科技与经济深度融合。会议认为，加快科技成果转移转化，打通科技与经济结合的通道，尽快形成新的生产力，对于推进结构性改革尤其是供给侧结构性改革，实施创新驱动发展战略，促进大众创业、万众创新，提高发展质量和效益，具有重要意义。④

2月18日 国务院办公厅印发《关于加快众创空间发展服务实体经济转型升级的指导意见》，就加快众创空间发展提出指导意见，更大释放全社

---

① 《决定再推出一批简政放权改革措施　让市场活力更大释放　确定完善高新技术企业认定办法　使更多创新型企业得到政策支持》，《人民日报》2016年1月14日，第2版。

② 《以新的发展理念为引领　全面提高全国教育质量　加快推进教育现代化——袁贵仁部长在2016年全国教育工作会议上的讲话》，《人民教育》2016年第Z1期。

③ 《教育部关于印发〈教育部2016年工作要点〉的通知》（教政法〔2016〕6号）。

④ 《五条政策杠杆撬动高校转移科技成果》，《中国教育报》2016年2月18日，第1版。

会创新创业活力，加快科技成果向现实生产力转化，增强实体经济发展新动能。①

2月24日 国务院新闻办召开新闻发布会，科技部部长万钢就我国科技发展与中外媒体交流时指出，2016年是推进结构性改革的攻坚之年，要深入实施创新驱动发展战略，充分发挥科技创新在全面创新中的引领作用，为引领型发展提供强大动能。②

3月5日 李克强总理代表国务院在十二届全国人大四次会议上做《政府工作报告》，"双创"再次被写入《政府工作报告》。李克强指出：要"强化创新引领作用，为发展注入强大动力。创新是引领发展的第一动力，必须摆在国家发展全局的核心位置，深入实施创新驱动发展战略"③。

3月10日 十二届全国人大四次会议新闻中心举行记者会，袁贵仁就"教育改革和发展"的相关问题回答中外记者的提问时强调，创新创业教育不是说让每位学生都能成为企业家，而是要让他们形成创新理念、思维和素质，为我国实施创新驱动发展战略服务。对于创新创业教育，袁贵仁表示，教育部及相关部门要与学校紧密配合，为学生开设创业课程，聘请创业成功者为他们做报告、授课。要指导学生进行创业实践，提供实践场地及必要的资金支持。对有创业意愿、有明确创新创业项目，且前景看好的学生，可以保留学籍创业。④

3月11日 全国政协十二届四次会议在北京举行第三次全体会议。15位委员围绕社会建设和文化建设做大会发言。各委员代表在发言中指出，要加快科技成果转化，支撑企业技术创新，促进创新驱动发展战略实施，使我国尽早进入创新型国家行列。着力推动大众创业、万众创新向纵深发展，推动经济转型增长。打破政策"信息孤岛"，推进"双创"措施落地；加强风险意识教育，正确引导创新创业；多措并举，提升创新创业质量。⑤

3月16日 十二届全国人大四次会议表决通过了关于国民经济和社会

---

① 《国务院办公厅关于加快众创空间发展服务实体经济转型升级的指导意见》（国办发〔2016〕7号）。

② 《科技部部长谈"四个关键词"》，《光明日报》2006年2月25日，第6版。

③ 《十八大以来重要文献选编》（下），中央文献出版社，2018，第261页。

④ 《教育部长回应教育改革热点》，《光明日报》2006年3月11日，第3版。

⑤ 《政协十二届四次会议举行第三次全体会议》，《人民日报》2006年3月12日，第1版。

发展第十三个五年规划纲要的决议，决定批准《中华人民共和国国民经济和社会发展第十三个五年规划纲要》（以下简称《纲要》）[①]，并于18日发布。《纲要》强调，全面提高高校创新能力，统筹推进世界一流大学和一流学科建设。[②]

3月20日 中共中央印发《关于深化人才发展体制机制改革的意见》，要求建立产教融合、校企合作的技术技能人才培养模式，加快构建现代职业教育体系，深化技术技能人才培养体制改革，加强统筹协调，形成工作合力。[③]

3月 国家发改委、教育部、人力资源和社会保障部联合发布《关于编报“十三五”产教融合发展工程规划项目建设方案的通知》，启动实施职业教育产教融合工程规划项目，“十三五”期间拟投入50亿元，支持100所左右高职院校深化产教融合、校企合作，加快建设现代职业教育体系，全面增强职业教育服务经济社会发展能力。[④]

4月8—10日 2016中美创客论坛暨中美创新创业大赛决赛在青岛举行，包括16支海外团队在内的近百支创业团队分别围绕移动互联网、生物医药、节能环保与新材料等类型的项目展开激烈角逐，中国团队包揽4个一等奖。此次大赛先后在美国的华盛顿、休斯敦、芝加哥和硅谷，以及中国的上海、济南和青岛举办初赛，共有500多支创业团队参加。[⑤]

4月12日 教育部科学技术委员会换届大会暨第七届教育部科技委全会召开。袁贵仁指出，教育系统要认真贯彻落实中央部署要求，深入推进高校科技事业改革发展，更好支撑国家创新驱动发展战略，努力为建设创新型国家做出贡献。一是聚焦国家需求，深入开展战略研究；二是发挥特色优势，助力提升高校创新能力；三是弘扬科学精神，不断优化高校学术环境。[⑥]

---

① 《“十三五”规划纲要提出提升全民教育水平　推进教育现代化》，《中国教育报》2016年3月18日，第4版。

② 《中华人民共和国国民经济和社会发展第十三个五年规划纲要》，《人民日报》2016年3月18日，第1版。

③ 《中共中央印发〈关于深化人才发展体制机制改革的意见〉》（中发〔2016〕9号）。

④ 《关于编报“十三五”产教融合发展工程规划项目建设方案的通知》（发改社会〔2016〕547号）。

⑤ 《创业热情高，高校咋接招》，《人民日报》2006年4月11日，第12版。

⑥ 《关于召开教育部科技委换届大会暨第七届教育部科技委全会的通知》（教技司〔2016〕128号）。

4月15日　国务院总理李克强在北京召开高等教育改革创新座谈会，并在讲话中强调，高等教育要着力围绕服务国家创新发展，促进大众创业、万众创新，培育更多创新型人才。注重培养学生创新特别是原始创新意识，开展启发式、讨论式、探究式教学，激发他们丰富的想象力，打牢知识根基，拓宽学术视野，推动科技创新。①

4月20日　国务院总理李克强主持召开国务院常务会议，决定建设一批大众创业万众创新示范基地，推动双创迈向更高层次和水平。为实施创新驱动发展战略，推动大众创业、万众创新向更大范围、更高层次、更深程度发展。②

4月21日　国务院办公厅下发《关于深入实施"互联网+流通"行动计划的意见》：一是加快推动流通转型升级，二是积极推进流通创新发展，三是加强智慧流通基础设施建设，四是鼓励拓展智能消费新领域，五是大力发展绿色流通和消费，六是深入推进农村电子商务，七是积极促进电子商务进社区，八是加快完善流通保障制度，九是发挥财政资金引导带动作用，十是增强流通领域公共服务支撑能力，十一是健全流通法规标准体系，十二是营造诚信经营公平竞争环境。③

4月22日　习近平总书记致信祝贺清华大学建校105周年，向全体师生员工和广大校友致以热烈的祝贺和诚挚的问候。习近平总书记强调，办好高等教育，事关国家发展、事关民族未来。我国高等教育要紧紧围绕实现"两个一百年"奋斗目标、实现中华民族伟大复兴的中国梦，源源不断培养大批德才兼备的优秀人才。站在新的起点上，清华大学要坚持正确方向、坚持立德树人、坚持服务国家、坚持改革创新，面向世界、勇于进取，树立自信、保持特色，广育祖国和人民需要的各类人才，深度参与实施创新驱动发展战略，努力在创建世界一流大学方面走在前列，为国家发展、人民幸福、人类文明进步做出新的更大的贡献。④

4月26日　习近平总书记主持召开知识分子、劳动模范、青年代表座

---

① 《深化教育改革激发更大活力　贯彻创新战略赢得发展未来》，《中国科技产业》2016年第5期。

② 《李克强主持召开国务院常务会议》，《人民日报》2006年4月21日，第1版。

③ 《关于深入实施"互联网+流通"行动计划的意见》（国办发〔2016〕24号）。

④ 《习近平致信祝贺清华大学建校105周年》，《人民日报》2016年4月23日，第1版。

谈会并发表重要讲话。他强调：“青年时光非常可贵，要用来干事创业、辛勤耕耘。”① “广大青年要如饥似渴、孜孜不倦学习，既多读有字之书，也多读无字之书，注重学习人生经验和社会知识。‘纸上得来终觉浅，绝知此事要躬行。’所有知识要转化为能力，都必须躬身实践。要坚持知行合一，注重在实践中学真知、悟真谛，加强磨练、增长本领。”② 习近平总书记还在讲话中指出：“广大青年要保持初生牛犊不怕虎的劲头，不懂就学，不会就练，没有条件就努力创造条件。‘志之所趋，无远弗届，穷山距海，不能限也。’对想做爱做的事要敢试敢为，努力从无到有、从小到大，把理想变为现实。要敢于做先锋，而不做过客、当看客，让创新成为青春远航的动力，让创业成为青春搏击的能量，让青春年华在为国家、为人民的奉献中焕发出绚丽光彩。”③

4月28日 科技部、中央宣传部印发《中国公民科学素质基准》，旨在全社会大力弘扬科学精神、普及科学知识，增强与提升全民科技意识和科学素养，形成鼓励大众创业、万众创新的良好氛围，为实施创新驱动发展战略，建设创新型国家和实现全面建成小康社会的目标奠定坚实的社会基础。④

4月29日 教育部与中国建设银行在北京就双方共同落实大众创业万众创新国家政策、深化高等学校创新创业教育改革签订了为期5年的《战略合作协议》。根据协议，双方将在举办全国大学生创新创业大赛、建立“中国大学生创新创业服务平台”、支持高校开展大学生创业辅导和项目对接、推动高校与金融机构协同育人等方面开展深入合作，共同提升高校创新创业人才培养的质量。⑤

5月8日 国务院办公厅发布《关于建设大众创业万众创新示范基地的

---

① 习近平：《在知识分子、劳动模范、青年代表座谈会上的讲话》，人民出版社，2016，第12页。

② 习近平：《在知识分子、劳动模范、青年代表座谈会上的讲话》，人民出版社，2016，第11~12页。

③ 习近平：《在知识分子、劳动模范、青年代表座谈会上的讲话》，人民出版社，2016，第12页。

④《科技部 中央宣传部关于印发〈中国公民科学素质基准〉的通知》（国科发政〔2016〕112号）。

⑤《教育部与建行签署战略合作协议 推动高校创新创业人才培养》，《中国教育报》2016年4月30日，第3版。

实施意见》（以下简称《意见》），系统部署双创示范基地建设工作。《意见》确定了首批共28个双创示范基地，包括北京市海淀区等17个区域示范基地、清华大学等4个高校和科研院所示范基地、海尔集团公司等7个企业示范基地。《意见》明确要以促进创新型初创企业发展为抓手，以构建双创支撑平台为载体，分类推进双创示范基地建设，并提出了各类型示范基地的建设目标和建设重点。①

5月16—17日 中国发明协会第七次全国会员代表大会在北京召开。国务院总理李克强指出：发明创新点亮人类文明之光。②

5月20日 全国普通高等学校毕业生就业创业工作电视电话会议在北京召开。国务院总理李克强做出重要批示：高校毕业生是国家的宝贵财富，各级政府要进一步实施大学生就业创业促进计划，加强就业市场供需衔接和精准帮扶，多方拓宽就业渠道；进一步深入推进简政放权和商事制度改革，为广大毕业生投身创业创新清障减负，以创业带动就业；进一步加快发展新经济，不断催生新技术、新产业、新业态、新模式，创造更多适合高素质年轻群体的就业岗位。③

5月25日 教育部高等教育司公布2016年校企合作专业综合改革项目和国家大学生创新创业训练计划联合基金项目申报指南。深化高校创新创业教育改革，推进校企合作协同育人。④

5月27日 2016中国创新创业成果交流会在广州开幕。本次创交会展区面积超过2万平方米，共有1700多个创新创业成果项目展出，将有效促进技术向市场产品的转化。⑤

同日 教育部办公厅发出《关于进一步做好高校毕业生就业创业工作的通知》，部署进一步做好高校毕业生就业创业工作，确保今年高校毕业生

---

① 《国务院办公厅关于建设大众创业万众创新示范基地的实施意见》（国办发〔2016〕35号）。

② 《中国发明协会第七届全国会员代表大会在京举行》，《中国发明与专利》2016年第6期。

③ 《各方面同心协力多方拓宽就业渠道　确保今年高校毕业生就业水平不降低》，《人民日报》2006年5月21日，第1版。

④ 《教育部高等教育司关于公布2016年有关企业支持的产学合作专业综合改革项目和国家大学生创新创业训练计划联合基金项目申报指南的通知》（教高司函〔2016〕28号）。

⑤ 《广州：三大“枢纽”托起“中心”未来》，《人民日报》2016年6月12日，第3版。

就业水平不降低。[①]

5 月 30 日 习近平总书记在全国科技创新大会、两院院士大会、中国科协第九次全国代表大会上发表重要讲话，强调“实现‘两个一百年’奋斗目标，实现中华民族伟大复兴的中国梦，必须坚持走中国特色自主创新道路，面向世界科技前沿、面向经济主战场、面向国家重大需求，加快各领域科技创新，掌握全球科技竞争先机”[②]。习近平总书记的重要讲话在与会人员中引起强烈共鸣，吹响了建设世界科技强国的号角。大家表示，将紧紧抓住战略机遇期，坚持创新驱动发展，勇攀科技高峰，向新中国成立 100 年时建成世界科技强国奋力迈进。[③]

5 月 31 日 在“六一”国际儿童节即将到来之际，习近平总书记给大陈岛老垦荒队员的后代、浙江省台州市椒江区 12 名小学生回信：“张婧怡等小朋友：你们好！看了你们的来信，我想起了 10 年前的大陈岛之行，也想起了当时同你们爷爷奶奶交谈的情景。60 年前，你们的爷爷奶奶远离家乡，登上大陈岛垦荒创业，用青春和汗水培育了艰苦创业、奋发图强、无私奉献、开拓创新的垦荒精神。正如你们所说，他们是最可敬的人。请代我向你们的爷爷奶奶、乡亲们问好。你们在信中表示，你们是老垦荒队员的后代，决心牢记爷爷奶奶当年的奋斗精神，好好学习，砥砺品格，长大后报效祖国和人民，我感到很欣慰。希望你们向爷爷奶奶学习，热爱党、热爱祖国、热爱人民，努力成长为有知识、有品德、有作为的新一代建设者，准备着为实现中华民族伟大复兴的中国梦贡献力量。‘六一’国际儿童节即将来临，我祝你们节日快乐，祝全国小朋友节日快乐。”[④]

6 月 7—9 日 由教育部主办、中国教育科学研究院承办的中美教育智库对话活动在北京举行。作为第七轮中美人文交流机制高层磋商的配套活动，此次活动以“知识经济背景下的教育研究、决策与创新”为主题，围绕 21 世纪素养与教育创新、青年就业与创业教育、区域教育改革与创新、

---

① 《关于进一步做好高校毕业生就业创业工作的通知》（教学厅〔2016〕5 号）。

② 习近平：《为建设世界科技强国而奋斗：在全国科技创新大会、两院院士大会、中国科协第九次全国代表大会上的讲话》，人民出版社，2016，第 5 页。

③ 《为建设世界科技强国而奋斗——在全国科技创新大会、两院院士大会、中国科协第九次全国代表大会上的讲话》，《人民日报》2016 年 6 月 1 日，第 2 版。

④ 《习近平总书记给大陈岛老垦荒队员的后代、浙江省台州市椒江区 12 名小学生的回信》，《人民日报》2016 年 6 月 1 日，第 1 版。

教师素质与教育质量等议题进行研讨，交流了中美最新教育政策及发展动态、教育研究发现以及一流智库建设经验，旨在促进两国教育共同发展。对话活动还就设立“中美教育智库联盟”达成初步共识。①

7月4日 教育部印发《关于中央部门所属高校深化教育教学改革的指导意见》。指出要将深入推进高校创新创业教育改革作为主要任务，坚持把深入推进创新创业教育改革作为中央高校教育教学改革的突破口和重中之重。牢固树立科学的创新创业教育理念，健全创新创业教育课程体系，改革教学方式方法，制订大学生创新创业训练计划，支持学生参加国家级创新创业大赛。②

7月6日 《人力资源和社会保障事业发展“十三五”规划纲要》印发。该文件指出，要推动实现比较充分和更高质量就业，深入推进体制机制创新，鼓励以创业带就业，继续把高校毕业生就业摆在就业工作的首位，统筹实施高校毕业生就业促进和创业引领计划。③

7月13—18日 中国·长春大学生创新创业峰会（2016）暨全国大学生创业实训营活动在长春成功举办。实训营开幕式上，寻访2015年大学生创业英雄百强颁奖仪式暨寻访2016年大学生创业英雄启动仪式同时举行。④

7月15日 《2016中国高等职业教育质量年度报告》发布。该报告显示，在“双创”背景下，高职毕业生自主创业群体不断扩大；2015届高职毕业生毕业半年后的自主创业比例提高，相对于2011届增长了1.7个百分点，创业存活的比例也不断提升。⑤

7月26日 《人力资源社会保障部 国务院扶贫办关于开展技能脱贫千校行动的通知》发布。该通知指出，2016—2020年，通过对于有创业意愿且有合适创业项目的学员，鼓励其参加创业培训，提高贫困家庭劳动者的就业创业能力，实现“教育培训一人，就业创业一人，脱贫致富一户”

① 《中美教育智库对话 知识经济背景下的教育研究、决策与创新》，《大学》（研究版）2016年第6期。

② 《教育部关于中央部门所属高校深化教育教学改革的指导意见》（教高〔2016〕2号）。

③ 《人力资源和社会保障事业发展“十三五”规划纲要》（人社部发〔2016〕63号）。

④ 《推动大学生“双创”提档升级》，《中国青年报》2016年7月14日，第1版。

⑤ 《“2016中国高等职业教育质量年度报告”发布高职毕业生月收入连续5年增长》，《中国青年报》2016年7月16日，第2版。

的目标。[1]

7月28日 中共中央办公厅、国务院办公厅印发了《国家信息化发展战略纲要》，指出要支持中小微企业创新，造就一批领军人才。吸引和扶持高层次人才创新创业，支持开展创新创业大赛、技能竞赛等活动，建立就业创业信息服务体系。[2]

7月29—30日 全国高职院校创新创业教育联盟理事长会议暨第二届全国高职院校创新创业教育论坛在北京举行，本届会议主题为：打造双创平台、培育工匠精神、共享创新资源。来自全国55所高职院校领导及知名企业代表、专家学者参加会议。

8月1日 第九届中国—东盟教育交流周暨第二届中国—东盟教育部长圆桌会议开幕式在贵阳举行。中国教育部部长陈宝生主持开幕式并宣读李克强总理贺信，国务院副总理刘延东出席开幕式并发表主旨演讲。李克强指出，包括教育在内的人文交流合作正在成为中国—东盟关系的新支柱，展现出广阔的发展前景。中方愿同东盟各国一道，共同建设更加紧密的中国—东盟命运共同体。[3] 刘延东代表中国政府提出了未来发展中国—东盟教育合作的四点倡议。中国教育部愿与东盟各国一道，秉持开放合作、互利共赢理念，共同构建多元化教育合作机制，推动弹性化合作进程，打造示范性合作项目，满足各方发展需要，促进共同发展。[4] 陈宝生为圆桌会议致开幕词并做主旨发言，陈宝生指出，未来5年，中国政府将深入实施创新驱动发展战略。中国正在深化高校创新创业教育改革，促进高等教育与科技、经济、社会紧密结合，加快培养规模宏大、富有创新精神、勇于投身实践的创新创业人才队伍。中国教育部愿与东盟各国教育部及有关部门包容互鉴、合作共赢，共同打造创新创业的良好环境。[5]

8月3日 《教育部 科技部关于加强高等学校科技成果转移转化工作

---

① 《人力资源社会保障部 国务院扶贫办关于开展技能脱贫千校行动的通知》（人社部发〔2016〕68号）。

② 《中办国办印发〈国家信息化发展战略纲要〉》，《人民日报》2016年7月28日，第1版。

③ 《李克强向第九届中国—东盟教育交流周致贺信》，《人民日报》2016年8月2日，第1版。

④ 《第九届中国—东盟教育交流周暨第二届中国—东盟教育部长圆桌会议开幕》，《人民日报》2016年8月2日，第4版。

⑤ 《第二届中国—东盟教育部长圆桌会议召开 面向未来加强教育交流合作 开辟中国—东盟关系新的不竭动力》，《中国教育报》2016年8月3日，第1版。

的若干意见》颁布，支持学生创新创业。探索建立以创新创业为导向的人才培养机制，完善产学研用结合的协同育人模式。支持高校与企业、研究院所联合建立学生实习实训和研究生科研实践等教学科研基地，提高学生创新创业实践能力。推动国家大学科技园为学生创新创业提供力所能及的场地、信息网络和商事、法律服务，建立微创新实验室、创新创业俱乐部等，发展众创、众包、众扶、众筹空间等新型孵化模式。①

8 月 11—14 日 2016 年“挑战杯——彩虹人生”全国职业学校创新创效创业大赛决赛在福州举行。活动自本年 2 月 18 日启动。②

8 月 14—18 日 由中国教育部主办的中美青年创客大赛总决赛在北京举行，是第七轮中美人文交流高层磋商的配套活动。大赛以“共创未来”为主题，关注社区、教育、环保、健康、交通、能源等可持续发展领域，旨在引导支持中美青年共同打造具有社会和产业价值的新产品、新应用，丰富中美青年交流模式，促进中美人文交流。③

8 月 25 日 《教育部关于深化高校教师考核评价制度改革的指导意见》发布，将教师考核评价作为高等教育综合改革的重要内容。教师担任班主任、辅导员，解答学生问题，指导学生就业、创新创业、社会实践、各类竞赛以及负责老中青教师“传帮带”等工作，应计入教育教学工作量，并纳入年度考核内容。完善科研成果转化业绩的考核，鼓励教师积极参与技术创新和产品研发，把科研成果转化作为着力培育大众创业、万众创新的新引擎。④

8 月 30 日 全球创新指数研究论坛在北京大学召开。联合国世界知识产权组织 2016 年全球创新指数（GII）报告于 2016 年 8 月 15 日在日内瓦发布。中国首次跻身全球最具创新力的经济体前 25 强，较 2015 年上升 4 位，成为第一个跻身全球 25 强的中等收入经济体。⑤

9 月 1 日 国务院总理李克强主持召开国务院常务会议，确定促进创业

---

① 《教育部　科技部关于加强高等学校科技成果转移转化工作的若干意见》（教技〔2016〕3 号）。

② 《全国职业院校挑战杯决赛开幕》，《中国青年报》2016 年 8 月 13 日，第 1 版。

③ 《中美青年创客大赛总决赛将举行》，《中国教育报》2016 年 8 月 13 日，第 2 版。

④ 《教育部关于深化高校教师考核评价制度改革的指导意见》（教师〔2016〕7 号）。

⑤ 《敢做先锋　不当看客　赛场上书写创业故事　2016 年“创青春”大学生创业大赛专项赛闭幕》，《中国青年报》2016 年 9 月 1 日，第 5 版。

投资发展的政策措施，释放社会投资潜力助力实体经济发展。会议指出，坚持市场主导，发展各类创业投资，是落实新发展理念、实施创新驱动发展战略、推进供给侧结构性改革、培育发展新动能和扩大就业的重要举措，有利于调动社会投资的积极性，支持大众创业、万众创新，促进稳增长、调结构。①

9月3—5日 二十国集团领导人峰会（G20）在杭州举行。3日，G20重要配套活动二十国集团工商峰会（B20）开幕式举行，国家主席习近平发表主旨演讲。他强调，在新的起点上，我们将坚定不移实施创新驱动发展战略，释放更强增长动力。② 抓住科技创新就抓住了发展的牛鼻子。4日，习近平总书记在二十国集团领导人杭州峰会上指出，面对当前世界经济挑战，应该创新发展方式，挖掘增长动能。③ 5日，习近平总书记在二十国集团领导人杭州峰会的闭幕式上明确了会议达成重要共识。我们决心创新增长方式，为世界经济注入新动力。一致通过了《二十国集团创新增长蓝图》，决心从根本上寻找世界经济持续健康增长之道，紧紧抓住创新、新工业革命、数字经济等新要素新业态带来的新机遇，并制订了一系列具体的行动计划。

9月22日 2016腾讯全球合作伙伴大会在福州举行，发布的《2016互联网创新创业白皮书》指出，中国已成为仅次于美国的全球第二大创投聚集地。④

9月24日 第五届中国创新创业大赛全国行业总决赛在洛阳首场开幕，由科技部、财政部、教育部和全国工商联共同指导，分为六大行业，包括先进制造、互联网和移动互联网、电子信息、新能源及节能环保、新材料和生物医药，10—11月陆续开展，共吸引了12064支团队和22277家企业报名参与。⑤

---

① 《李克强主持召开国务院常务会议》，《人民日报》2016年9月2日，第1版。

② 《中国发展新起点　全球增长新蓝图——在二十国集团工商峰会开幕式上的主旨演讲》，《人民日报》2016年9月4日，第3版。

③ 《构建创新、活力、联动、包容的世界经济——在二十国集团领导人杭州峰会上的开幕辞》，《人民日报》2016年9月5日，第3版。

④ 《〈2016互联网创新创业白皮书〉发布：中国已成为全球第二大创投聚集地》，《中国青年报》2016年9月23日，第4版。

⑤ 《中国创新创业大赛地方赛落幕》，《中国青年报》2016年9月9日，第7版。

9月26日 第三届“创青春”中国青年创新创业大赛系列赛事结束。自6月启动，全国赛分为现代农业和农村电子商务组、App专项赛、互联网组和商工组4个组别；9月，4组比赛分别在湖北省孝感市①、江西省共青城市、浙江省杭州市②及上海举行③。

9月29日 教育部召开2016年度全国创新创业典型经验高校座谈会，教育部副部长林蕙青出席会议并讲话。其指出，做好大学生创新创业工作是服务国家发展战略的重要抓手。2016年度推选出的50所创新创业典型经验高校，在深化创新创业教育改革、全面加强创新创业实践与指导服务等方面探索和积累了很多好的经验做法，具有很好的推广借鉴价值。并强调，大学生创新创业工作机遇和挑战并存，各地各高校要抓住机遇，切实增强责任意识，坚持问题导向，全面推进高校创新创业教育改革。④

10月11日 中国—欧盟国家教育部长会议在北京举行。李克强总理在贺信中指出，首次召开教育部长会议，进行面对面、全方位交流，必将促进中国与欧盟各国的教育交流与合作。⑤ 国务院副总理刘延东倡议，双方要加强政策沟通，推动标准联通，推进语言互通，促进民心相通。⑥ 教育部部长陈宝生表示，希望吸引欧方优质教育资源投入中国高校创新创业教育。⑦会议配套举行首届中欧教育政策智库论坛。⑧

10月12—18日 全国大众创业万众创新活动周举办。13日，深圳主会场举办“创青春·中国青年创新创业系列活动”⑨，国务院总理李克强出席

---

① 《引领企业青年投身创新驱动发展　团北京市委为创新青年打造精准服务》，《中国青年报》2016年9月5日，第3版。

② 《第三届“创青春”中国青年创新创业大赛互联网组全国赛暨二〇一六青年互联网创业大赛决赛闭幕》，《中国青年报》2016年9月25日，第1版。

③ 《第三届“创青春”青年创新创业大赛商工组全国赛暨中国青年创新创业展示交流会开幕》，《中国青年报》2016年9月26日，第1版。

④ 《教育部召开2016年度全国创新创业典型经验高校座谈会》，《中国教育报》2016年9月29日，第4版。

⑤ 《李克强向中国—欧盟国家教育部长会议致贺信》，《人民日报》2016年10月12日，第3版。

⑥ 《中国—欧盟国家教育部长会议在京举行　刘延东出席开幕式并演讲》，《人民日报》2016年10月12日，第3版。

⑦ 《共筑中欧教育合作之路（教育眼）》，《人民日报》2016年11月17日，第18版。

⑧ 《首届中欧教育政策智库论坛举行》，《中国教育报》2016年10月13日，第3版。

⑨ 《创青春·中国青年创新创业系列活动举办》，《中国青年报》2016年10月14日，第3版。

2016年全国大众创业万众创新活动周。李克强表示，创业与创新结合，会使发展动力更加强劲。在市场经济条件下，“双创”覆盖第一、第二、第三产业各个领域，政府要为“双创”营造良好环境。[①] 14日，第四届中国创业投资行业峰会在北京举办，是全国“双创”活动周的重要内容，由国家发改委主办，主题是“创业创新+创投　协同互动发展”。国务院副总理张高丽出席会议并讲话。张高丽强调，创业投资是实施创新驱动发展战略的重要举措，是实现技术、资本、人才、管理等创新要素与创业企业有效结合的投融资方式，是推动大众创业万众创新的重要资本力量。其要求，加快构建良好的制度环境、市场环境和生态环境，形成“创业、创新+创投”协同互动的发展格局。[②] 15日，国家副主席李源潮在北京中关村出席“全国大众创业万众创新活动周·中国青年创新创业金融综合服务平台启动仪式暨中国青年创新创业论坛”，他希望广大青年努力做大众创业万众创新的先锋。本次活动由共青团中央主办，以“发展新经济、培育新动能”为主题，有500多名青年和青年创业者、创业服务机构、政府部门的代表参加。[③]

10月14日　国务院总理李克强主持召开国务院常务会议，确定进一步扩大国内消费的政策措施，促进服务业发展和经济转型升级；部署持续深化商事制度改革，更大程度地降低创业创新制度性成本。[④]

同日　教育部在华中科技大学召开深化高校创新创业教育改革经验交流会，教育部副部长林蕙青出席会议并讲话。她强调要坚持目标导向和问题导向，全力以赴，持续努力，把深化高校创新创业教育改革推向深入，进一步提高人才培养质量，为服务创新驱动发展、促进大众创业万众创新提供更加有力的人才智力支撑。[⑤]

10月15日　国务院副总理刘延东在湖北调研时强调，要加快实施创新驱动发展战略，深化高校创新创业教育改革，促进学生全面发展，推动产学研

---

① 《扎实推进“双创”和“中国制造2025”　以创新驱动经济发展转型升级》，《人民日报》2016年10月14日，第3版。

② 《深入实施创新驱动发展战略　做大做强做优创业投资行业》，《人民日报》2016年10月15日，第4版。

③ 《青年要做大众创业万众创新的先锋》，《人民日报》2016年10月16日，第4版。

④ 《李克强主持召开国务院常务会议》，《人民日报》2016年10月15日，第3版。

⑤ 《教育部召开深化高校创新创业教育改革经验交流会》，《人民日报》2016年10月15日，第2版。

用结合，并接见“互联网+”大学生创新创业大赛获奖学生及相关人员代表。[①]

同日 “互联网+”大学生创新创业大赛总决赛在华中科技大学闭幕。教育部部长陈宝生出席闭幕式并讲话，指出中国“互联网+”大学生创新创业大赛是李克强总理亲自提议创办的全国性赛事，是“双创”活动周的一项重要活动。他强调，要把推动高校创新创业教育改革作为服务经济结构转型、发展动能转换的根本需要，作为培养应用型、创新型人才的必然要求，作为高等教育综合改革的突破口和重中之重，多点突破、纵深推进。[②]大赛于3月10日启动，以“拥抱‘互联网+’时代 共筑创新创业梦想”为主题。[③] 参赛项目分为创意组、初创组、成长组，共吸引2100多所高校、近12万个项目的55万名大学生直接参与，人数较首届比赛大幅增加。[④]

11月1日 人力资源和社会保障部、教育部联合印发《关于实施高校毕业生就业创业促进计划的通知》，提出要把有就业创业意愿的高校毕业生全部纳入就业创业促进计划；实施五大行动促进高校毕业生就业创业。该通知强调，要坚持促进就业和鼓励创业相结合，坚持政策引导和服务创新相结合，发挥政府、高校、社会等各方面的作用，建立健全促进高校毕业生就业创业的长效机制。[⑤]

同日 人社部、国家发改委等部门发布《关于开展东北等困难地区就业援助工作的通知》，指出自2016年第四季度至2017年底对东北等困难地区提供就业援助，促进重点群体就业创业，稳定东北等困难地区就业局势。[⑥]

11月3日 国务院总理李克强出席上海合作组织成员国政府首脑（总理）理事会第十五次会议并发表讲话。李克强针对当前世界形势的深刻变化，提出挖掘创新合作机遇的建议。他指出，中国深入实施创新驱动发展

---

① 《深化创新创业教育改革 全面提高人才培养质量》，《中国教育报》2016年10月16日，第1版。

② 《第二届中国“互联网+”大学生创新创业大赛落幕》，《中国青年报》2016年10月16日，第2版。

③ 《教育部关于举办第二届中国“互联网+”大学生创新创业大赛的通知》（教高函〔2016〕4号）。

④ 《第二届“互联网+”大学生创新创业大赛总决赛开幕》，《人民日报》2016年10月14日，第11版。

⑤ 《关于实施高校毕业生就业创业促进计划的通知》（人社部发〔2016〕100号）。

⑥ 《关于开展东北等困难地区就业援助工作的通知》（人社部发〔2016〕106号）。

战略，广泛开展大众创业、万众创新。中方愿与各国加强创新政策对接和经验交流，推动提高跨境电子商务通关便利化水平、增强物流保障能力，推动各方在环保技术创新、绿色经济等领域合作。①

11月7日 中共中央办公厅、国务院办公厅印发了《关于实行以增加知识价值为导向分配政策的若干意见》，要求加强科技成果产权对科研人员的长期激励；允许科研人员和教师依法依规适度兼职兼薪。②

11月19日 "创青春"全国大学生创业大赛在成都闭幕。2月18日，大赛正式启动，是中国规模最大、参赛作品最多的大学生创业赛事。8月28—30日，2016年"创青春"全国大学生创业大赛专项赛在四川绵阳举办。

11月20日 国务院总理李克强在第六次全国妇女儿童工作会议上提出，要着力促进妇女在共建共享中实现全面发展。我们要进一步为妇女广泛参与"双创"搭建平台，帮助妇女就业创业，促进女大学生充分就业，帮助困难妇女就业。③

11月21日 国务院总理李克强在上海主持召开深化简政放权放管结合优化服务改革座谈会。李克强指出，"放管服"改革是促进双创的重要举措，要围绕重点领域、关键环节继续加大放权力度，提升服务水平要在智能便捷、公平可及上下功夫。④

同日 国务院总理李克强在第九届全球健康促进大会开幕式上发表讲话，强调要推动创新合作，增强健康供给和服务能力，要推动健康领域的大众创业、万众创新，实施"互联网+健康"行动计划，促进健康新产业、新业态、新模式发展壮大。⑤

11月23日 国务院总理李克强主持召开国务院常务会议，决定再取消

---

① 《李克强出席上合组织成员国政府首脑（总理）理事会第十五次会议》，《人民日报》2016年11月4日，第1版。

② 《关于实行以增加知识价值为导向分配政策的若干意见》（厅字〔2016〕35号）。

③ 《李克强在第六次全国妇女儿童工作会议上的讲话》，《人民日报》2016年11月21日，第4版。

④ 《用更大的放更好的管更优的服　持续推动政府职能转变和释放发展潜能》，《人民日报》2016年11月23日，第4版。

⑤ 《李克强在第九届全球健康促进大会开幕式上的致辞》，《人民日报》2016年11月24日，第4版。

一批职业资格许可和认定事项，更加便利就业创业。[①]

11 月 30 日 2017 届全国普通高校毕业生就业创业工作网络视频会议在北京召开，教育部部长陈宝生出席会议并讲话，强调推动高校毕业生就业创业工作取得新进展，要推进大学生自主创业，深化高校人才培养改革。[②]会议指出，要围绕“一带一路”“长江经济带”“京津冀协同发展”等，向国家重点行业、重点地区、重大工程、重大项目输送毕业生。要建立毕业生求职意愿信息数据库和用人单位岗位需求信息数据库。[③]

12 月 5 日 国务院总理李克强在北京会见全国先进个体工商户代表并做重要讲话。李克强表示，党中央、国务院始终高度重视个体私营等非公有制经济发展，不断深化简政放权、放管结合、优化服务，大力推进商事制度改革，个体私营等非公有制经济发展又迎来新的巨大机遇。[④]

12 月 7—8 日 全国高校思想政治工作会议在北京举行。习近平总书记出席会议并发表重要讲话，强调我国高等教育肩负着培养德智体美全面发展的社会主义事业建设者和接班人的重大任务，必须坚持正确政治方向。高校立身之本在于立德树人。只有培养出一流人才的高校，才能够成为世界一流大学。[⑤]

12 月 14—16 日 中央经济工作会议在北京召开。会议强调，稳中求进工作总基调是治国理政的重要原则，也是做好经济工作的方法论，要始终贯彻好这个总基调。会议强调，要保护企业家精神，支持企业家专心创新创业。要坚持党的基本路线，充分调动各方面干事创业的积极性，形成推动科学发展的合力，扎实做好各项工作。深入实施创新驱动发展战略，广泛开展大众创业、万众创新，促进新动能发展壮大、传统动能焕发生机。[⑥]

12 月 16—18 日 2016 国际创新创业博览会在北京召开，这是我国举办的首个以双创为主题的国际博览会，展会期间评选出“2016 高职院校创新

---

① 《李克强主持召开国务院常务会议》，《人民日报》2016 年 11 月 25 日，第 1 版。

② 《综合施策推动高校毕业生就业创业工作取得新进展　2017 届全国普通高校毕业生就业创业工作网络视频会议召开》，《中国教育报》2016 年 12 月 1 日，第 1 版。

③ 《2017 届毕业生预计 795 万人》，《人民日报》2016 年 12 月 1 日，第 4 版。

④ 《积极投身创业创新　坚持守法诚信经营　为推动经济社会发展作出新贡献》，《人民日报》2016 年 12 月 6 日，第 1 版。

⑤ 《习近平谈治国理政》第 2 卷，外文出版社，2017，第 377 页。

⑥ 《中央经济工作会议在北京举行》，《人民日报》2016 年 12 月 17 日，第 1 版。

创业示范校”。博览会将就“一带一路”创新创业新契机、创新驱动发展战略的央企行动、劳模精神大国工匠与创新创业、智能汽车的市场机遇等主题开展论坛交流，以及系列双创活动。[①]

12月19日 “2016年大学生微创业行动成果发布会暨大学生微创业论坛”在北京举办。本届大学生微创业活动以“寻找互联网梦想+”为主题，通过微创业项目征集、百校协办、微创业大讲堂、微创业沙龙路演等活动，寻找好的微创业项目，给予大学生创业者资金扶持和微创业导师指导，鼓励大学生积极投身创业行动。[②]

12月23日 2016年全国高校实践育人暨创新创业现场推进会在吉林大学召开。[③] 教育部副部长沈晓明发表书面讲话，强调要把深化实践育人和创新创业教育作为贯彻落实全国高校思想政治工作会议精神的重要举措。本次会议为第二批“全国高校实践育人创新创业基地”入选的52家单位代表授牌。[④]

12月26日 李克强主持召开会议并审议通过了《西部大开发“十三五”规划》，他指出，西部开发根本上要依靠改革开放创新增强内生动力。多方调动人的积极性，鼓励大众创业、万众创新，依托“互联网+”等发展新技术、新产业、新业态、新模式。[⑤]

---

① 《首次国际创新创业博览会十二月举行》，《中国青年报》2016年10月21日，第1版。

② 《2016大学生微创业行动成果发布会举办——获奖项目分享百万微创业扶持资金》，《中国青年报》2016年12月20日，第1版。

③ 《教育部办公厅 人力资源社会保障部办公厅 国资委办公厅关于召开2016年全国高校实践育人暨创新创业现场推进会的通知》（教思政厅函〔2016〕42号）。

④ 《全国高校实践育人暨创新创业现场推进会召开》，《中国教育报》2016年12月29日，第3版。

⑤ 《增内生动力 促民生改善 在改革开放创新中推动西部持续健康发展》，《人民日报》2016年12月26日，第1版。

二〇一七年

1月4日 国务院总理李克强主持召开国务院常务会议，会议指出，必须创新政府管理、优化政府服务，营造包容支持创业创新和推动传统产业提质增效的制度环境。一方面，要适应新动能加速成长的需要，促进人才、技术、数据等创新要素合理流动和共享，加大对初创企业新技术、新产品、新服务的政府采购力度，建立产品和服务标准动态调整机制，完善符合新产业新业态用工特点的就业、社保等规定。另一方面，要积极运用新动能改造提升传统动能。在继续淘汰落后产能的同时，立足创新驱动，依托“中国制造2025”“互联网+”等推动传统产业迈向中高端，促进实体经济升级。通过大众创业、万众创新汇聚众智众力，使传统产业在与新动能融合中形成更加适应市场需求的新技术、新业态、新模式，提升产品和服务价值链，焕发新活力。①

1月9日 国家科学技术奖励大会在北京举行。党和国家领导人习近平、李克强、刘云山、张高丽出席大会并为获奖代表颁奖。李克强代表党中央、国务院在大会上讲话指出，要全面提高科技创新能力，筑牢国家核心竞争力的基石。瞄准前沿、紧扣需求和前瞻部署，推进国家科技重大项目、重大工程和重大基础设施建设。加强基础研究和原始创新，建立长期稳定的支持机制，鼓励科研人员潜心研究。建立以企业为主体、以市场为导向的技术创新机制，利用互联网等新平台新模式，集聚优化创新要素，提高科技创新和成果转化效率。同时强调，要推动科技创新成果向各行业各领域覆盖融合，促进新技术、新业态、新模式与第一、第二、第三产业融合发展，使传统产业焕发新的活力。要支持企业与高校、科研院所、创

① 《李克强主持召开国务院常务会议》，《人民日报》2017年1月5日，第1版。

客合作创新，着力提升“中国制造”的品质和“中国创造”的影响力。①

1月13—14日 全国教育工作会议在北京召开。教育部部长陈宝生在《办好中国特色社会主义教育 以优异成绩迎接党的十九大胜利召开》的工作报告中指出，将创新创业教育融入人才培养全过程，切实增强学生的创新精神、创业意识和创新创业能力。深入实施“拔尖计划”“科教结合协同育人计划”和系列卓越人才计划，全面推广协同育人有效模式。加强创新创业教育，推动高校完善创新创业课程体系。②

1月19日 国务院印发《国家教育事业发展“十三五”规划》，该文件作为近期我国教育改革发展的行动纲领和指导性文件，目标在于增加全民终身学习的机会，形成更加适应全民学习、终身学习的现代教育体系，完善现代职业教育体系，提升人才供给和高校创新能力，同时培养更多的创新型、复合型、应用型和技术技能型人才。强调积极发展“互联网+教育”，鼓励高等学校和职业学校依托优势学科专业开发具有竞争力的在线开放课程，制定在线开放课程教学质量评价标准和学分认定管理办法，将在线课程纳入培养方案和教学计划。在提高教育质量方面，提出要全面落实立德树人根本任务，全面实施素质教育，着力提升学生思想道德水平、社会责任感和法治意识，培养创新创业精神与能力，强化实践动手能力。③

1月21日 首届“创无止境”中英科技创新创业大赛在北京举行颁奖典礼，此次大赛由欧美同学会留英分会、中国科学院科技促进发展局以及中科院创新孵化投资有限公司联合主办，共历时3个月，征集项目1000多个，旨在搭建全球化创新创业网络与交流平台，促进科技成果产业化。④

1月24日 中办国办印发《关于进一步引导和鼓励高校毕业生到基层工作的意见》，要求多渠道开发基层岗位，为高校毕业生到基层工作搭建平台，鼓励高校毕业生到中小微企业就业，支持高校毕业生到基层创新创业。⑤

---

① 《中共中央国务院隆重举行国家科学技术奖励大会》，《人民日报》2017年1月10日，第1版。

② 陈宝生：《办好中国特色社会主义教育 以优异成绩迎接党的十九大胜利召开——2017年全国教育工作会议工作报告》，2017。

③ 《国务院关于印发国家教育事业发展“十三五”规划的通知》（国发〔2017〕4号）。

④ 《首届中英科技创新创业大赛颁奖》，《人民日报》2017年1月23日，第12版。

⑤ 《关于进一步引导和鼓励高校毕业生到基层工作的意见》（中办发〔2016〕79号）。

1月25日 国务院副总理刘延东在中央民族大学考察时强调，高校要全面贯彻落实全国高校思想政治工作会议精神，加强党的领导，围绕学生、关照学生、服务学生，创新完善人才培养的体制机制，引导学生创业创新、积极到基层就业。①

2月14日 《教育部2017年工作要点》指出，将进一步深化高校创新创业教育改革，认定一批示范高校，培育一批国家级示范基地，建成全国万名优秀创新创业导师人才库，办好第三届中国“互联网+”大学生创新创业大赛；积极做好高校毕业生就业创业工作，贯彻落实《关于进一步引导和鼓励高校毕业生到基层工作的意见》，全面启动实施“高校毕业生就业创业促进计划”；大力开拓城乡基层就业空间，鼓励毕业生到中西部地区、艰苦行业和中小微企业就业；继续组织实施“大学生村官”“三支一扶”“西部计划”“教师特岗计划”等中央基层就业项目，进一步向重点领域输送高校毕业生；深入推进大学生自主创业，推动各地各高校完善细化创新创业各项优惠政策。②

2月27日 中共中央国务院印发了《关于加强和改进新形势下高校思想政治工作的意见》，指出要强化社会实践育人，提高实践教学比重，组织师生参加社会实践活动，完善科教融合、校企联合等协同育人模式，加强实践教学基地建设，建立健全国家机关、企事业单位、社会团体接收大学生实习实训制度，开设创新创业教育专门课程。③

3月5日 国务院总理李克强在十二届全国人大五次会议上做《政府工作报告》，指出，近年来高校毕业生就业创业人数再创新高，发展新动能不断增强，随着创新驱动发展战略的深入实施，科技领域取得一批国际领先的重大成果。要强化创新引领，促使新动能快速成长。深入推进“互联网+”行动和国家大数据战略，全面实施“中国制造2025”，落实和完善“双创”政策措施。部署启动面向2030年的科技创新重大项目，支持北京、上海建设具有全球影响力的科技创新中心。依靠创新推动新旧动能转换和结构优化升级。持续推进大众创业、万众创新。新建一批“双创”示范基

---

① 《各族学生要做民族团结、立志报国的时代先锋》，《人民日报》2017年1月26日，第2版。

② 《关于印发〈教育部2017年工作要点〉的通知》（教政法〔2017〕4号）。

③ 《关于加强和改进新形势下高校思想政治工作的意见》（中发〔2016〕31号）。

地，鼓励大企业和科研院所、高校设立专业化众创空间，加强对创新型中小微企业的支持，打造面向大众的“双创”全程服务体系，使各类主体各展其长、线上线下良性互动，使小企业铺天盖地、大企业顶天立地，市场活力和社会创造力竞相迸发。①

4 月 5 日　国务院总理李克强主持召开国务院常务会议，会议强调要健全创新驱动发展体制机制，推广一批成熟的大众创业、万众创新模式和经验，推动产权保护举措落地，激发企业家精神、工匠精神，着力增强新动能成长动力；持续推进“双创”，发展创业载体，将符合条件的新业态企业纳入鼓励创业创新优惠政策和吸纳就业扶持政策范围。②

4 月 7 日　在北京正式启动第六届中国创新创业大赛。启动会上发布了《中国创新创业大赛行业分析报告》，大赛按照电子信息、互联网及移动互联网、生物医药、先进制造、新能源及节能环保、新材料 6 个领域，在 6 个不同城市进行总决赛。③

4 月 10—11 日　全国大学生创新创业峰会暨第十一届 KAB 创业教育年会在郑州召开。共青团中央、全国学联以国家实施创新驱动发展战略为指引，积极配合国家相关部委，广泛深入开展“大众创业、万众创新”。④

4 月 13 日　中共中央、国务院印发了《中长期青年发展规划（2016—2025 年)》，指出要办好青年创新创业大赛、展交会、博览会等创业品牌活动；着力培育服务青年创业的社会组织，建设专业化的服务队伍和服务实体；深入实施大学生创业引领计划，建立健全教学与实践相融合的高校创新创业教育体系，显著提升青年创新型人才培养质量。⑤

4 月 27 日　第七十一届联合国大会将每年的 4 月 21 日定为“世界创意和创新日”。确认创新对于每个国家发挥经济潜力至关重要，呼吁各国支持大众创业、万众创新，认为这将为各国实现经济增长、创造就业凝聚新动力，为包括妇女和青年在内的所有人创造新机遇。中国常驻联合国代表刘

---

① 《政府工作报告——2017 年 3 月 5 日在第十二届全国人民代表大会第五次会议上》，中华人民共和国中央人民政府网，http：//www. gov. cn。

② 《李克强主持召开国务院常务会议》，《人民日报》2017 年 4 月 6 日，第 1 版。

③ 《2017 年中国大众创业万众创新发展报告》，人民出版社，2018，第 35 页。

④ 《引导大学生投身“双创”浪潮》，《中国青年报》2017 年 4 月 18 日，第 T01 版。

⑤ 《中共中央国务院印发〈中长期青年发展规划（2016—2025 年）〉》，《人民日报》2017 年 4 月 14 日，第 1 版。

结一大使表示，中国政府深入贯彻“创新、协调、绿色、开放、共享”五大发展理念，将创新摆在国家发展全局核心位置，持续推进“大众创业、万众创新”，积极落实2030年可持续发展议程。①

4—12月 国家发改委会同中国科协继续开展“创响中国”活动。本届“创响中国”在全国范围内持续举办了21站活动，国家发改委会同中国科协，组建了创新创业工作指导团、导师人才团、科技咨询团、投资服务团、媒体宣传团等服务团队，根据地方实际需求，有针对性地组织相应服务团队，前往各地基层开展服务对接活动，主要包括政策行、导师行、科技行、投资行、宣传行。进一步推动创新创业工作在全国范围内取得实效。②

5月10日 全国就业创业工作暨2017年普通高等学校毕业生就业创业工作电视电话会议在北京召开。会议传达了国务院总理李克强关于促进就业创业的重要批示，会议指出，要深入实施就业优先战略和更加积极的就业政策，狠抓就业创业各项新举措，突出重点，精准施策，促进经济发展扩大就业，推动创业创新带动就业，突出抓好高校毕业生等重点群体就业，加强职业培训，提升就业能力，强化就业创业公共服务。③

5月11日 中国成都国际创业孵化峰会在四川省成都市召开。国务院总理李克强向峰会发去贺信，认为当前中国经济发展正处在新旧动能转换和经济结构升级的关键时期，我国将贯彻落实新发展理念，深入实施创新驱动发展战略，营造更好的创业孵化环境，深入推动大众创业万众创新，构建大中小企业跨界融合发展、资源与收益共享的新型产业生态，打造动力更加强劲的经济发展新引擎。中国愿与世界各国进一步加强合作，形成创新合力，为全球经济注入新动力。④

5月12日 工业和信息化部印发《关于举办2017年“创客中国”创新创业大赛的通知》。本次大赛共举办了12场区域赛和12场专题赛，吸引了众多细分行业的优质项目参与，数量达到5275个，比2016年增长了65%。

① 《第71届联合国大会一致通过决议 呼吁各国支持“大众创业、万众创新”》，《人民日报》2017年4月29日，第3版。

② 《2017年中国大众创业万众创新发展报告》，人民出版社，2018，第34页。

③ 《全国就业创业工作暨2017年普通高等学校毕业生就业创业工作电视电话会议召开》，《人民日报》2017年5月11日，第4版。

④ 《李克强向2017中国成都国际创业孵化峰会致贺信》，《人民日报》2017年5月12日，第1版。

充分发挥“创客中国”国家创新创业公共服务平台作用，着力打造为中小企业和创客提供交流展示、产融对接项目孵化的平台，推动中小微企业“上云”。[①]

5月24日 国务院总理李克强主持召开国务院常务会议，决定降低就业创业门槛提升职业水平。会议指出，2014年以来，针对原有职业资格设置缺乏法律法规依据、过多过滥等问题，国务院分七批取消了434项职业资格，占总数的70%以上，促进了大众创业、万众创新和就业。[②]

6月1日 国务院总理李克强在柏林与德国总理默克尔共同出席“中德论坛——共塑创新”并发表演讲。李克强强调，要推动大中小企业融通创新。德国“隐形冠军”企业众多，中国有数十万家科技型中小企业，大众创业万众创新蓬勃兴起。中方愿同德方搭建更多融通创新服务平台，提供全方位服务。加快各类中德产业聚集区建设，打造一批示范基地。中德都是经济全球化的积极参与者，我们要营造自由开放的贸易投资环境，推进双向开放、平等开放，为两国创新合作营造更加便利、公平的环境。完善政策支撑体系，整合资源，健全机制，加大投入力度，支持两国各类创新主体共建智能制造联盟、科技创新联盟、职教合作联盟。[③]

6月2日 共青团中央、教育部联合印发《关于加强和改进新形势下高校共青团思想政治工作的意见》，指出高校共青团要突出核心任务，强化网络育人，大力创新推动网络思想政治工作，推进网上共青团和网上学联建设，推进“青年之声”互动社交平台、“智慧团建”系统建设；强化服务育人，坚持将解决思想问题与解决实际问题紧密结合，促进大学生创新创业创优。[④]

同日 国务院总理李克强在布鲁塞尔埃格蒙宫与参加中国—欧盟中小企业合作对接会的代表互动交流。李克强表示，中小企业不仅是大众创业万众创新的重要依托，而且是创造就业的主要渠道。中国政府支持本国金

---

① 《关于举办2017年“创客中国”创新创业大赛的通知》（工信部企业函〔2017〕203号）。

② 《李克强主持召开国务院常务会议》，《人民日报》2017年5月25日，第1版。

③ 《李克强同德国总理默克尔共同出席“中德论坛—共塑创新”并发表演讲》，《人民日报》2017年6月2日，第2版。

④ 《团中央教育部合力加强高校共青团思想政治工作》，《人民日报》2017年6月6日，第6版。

融机构加快发展普惠金融，为中小企业提供更多融资便利和支持，帮助他们开辟更广阔的创新发展未来。①

6月7日 国务院总理李克强主持召开国务院常务会议，部署新建一批大众创业万众创新示范基地，推动体制机制创新和经济转型升级。会议确定，2017年在创业创新基础较好、特色明显、具备示范带动作用的地方、高校院所和企业再新建一批“双创”示范基地，形成覆盖全国各省级行政区、三次产业及新兴和传统产业、各类所有制市场主体，推动“双创”向更高层次和水平迈进。②

6月15日 2017年全球创新指数在瑞士日内瓦发布，中国位列第二十二位，创新质量位列第十六位，主要加分项来自国内市场体量、知识型员工、原创专利、高技术出口，以及原创工业设计等指标，在这些子项目上中国都排名第一。③

8月15日 习近平总书记给第三届中国“互联网+”大学生创新创业大赛“青年红色筑梦之旅”大学生回信：

> 得知全国150万大学生参加本届大赛，其中上百支大学生创新创业团队参加了走进延安、服务革命老区的“青年红色筑梦之旅”活动，帮助老区人民脱贫致富奔小康，既取得了积极成效，又受到了思想洗礼，我感到十分高兴。
>
> 延安是革命圣地，你们奔赴延安，追寻革命前辈伟大而艰辛的历史足迹，学习延安精神，坚定理想信念，锤炼意志品质，把激昂的青春梦融入伟大的中国梦，体现了当代中国青年奋发有为的精神风貌。
>
> 实现全面建成小康社会奋斗目标，实现社会主义现代化，实现中华民族伟大复兴，需要一批又一批德才兼备的有为人才为之奋斗。艰难困苦，玉汝于成。今天，我们比历史上任何时期都更接近实现中华民族伟大复兴的光辉目标。祖国的青年一代有理想、有追求、有担当，实现中华民族伟大复兴就有源源不断的青春力量。希望你们扎根中国

---

① 《搭建融通合作平台　赢得创新发展未来》，《人民日报》2017年6月3日，第3版。

② 《李克强主持召开国务院常务会议》，《人民日报》2017年6月8日，第1版。

③ 《全球创新指数中国排名再创新高》，《人民日报》2017年6月17日，第11版。

大地了解国情民情，在创新创业中增长智慧才干，在艰苦奋斗中锤炼意志品质，在亿万人民为实现中国梦而进行的伟大奋斗中实现人生价值，用青春书写无愧于时代、无愧于历史的华彩篇章。①

8月17日 教育部部长陈宝生主持召开党组会，传达学习习近平总书记给第三届中国“互联网+”大学生创新创业大赛“青年红色筑梦之旅”大学生重要回信精神，研究部署贯彻落实工作。会议强调，要充分认识总书记重要回信的深刻内涵和重大意义，自觉把思想和行动统一到回信精神上来，切实加强理想信念教育，全面提高人才培养能力，着力强化社会实践育人，深入推进高校创新创业教育改革。②

9月1日 教育部新修订的《普通高等学校学生管理规定》开始施行。③ 重新修订版本主要基于三个方面：一是贯彻落实党的十八大以来，以习近平同志为核心的党中央关于高等教育工作的新理念新思想新战略，突出立德树人根本任务；二是适应经济社会发展、高等教育改革的需要，体现促进创新创业、依法治校、提高质量等新要求；三是针对高校教育与管理的新变化，在总结实践经验、现实问题以及司法判例的基础上，修改、补充和完善相关制度，更有利于高校学生的管理和服务。新规指出，学校应当鼓励、支持和指导学生参加社会实践、创新创业活动，可以建立创新创业档案、设置创新创业学分。学生参加创新创业、社会实践等活动，以及发表论文、获得专利授权等与专业学习、学业要求相关的经历、成果，可以折算为学分，计入学业成绩。④

9月8日 教育部公布了2017年国家级大学生创新创业训练计划项目立项名单。经审核，共通过了36000项计划项目，其中，创新训练项目有29878项，创业训练项目有4124项，创业实践项目有1998项。⑤

---

① 《习近平总书记给第三届中国“互联网+”大学生创新创业大赛“青年红色筑梦之旅”的大学生的回信》，《人民日报》2017年8月16日，第1版。

② 《深入推进创新创业教育改革　全面提高高校人才培养能力》，《中国教育报》2017年8月19日，第1版。

③ 《新学期一系列教育新规落地》，《中国教育报》2017年9月1日，第1版。

④ 《普通高等学校学生管理规定》（教育部令第41号）。

⑤ 《教育部高等教育司关于公布2017年国家级大学生创新创业训练计划项目名单的通知》（教高司函〔2017〕40号）。

9月15日 2017年全国大众创业万众创新活动周正式启动，主题为"双创促升级，壮大新动能"。

9月20日 "盐商杯"第四届"创青春"中国青年创新创业大赛全国赛决赛暨颁奖典礼在陕西西安举行。本届大赛于今年4月初启动，共青团中央、中央网信办、工业和信息化部、人力资源和社会保障部、商务部、国务院扶贫办等共同主办第四届"创青春"中国青年创新创业大赛，全国8万余个创业项目、30万余名创业青年参加。①

9月23日 以"深化创新创业教育合作、成就未来一代青年梦想"为主题的"一带一路"大学创新创业教育校长论坛在西安举行。来自澳大利亚、埃及、法国、哈萨克斯坦、俄罗斯等42个国家和地区的172所大学的代表，共300余人参加了论坛。中外高校以本次论坛为平台，深入交流互鉴，深化高教合作，扩大互派留学生规模，提升合作办学水平，在更高层次、更大范围推进合作，同时积极构建长效机制，充分发挥各校文化优势、学科专业优势，积极探索国际协同育人新机制，建立起面向未来的创新创业教育共同体。②

同日 教育部在西安召开2017年度全国创新创业典型经验高校座谈会。会议指出，2017年创新创业总结宣传工作推选出的新一批50所创新创业典型经验高校，将创新创业教育与思想政治教育、专业教育紧密结合，将课堂教学和实践训练、创新和创业紧密结合。③

9月24日 中共中央办公厅、国务院办公厅印发《关于深化教育体制机制改革的意见》，指出要健全立德树人系统化落实机制。培养创新能力，激发学生好奇心、想象力和创新思维，养成创新人格，鼓励学生勇于探索、大胆尝试、创新创造。培养职业能力，引导学生适应社会需求，树立爱岗敬业、精益求精的职业精神，践行知行合一，积极动手实践和解决实际问题。要建立促进学生身心健康、全面发展的长效机制。切实加强和改进体育，改变美育薄弱局面，深入开展劳动教育，加强心理健康教育和国防教

① 《2017年中国大众创业万众创新发展报告》，人民出版社，2018，第35页。

② 《"一带一路"大学创新创业教育校长论坛在西安举行》，《中国教育报》2017年9月25日，第4版。

③ 《教育部召开2017年度全国创新创业典型经验高校座谈会》，教育部官网，http://www.moe.gov.cn。

育。同时，强调创新人才培养机制，促进高等教育内涵发展的体制机制。把创新创业教育贯穿人才培养全过程，建立健全学科专业动态调整机制，完善课程体系，加强教材建设和实训基地建设，完善学分制，实施灵活的学习制度，鼓励教师创新教学方法。深入推进协同育人，促进协同培养人才制度化。要深化科研体制改革，坚持以高水平的科研支撑高质量的人才培养。加大基础研究支持力度，大力开展有组织的科研活动，完善创新平台体系，建设相对稳定的高等学校基本科研队伍，深化技术转移和成果转化机制改革。①

10 月 18 日　习近平总书记在中国共产党第十九次全国代表大会上，代表第十八届中央委员会做了题为《决胜全面建成小康社会　夺取新时代中国特色社会主义伟大胜利》的报告。报告指出："激发和保护企业家精神，鼓励更多社会主体投身创新创业。建设知识型、技能型、创新型劳动者大军，弘扬劳模精神和工匠精神，营造劳动光荣的社会风尚和精益求精的敬业风气……创新是引领发展的第一动力，是建设现代化经济体系的战略支撑。要瞄准世界科技前沿，强化基础研究，实现前瞻性基础研究、引领性原创成果重大突破。加强应用基础研究，拓展实施国家重大科技项目，突出关键共性技术、前沿引领技术、现代工程技术、颠覆性技术创新，为建设科技强国、质量强国、航天强国、网络强国、交通强国、数字中国、智慧社会提供有力支撑。加强国家创新体系建设，强化战略科技力量。深化科技体制改革，建立以企业为主体、市场为导向、产学研深度融合的技术创新体系，加强对中小企业创新的支持，促进科技成果转化。倡导创新文化，强化知识产权创造、保护、运用。培养造就一大批具有国际水平的战略科技人才、科技领军人才、青年科技人才和高水平创新团队。"②

10 月 19 日　国务院总理李克强在参加党的十九大广西壮族自治区代表团讨论会中指出，要贯彻新发展理念，建设现代化经济体系，坚定实施报告提出的各项战略，坚持质量第一、效益优先，以推进供给侧结构性改革为主线，促进我国产业迈向全球价值链中高端，持续推进政府职能转变，

---

① 《中办国办印发〈关于深化教育体制机制改革的意见〉》，《人民日报》2017 年 9 月 25 日，第 1 版。

② 习近平：《决胜全面建成小康社会　夺取新时代中国特色社会主义伟大胜利——在中国共产党第十九次全国代表大会上的报告》，人民出版社，2017，第 30~32 页。

鼓励更多社会主体投身创新创业，更大激发市场活力和社会创造力，推动形成全面开放新格局，不断增强我国经济创新力和竞争力，努力实现更高质量、更有效率、更加公平、更可持续的发展。[①]

10月30日 习近平总书记在北京会见清华大学经济管理学院顾问委员会海外委员和中方企业家委员。习近平总书记指出，人才是创新的根基，是创新的核心要素。培养人才，根本要依靠教育。教育就是要培养中国特色社会主义事业的建设者和接班人，而不是旁观者和反对派。[②]

同日 国务院总理李克强主持召开国务院常务会议。会议指出，要依托工业互联网促进开放融通发展；推动三次产业、大中小企业跨界融通，支持中小企业业务系统向云端迁移，形成服务大众创业、万众创新的多层次公共平台；推动开放合作，鼓励国内外企业跨领域、全产业链紧密协作；简化认证、减少收费等，兼收并蓄，广揽人才，加大专业人才培养力度，推动发展智能、绿色的先进制造业。[③]

11月10日 由农业部主办的全国农村创业创新项目创意大赛总决赛在苏州落下帷幕，共有27个省（区、市）的3万多名选手参加省级选拔赛，共决出20个优秀项目，国务院副总理汪洋接见了大赛获奖选手。[④]

11月11日 亚太经合组织第二十五次领导人非正式会议在越南岘港举行。国家主席习近平出席并发表题为《携手谱写亚太合作共赢新篇章》的重要讲话，强调中国始终坚持就业优先，着力增强经济发展创造就业的能力，以创业带动就业，保障高校毕业生等重点群体就业，以教育培训提升劳动力素质，缓解结构性就业矛盾。[⑤]

11月13日 国务院总理李克强在马尼拉出席第二十次中国—东盟领导人会议并发表重要讲话。李克强指出，中方赞同将明年确定为“中国—东盟创新年”。中方将举办中国—东盟技术转移与创新合作大会、中国—东盟

---

① 《团结奋斗　真抓实干　夺取新时代中国特色社会主义伟大胜利》，《人民日报》2017年10月20日，第1版。

② 《习近平会见清华大学经济管理学院顾问委员会海外委员和中方企业家委员》，《人民日报》2017年10月31日，第1版。

③ 《李克强主持召开国务院常务会议》，《人民日报》2017年10月31日，第1版。

④ 《2017年中国大众创业万众创新发展报告》，人民出版社，2018，第35页。

⑤ 《习近平出席亚太经合组织第二十五次领导人非正式会议并发表重要讲话》，《人民日报》2017年11月12日，第1版。

青少年创新创业大赛等系列活动。[①]

11月23日 人力资源和社会保障部、中组部、教育部、财政部、共青团中央日前联合印发通知，共同启动实施《高校毕业生基层成长计划》，主要面向以各种形式在基层服务工作的高校毕业生，通过建立分层次、多渠道的基层优秀青年后备人才选拔体系，有计划、有重点地遴选一批基层管理人才、一批基层专业技术人才和一批基层创新创业人才。[②]

11月24日 中国工商业联合会第十二次全国代表大会在北京召开，中共中央、国务院在贺词中指出，要积极推动大众创业万众创新，更大程度激发市场活力和社会创造力，加快培育壮大经济发展新动能。[③]

11月27日 国务院印发《关于深化“互联网+先进制造业”发展工业互联网的指导意见》。指出当前互联网创新发展的基本形势是发达国家抢抓新一轮工业革命机遇，围绕核心标准、技术、平台加速布局工业互联网，构建数字驱动的工业新生态，各国参与工业互联网发展的国际竞争日趋激烈，加快建设和发展工业互联网，推动互联网、大数据、人工智能和实体经济深度融合，发展先进制造业，支持传统产业优化升级，具有重要意义。需按照“遵循规律，创新驱动；市场主导，政府引导；开放发展，安全可靠；系统谋划，统筹推进”几点原则，努力打造国际领先的工业互联网，促进大众创业万众创新和大中小企业融通发展，深入推进“互联网+”，形成实体经济与网络相互促进、同步提升的良好格局，有力推动现代化经济体系建设。到2025年，形成具备国际竞争力的基础设施和产业体系。覆盖各地区、各行业的工业互联网网络基础设施基本建成。工业互联网标识解析体系不断健全并规模化推广。形成3—5个达到国际水准的工业互联网平台。产业体系较为健全，掌握关键核心技术，供给能力显著增强，形成一批具有国际竞争力的龙头企业。基本建立起较为完备可靠的工业互联网安全保障体系。新技术、新模式、新业态大规模推广应用，推动两化融合迈上新台阶。[④]

---

① 《在第二十次中国—东盟领导人会议上的讲话》，《人民日报》2017年11月14日，第4版。

② 《关于印发高校毕业生基层成长计划的通知》（人社部发〔2017〕85号）。

③ 《中共中央、国务院致中国工商业联合会第十二次全国代表大会的贺词》，《人民日报》2017年11月25日，第4版。

④ 《关于深化“互联网+先进制造业”发展工业互联网的指导意见》，中华人民共和国中央人民政府网，http：//www.gov.cn。

同日 李克强在第六次中国—中东欧国家领导人会晤的讲话中提出，中方倡议实施“16+1 科技伙伴计划”，支持办好 16+1 创新合作大会，鼓励双方共建联合实验室、科技园，促进人员往来。中方欢迎中东欧企业参与“制造 2025”，鼓励有条件的“双创”示范基地与中东欧企业开展合作，打造 16+1 创业创新发展平台。①

12 月 1 日 国务院总理李克强在索契雷迪森会议中心出席上海合作组织成员国政府首脑（总理）理事会第十六次会议并发表讲话，中方计划明年举行上合组织成员国青年创新创业大赛，鼓励青年一代积极投身创新创业，希望各方积极参与。②

同日 教育部颁布《关于做好 2018 届全国普通高等学校毕业生就业创业工作的通知》，强调要把创新创业教育改革作为高等教育综合改革的重要突破口，深化高校创新创业教育改革，着力培养学生的创新精神和创造能力。要落实创新创业优惠政策，为毕业生创新创业开辟“绿色通道”。要加快发展众创空间，提升创新创业服务保障能力，以多种形式扶持大学生自主创业。③

12 月 6 日 2018 届全国普通高校毕业生就业创业工作网络视频会议在北京召开，教育部党组成员、副部长林蕙青强调，要切实抓好 5 项工作：一要唱响基层就业“主旋律”，积极引导毕业生到基层一线就业创业；二要服务国家需求“大舞台”，引导毕业生到高技术产业、战略性新兴产业等新兴领域就业创业；三要汇聚创新创业“新动能”，加大对大学生创新创业的场地、资金、服务等方面的投入力度；四要下好统筹联动“一盘棋”，运用好社会资源开展协同育人；五要打造服务保障“新格局”，广泛应用“互联网+就业”新模式，开展精准就业对接。④

12 月 19 日 国务院办公厅印发《关于深化产教融合的若干意见》（以下简称《意见》），指出深化产教融合，促进教育链、人才链与产业链、创

---

① 《在第六次中国—中东欧国家领导人会晤上的讲话》，《人民日报》2017 年 11 月 29 日，第 2 版。

② 《在上海合作组织成员国政府首脑（总理）理事会第十六次会议上的讲话》，《人民日报》2017 年 12 月 2 日，第 3 版。

③ 《关于做好 2018 届全国普通高等学校毕业生就业创业工作的通知》（教学〔2017〕11 号）。

④ 《明年将有 820 万大学生毕业》，《人民日报》2017 年 12 月 8 日，第 11 版。

新链有机衔接，是当前推进人力资源供给侧结构性改革的迫切要求。《意见》明确指出，要同步规划产教融合与经济社会发展，将教育优先、人才先行融入各项政策；统筹职业教育与区域发展布局，引导职业教育资源逐步向产业和人口集聚区集中；促进高等教育融入国家创新体系和新型城镇化建设；建立紧密对接产业链、创新链的学科专业体系；健全需求导向的人才培养结构调整机制，强化就业市场对人才供给的有效调节，严格实行专业预警和退出机制。《意见》提出，鼓励企业依法参与举办职业教育、高等教育，坚持准入条件透明化、审批范围最小化。深化“引企入教”改革，支持引导企业深度参与职业学校、高等学校教育教学改革。支持校企合作开展生产性实习实训，鼓励企业直接接收学生实习实训。以企业为主体推进协同创新和成果转化，加快基础研究成果向产业技术转化。发挥骨干企业引领作用，带动中小企业参与，支持有条件的国有企业继续办好做强职业学校。《意见》要求，要推进产教融合人才培养改革，将工匠精神培育融入基础教育。推进职业学校和企业联盟、与行业联合、同园区联结，健全高等教育学术人才和应用人才分类培养体系，为学生提供多样化成长路径。强化行业协调指导，规范发展市场服务组织，打造信息服务平台，健全社会第三方评价，促进产教供需双向对接。要利用市场合作和产业分工，构建校企利益共同体，形成稳定互惠的合作机制，促进校企紧密联结。①

12月28日 教育部思政司、人社部就业促进司、国务院国资委综合局联合召开“2017年全国高校实践育人暨创新创业现场推进会”。会议强调，加强和改进新时代高校实践育人工作，要深入学习贯彻习近平新时代中国特色社会主义思想和党的十九大精神，进一步把贯彻落实全国高校思政会精神引向深入；要坚持正确导向，切实把工作的重音落在“育”字上，着力打通实践育人“最后一公里”；要丰富实践内涵，坚持以习近平新时代中国特色社会主义思想为指导，不断提高实践育人工作科学化水平；要强化示范引领，推进改革创新，充分发挥各示范基地的辐射带动作用，努力推动实践育人迈上新台阶。②

---

① 《国务院办公厅关于深化产教融合的若干意见》（国办发〔2017〕95号）。

② 《2017年全国高校实践育人暨创新创业现场推进会在上海召开》，教育部官网，http://www.moe.gov.cn/jyb_xwfb/gzdt_gzdt/s5987/201712/。

12月29日 深入学习贯彻党的十九大精神做好新时代工商和市场监管工作座谈会在北京召开。国务院总理李克强做出重要批示：新形势下，要全面深入贯彻党的十九大精神，以习近平新时代中国特色社会主义思想为指导，着力推动监管创新，完善综合执法，优化工商、市场监管等各类直接面向市场主体的政府服务，更有效维护公平竞争的市场秩序，更有力激发大众创业、万众创新的深厚潜力，更好满足人民群众对美好生活的新期待。①

12月 《2017年中国大众创业万众创新发展报告》统计显示，截至2017年，首批28家“双创”示范基地落成，国务院办公厅印发《关于建设第二批大众创业万众创新示范基地的实施意见》，积极推进第二批“双创”示范基地建设，明确了第二批共92个双创示范基地，包括北京市顺义区等45个区域示范基地，北京大学、中国科学院西安光学精密机械研究所等26个高校和科研院所示范基地，中国航空工业集团公司等21个企业示范基地；全国纳入火炬统计的众创空间超过5700家，提供工位数超过105万个，同比增长36%；当年服务的创业团队和初创企业超过41万个，同比增长52%，当年新注册企业超过8.7万家，同比增长22%。举办的各类创业活动和创业培训超过25万场，认定了200所深化创新创业教育改革示范高校，并给予经费支持，对5万名职业学校应用型本科高校教师开展“双创”教育培训，各地创业培训机构全年完成创业师资培训班230余期，共派遣创业培训师6460余人次，培训合格创业培训讲师7000余人，全国创业培训讲师累计6万余人。②

---

① 《打造良好的营商环境　更有效维护公平竞争的市场秩序》，《人民日报》2017年12月30日，第4版。

② 《2017年中国大众创业万众创新发展报告》，人民出版社，2018，第26、52页。

二〇一八年

1月8日 国家科学技术奖励大会在北京召开。国务院总理李克强指出，要牢牢把握新一轮世界科技革命和产业变革机遇，深入实施创新驱动发展战略，凝聚起更为强大、更为持久的科技创新力量。加强国家创新体系建设，促进企业成为技术创新主体，充分调动科研人员的积极性、创造性，关键是深化科技体制改革。①

1月9日 国务院副总理刘延东出席科技工作座谈会时强调，要全面贯彻党的十九大精神，以习近平新时代中国特色社会主义思想为指导，把握新时代科技创新战略定位，实施创新驱动发展战略，强化使命担当，以创新支撑引领经济社会发展和现代化经济体系建设，为加快建设创新型国家和科技强国不懈奋斗。②

1月22日 国务院总理李克强主持召开座谈会，听取专家学者和企业界人士对《政府工作报告（征求意见稿）》的意见建议。李克强指出，各级政府要依托“互联网+”打造社会化的创新服务平台，链接社会各类资源形成创新合力。③

1月23日 全国教育工作会议召开。教育部部长陈宝生在讲话中指出，实施高校创新创业教育“燎原”计划，推动高校创新创业教育向纵深发展。2018年，要在更大范围、更高层次、更深程度组织“青年红色筑梦之旅”

---

① 《在国家科学技术奖励大会上的讲话》，《人民日报》2018年1月9日，第2版。

② 《奋力谱写建设创新型国家和科技强国新篇章》，《人民日报》2018年1月11日，第3版。

③ 《李克强主持召开专家学者和企业界人士座谈会》，《人民日报》2018年1月24日，第1版。

活动，引导学生深入基层了解国情民情，不断提高创新创业能力。①

1月31日 国务院印发《关于全面加强基础科学研究的若干意见》，要求全面贯彻党的十九大精神，以习近平新时代中国特色社会主义思想为指导，深入实施科教兴国战略、创新驱动发展战略，充分发挥科学技术作为第一生产力的作用，充分发挥创新作为引领发展第一动力的作用。②

2月26日 中共中央办公厅、国务院办公厅印发了《关于分类推进人才评价机制改革的指导意见》，基本原则是坚持党管人才，坚持服务发展，坚持科学公正，坚持改革创新。具体内容包括分类健全人才评价标准，改进和创新人才评价方式，加快推进重点领域人才评价改革，健全完善人才评价管理服务制度。③

2月28日 中国共产党第十九届中央委员会第三次全体会议通过了《中共中央关于深化党和国家机构改革的决定》，明确指出，加快要素价格市场化改革，鼓励更多社会主体投身创新创业。④

3月5日 国务院总理李克强在第十三届全国人民代表大会第一次会议上做了《政府工作报告》，指出要坚持创新引领发展，着力激发社会创造力，整体创新能力和效率显著提高。推进全面创新改革试验，深入开展大众创业、万众创新，加强国家创新体系建设。⑤

同日 在第十三届全国人民代表大会第一次会议上，国家发改委发布《关于2017年国民经济和社会发展计划执行情况与2018年国民经济和社会发展计划草案的报告》。2017年国民经济和社会发展计划执行情况包括，大力实施创新驱动发展战略，经济发展新动能加速成长。着力推进创新型国家建设，创新引领发展的第一动力作用进一步增强。对2018年经济社会发展主要任务的建议包括，加快建设创新型国家，深入实施创新驱动发展战

---

① 《教育部党组书记、部长陈宝生：在全国教育工作会议上的讲话》，《中国教育报》2018年2月7日，第3版。

② 《国务院印发〈意见〉全面加强基础科学研究》，《人民日报》2018年2月1日，第2版。

③ 《中办国办印发〈关于分类推进人才评价机制改革的指导意见〉》，《人民日报》2018年2月27日，第3版。

④ 《中共中央关于深化党和国家机构改革的决定》，《人民日报》2018年3月5日，第3版。

⑤ 《政府工作报告——二〇一八年三月五日在第十三届全国人民代表大会第一次会议上》，《人民日报》2018年3月23日，第3版。

略，进一步健全创新激励制度，不断提升企业创新力和产业竞争力。①

3月21日 国务院总理李克强主持召开国务院常务会议，确定《政府工作报告》重点任务分工。会议指出，国务院各部门、各单位要坚持新发展理念，围绕推动高质量发展，着力深化改革开放，紧抓创业创新培育新动能，在保障和改善民生上多下硬功夫。②

3月28日 教育部等五部门印发《教师教育振兴行动计划（2018—2022年）》。该计划提出了当前和今后一段时期教师教育振兴发展的目标任务和十大行动。十大行动是计划的主体部分，具体包括师德养成教育全面推进行动、教师培养层次提升行动、乡村教师素质提高行动、师范生生源质量改善行动、"互联网+教师教育"创新行动、教师教育改革实验区建设行动、高水平教师教育基地建设行动、教师教育师资队伍优化行动、教师教育学科专业建设行动和教师教育质量保障体系构建行动。③

4月2日 由人社部联合国家发改委、科技部、共青团中央、中国残联举办的第三届"中国创翼"创业创新大赛拉开帷幕。本届大赛主题为"创响新时代，共圆中国梦"。④

4月4日 国务院总理李克强主持召开国务院常务会议，会议指出，留学回国人员是国家宝贵人才资源，是大众创业、万众创新的重要力量。确定支持留学回国人员创业创新措施，更大力度吸引人才。一是进一步简化落户、子女入学等证明和办理手续。二是落实留学回国人员创业优惠政策，支持知识产权抵押贷款等创业融资。三是建立普惠式公共服务体系，全方位支持留学回国人员初创企业发展。⑤

4月10日 《教育部关于印发〈高等学校人工智能创新行动计划〉的通知》指出，到2020年，基本完成适应新一代人工智能发展的高校科技创新体系和学科体系的优化布局。到2025年，高校在新一代人工智能领域的科技创新能力和人才培养质量显著提升，取得一批具有国际重要影响的原创

---

① 《关于2017年国民经济和社会发展计划执行情况与2018年国民经济和社会发展计划草案的报告》，《人民日报》2018年3月24日，第4版。

② 《李克强主持召开国务院常务会议》，《人民日报》2018年3月22日，第1版。

③ 《教师教育振兴行动计划实施》，《中国青年报》2018年3月29日，第4版。

④ 《第三届"中国创翼"创业创新大赛开幕》，《人民日报》2018年4月3日，第9版。

⑤ 《李克强主持召开国务院常务会议》，《人民日报》2018年4月5日，第1版。

成果。到 2030 年，高校成为建设世界主要人工智能创新中心的核心力量和引领新一代人工智能发展的人才高地，为我国跻身创新型国家前列提供科技支撑和人才保障。①

同日 教育部会同国家发改委、工业和信息化部、财政部、人力资源和社会保障部、国家税务总局制定了《职业学校校企合作促进办法》。这是落实十九大报告中关于“深化产教融合、校企合作”要求的一份方向性、基础性、全局性行动指南。②

4 月 11 日 国家主席习近平在海南省博鳌同出席博鳌亚洲论坛 2018 年年会的中外企业家代表座谈。习近平强调，我们对中国经济的前景是乐观的。方向决定道路，道路决定命运，中国现在的大方向就是实现“两个一百年”奋斗目标。我们走的道路是中国特色社会主义道路，是坚持改革开放的道路。我们对未来充满信心。我们要加满油、把稳舵、鼓足劲，付出异乎寻常的努力，推动新时代中国经济由高速增长转向高质量发展，从量的扩张转向质的提升，从“有没有”转向“好不好”。中国的改革只有进行时，没有完成时。我们要扩大对外开放不停步，我们改革的步伐不会停歇，开放的大门不会关闭。我们要让制度更加成熟定型，让发展更有质量，让治理更有水平，让人民更有获得感、幸福感、安全感。我们要坚定不移发展开放型世界经济，为亚洲和世界发展做出中国贡献，欢迎搭乘中国经济快车，分享中国改革、开放、发展的成果。中国将为国内外企业家投资创业营造更加宽松有序的环境。希望各国企业家在中国改革开放新征程中施展更大作为，得到更大发展。③

4 月 13 日 教育部部长陈宝生应邀出席在香港大学举办的 C9 联盟暨香港大学中国研究型高校 2018 研讨会开幕式并致辞。陈宝生指出，内地高水平大学和以香港大学为代表的香港高校要做出表率，用知识体系“教”，用价值体系“育”，用创新体系“做”，围绕“一带一路”倡议、粤港澳大湾

---

① 《教育部印发〈高等学校人工智能创新行动计划〉》，《中国青年报》2018 年 4 月 11 日，第 4 版。

② 《制度创新打出校企合作“组合拳”》，《中国教育报》2018 年 4 月 10 日，第 9 版。

③ 《习近平同出席博鳌亚洲论坛 2018 年年会的中外企业家代表座谈》，《人民日报》2018 年 4 月 12 日，第 1 版。

区建设等国家重大发展战略，培养卓越人才，为实现中国梦做出更新更大贡献。[①]

同日 庆祝海南建省办经济特区30周年大会在海南省人大会堂举行。习近平总书记指出："海南要坚决贯彻新发展理念，建设现代化经济体系，在推动经济高质量发展方面走在全国前列。"[②] 要支持海南大学创建世界一流学科，鼓励国内知名高校和研究机构在海南设立分支机构，鼓励海南引进境外优质教育资源，举办高水平中外合作办学机构和项目，支持海南开展国际人才管理改革试点，允许外籍和港澳台地区技术技能人员按规定在海南就业、永久居留，允许在中国高等院校获得硕士及以上学位的优秀外国留学生在海南就业创业。要支持海南确立吸引外国高技术人才的管理制度，构建更加开放的引才机制，让各类人才在海南各尽其用、各展其才。[③]

4月18日 国务院总理李克强主持召开国务院常务会议，确定推行终身职业技能培训制度的政策措施，提高劳动者素质、促进高质量发展；决定对职务科技成果转化获得的现金奖励实行个人所得税优惠，使创新成果更好地服务发展和民生。会议指出，对高校毕业生、新生代农民工等重点群体广泛开展就业创业技能培训。促进职业技能培训与学历教育相互衔接，健全以职业能力为导向的人才评价、技能等级等制度。用更加优质高效的职业技能培训，打造素质高、创新力强的产业工人队伍。[④]

4月22日 共青团中央中国特色社会主义理论体系研究中心在北京举办"习近平新时代中国特色社会主义思想暨党的群众工作创新"研讨会。活动以"弄潮新时代·创新创业行"为主题，旨在深入实施《中长期青年发展规划（2016—2025年）》和"大学生创业引领计划"，进一步发挥团学组织在实践育人、文化育人、服务育人等方面的优势，完善大学生创新创业的交流和教育平台，在大学生群体中激发和保护企业家精神，鼓励大学

---

① 《陈宝生出席C9联盟暨香港大学中国研究型高校2018研讨会开幕式》，《中国教育报》2018年4月14日，第1版。

② 习近平：《在庆祝海南建省办经济特区30周年大会上的讲话》，人民出版社，2018，第14页。

③ 《党中央支持海南全面深化改革开放　争创新时代中国特色社会主义生动范例》，《人民日报》2018年4月14日，第1版。

④ 《李克强主持召开国务院常务会议》，《人民日报》2018年4月19日，第1版。

生投身创新创业，促进大学生服务国家创新驱动发展战略，建功新时代。①

4月25日 国务院总理李克强主持召开国务院常务会议，决定再推出7项减税措施，支持创业创新和小微企业发展；部署对银行普惠金融服务实施监管考核，确保今年实体经济融资成本下降。降低创业创新成本、增强小微企业发展动力、促进扩大就业。②

4月26日 习近平总书记在武汉主持召开深入推动长江经济带发展座谈会并发表重要讲话。他强调："推动长江经济带发展，关键是要正确把握整体推进和重点突破、生态环境保护和经济发展、总体谋划和久久为功、破除旧动能和培育新动能、自身发展和协同发展等关系，坚持新发展理念，坚持稳中求进工作总基调，加强改革创新、战略统筹、规划引导，使长江经济带成为引领我国经济高质量发展的生力军。"③

5月2日 在五四青年节和北京大学建校120周年校庆日即将来临之际，习近平总书记到北京大学考察，代表党中央，向北京大学全体师生员工和海内外校友、全国各族青年、全国青年工作者致以节日的问候。他强调，大学要瞄准世界科技前沿，加强对关键共性技术、前沿引领技术、现代工程技术、颠覆性技术的攻关创新。要下大气力组建交叉学科群和强有力的科技攻关团队，加强学科之间协同创新，加强对原创性、系统性、引领性研究的支持。要培养造就一大批具有国际水平的战略科技人才、科技领军人才、青年科技人才和高水平创新团队，力争实现前瞻性基础研究、引领性原创成果的重大突破。建设社会主义现代化强国，发展是第一要务，创新是第一动力，人才是第一资源。希望广大青年珍惜大好学习时光，求真学问，练真本领，更好为国争光、为民造福。④

同日 国务院总理李克强主持召开国务院常务会议，并通过了《人力资源市场暂行条例（草案）》。会议指出，落实中央经济工作会议部署和《政府工作报告》任务，深化"放管服"改革，解决营商环境中存在的企业开办和工程建设项目审批效率低、环节多、时间长等问题，有利于降低制度性交易成本、激发大众创业万众创新活力。建设统一开放、竞争有序的

① 《2018年大学生创新创业峰会举办》，《中国青年报》2018年4月24日，第1版。
② 《李克强主持召开国务院常务会议》，《人民日报》2018年4月26日，第1版。
③ 习近平：《在深入推动长江经济带发展座谈会上的讲话》，人民出版社，2018，第7页。
④ 《在北京大学师生座谈会上的讲话》，《人民日报》2018年5月3日，第2版。

人力资源市场，更好地服务就业创业和高质量发展。①

5 月 7 日 国务院总理李克强在雅加达与印尼副总统卡拉共同出席中国—印尼工商峰会并发表主旨演讲。李克强表示，近年来，中国发展新动能茁壮成长，大众创业、万众创新广泛开展。目前，新动能对经济增长的贡献率超过 30%，对新增就业的贡献率达到 70%左右。②

5 月 10 日 2018 年中国品牌日活动在上海拉开帷幕。国务院总理李克强就加强品牌建设做出重要批示：新形势下，各地区、各部门要以习近平新时代中国特色社会主义思想为指导，以大众创业、万众创新和“互联网+”汇聚各方面力量，瞄准人民群众的新需要和不断升级的市场需求，着力增品种、提品质、创品牌，弘扬企业家精神和工匠精神，使更多中国品牌伴随中国制造走向世界、享誉世界。③

5 月 20 日 全国普通高等学校毕业生就业创业工作电视电话会议在北京召开。国务院总理李克强做出重要批示。批示指出：促进高校毕业生就业创业，关系基本民生，也是加快创新型国家建设的重要支撑。2018 年高校毕业生人数再创新高，达 820 万人，促进就业任务更为繁重。各地区、各部门要以习近平新时代中国特色社会主义思想为指导，认真贯彻党中央、国务院决策部署，把落实好就业优先战略和积极就业政策放在突出位置，认真细致地做好就业创业服务，大力拓宽毕业生就业渠道。进一步深化“放管服”改革，通过营造更好的营商环境，打造大众创业、万众创新升级版，促进新产业新业态等新动能加快成长，创造更多适应毕业生特点和成才需要的管理型、智能型、技术型高质量就业岗位，充分释放他们的创新潜能和创造活力。各方面形成合力，千方百计保持高校毕业生就业水平总体稳定，为促进高质量发展和民生改善做出更大贡献。会议强调，要坚持就业优先战略和积极的就业政策，抓住主要矛盾，突出工作重点，确保高校毕业生就业形势总体平稳。落实支持创业创新、小微企业、基层就业的各项政策，加大对就业困难毕业生的政策倾斜力度。推进人力资源市场建

---

① 《李克强主持召开国务院常务会议》，《人民日报》2018 年 5 月 3 日，第 3 版。

② 《李克强出席中国—印尼工商峰会并发表主旨演讲》，《人民日报》2018 年 5 月 8 日，第 2 版。

③ 《瞄准人民群众的新需要和不断升级的市场需求　着力增品种提品质创品牌》，《人民日报》2018 年 5 月 11 日，第 2 版。

设，整治侵害高校毕业生就业权益的各种违法违规行为，营造良好就业环境。加强和改进服务，实施好高校毕业生就业创业促进计划，加强专项职业技能培训，做好实名制就业管理和服务，提升高校毕业生就业创业能力。①

5月28日 习近平总书记在中国科学院第十九次院士大会、中国工程院第十四次院士大会上发表讲话："创新之道，唯在得人。得人之要，必广其途以储之。要营造良好创新环境，加快形成有利于人才成长的培养机制、有利于人尽其才的使用机制、有利于竞相成长各展其能的激励机制、有利于各类人才脱颖而出的竞争机制，培植好人才成长的沃土，让人才根系更加发达，一茬接一茬茁壮成长。要尊重人才成长规律，解决人才队伍结构性矛盾，构建完备的人才梯次结构，培养造就一大批具有国际水平的战略科技人才、科技领军人才、青年科技人才和创新团队。要加强人才投入，优化人才政策，营造有利于创新创业的政策环境，构建有效的引才用才机制，形成天下英才聚神州、万类霜天竞自由的创新局面！"②

5月29日 国务院总理李克强在中国科学院第十九次院士大会和中国工程院第十四次院士大会上做经济社会发展形势报告，李克强指出，人力人才资源是中国发展的最大优势。要坚持就业优先，优化就业创业服务，扎实做好高校毕业生、农民工等重点群体就业工作。③

6月1日 由教育部、商务部、无锡市人民政府联合主办的第九届中国大学生服务外包创新创业大赛在江南大学落下帷幕。服创大赛围绕"服务经济、信息技术、创意创新产业、应用导向和产学互动"主题，旨在为大学生创新项目提供展示平台和孵化机会，为服务外包产业提供优质人才支撑。④

6月6日 第十届海峡论坛在厦门举行。全国政协主席汪洋出席论坛开幕式并致辞。汪洋指出，我们欢迎更多台湾同胞参与到两岸大交流中来，

---

① 《认真细致做好就业创业服务　创造更多高质量就业岗位　保持高校毕业生就业水平总体稳定》，《人民日报》2018年5月25日，第3版。

② 习近平：《在中国科学院第十九次院士大会、中国工程院第十四次院士大会上的讲话》，人民出版社，2018，第19~20页。

③ 《发挥好人力人才资源优势　促进产业迈向中高端　努力实现高质量发展》，《人民日报》2018年5月31日，第1版。

④ 《中国大学生服务外包创新创业大赛闭幕》，《中国教育报》2018年6月2日，第2版。

将认真落实惠及两岸同胞的各项政策措施，扩大两岸民众的受益面和获得感，尤其要为两岸基层民众、青年创业就业提供更多机会。①

6 月 21 日 国家主席习近平在钓鱼台国宾馆会见来华出席“全球首席执行官委员会”特别圆桌峰会的知名跨国企业负责人，并同他们座谈交流。习近平强调，中国将继续大幅度放宽市场准入，继续创造更具吸引力的投资环境，加强知识产权保护，主动扩大进口，为国内外企业家投资创业营造更加宽松有序的环境。②

6 月 22—24 日 2018 中国创新创业成果交易会在广州举行。超过 1000 项科技创新成果尤其是 18 个院士专家团队带来的 25 个重大科技成果，为国内外观众献上了一场科技盛宴。③

6 月 27 日 国务院总理李克强主持召开国务院常务会议，会议指出，按照党中央、国务院部署，深入实施乡村振兴战略，更大发挥市场作用，依托“互联网+”发展各种专业化社会服务，促进农业生产管理更加精准高效，使亿万小农户与瞬息万变的大市场更好对接，对推动农业提质增效、拓宽农民新型就业和增收渠道意义重大。④

6 月 28 日 国务院召开全国深化“放管服”改革转变政府职能电视电话会议。国务院总理李克强指出，过去五年，在以习近平同志为核心的党中央坚强领导下，各级政府始终抓住“放管服”改革这个牛鼻子，对促进创业创新、稳增长保就业发挥了关键支撑作用，让企业和群众有了更多获得感，成为促进经济稳中向好的关键一招。⑤

7 月 2 日 习近平总书记在中南海同共青团中央新一届领导班子成员集体谈话并发表重要讲话，他强调，青年一代有理想、有本领、有担当，国家就有前途、民族就有希望。代表广大青年、赢得广大青年、依靠广大青年是我们党不断从胜利走向胜利的重要保证。中华民族伟大复兴的中国梦终将在一代代青年的接力奋斗中变为现实。新时代的青年工作要毫不动摇

---

① 《第十届海峡论坛在厦门举行》，《人民日报》2018 年 6 月 7 日，第 2 版。

② 《习近平会见出席“全球首席执行官委员会”特别圆桌峰会外方代表并座谈》，《人民日报》2018 年 6 月 22 日，第 1 版。

③ 《一批科技成果亮相 2018“创交会”》，《人民日报》2018 年 7 月 2 日，第 18 版。

④ 《李克强主持召开国务院常务会议》，《人民日报》2018 年 6 月 28 日，第 1 版。

⑤ 《持续深化“放管服”改革 推动政府职能深刻转变 优化发展环境 最大限度激发市场活力》，《人民日报》2018 年 6 月 29 日，第 2 版。

坚持党的领导，坚定不移走中国特色社会主义群团发展道路，紧紧围绕、始终贯穿为实现中国梦而奋斗的主题，让广大青年敢于有梦、勇于追梦、勤于圆梦。①

7月16日 第十一届中英创业大赛在伦敦正式启动，此次大赛由中英企业家基金提供500万英镑资金，用于扶持中英两国高科技领域创新企业，为两国的创新创业提供助力。②

8月2日 亚太青年领导力与创新创业论坛在北京开幕，来自30多个国家和地区的300多位青年就青年影响力、新技术对青年的影响、可持续发展目标的实现等议题展开讨论。③

同日 退役军人事务部等军地12个部门联合印发《关于促进新时代退役军人就业创业工作的意见》，指出退役军人是重要的人力资源，是建设中国特色社会主义的重要力量。促进退役军人就业创业，对于更好实现退役军人自身价值、助推经济社会发展、服务国防和军队建设都具有重要意义。④

8月1—3日 由联合国开发计划署与中华全国青年联合会共同主办的亚太青年领导力与创新创业论坛在北京举行。来自30多个国家的300多名政府官员、联合国代表、研究人员和青年创业者共商如何用实际行动落实联合国2030年可持续发展议程中的各项目标。⑤

8月14日 2018年"挑战杯——彩虹人生"全国职业学校创新创效创业大赛决赛在南京江宁体育中心开幕。来自全国近300所职业学校的2000余名师生代表共同参加了开幕式。⑥

8月23日 首届中国国际智能产业博览会在重庆市开幕，本次会议以"智能化：为经济赋能，为生活添彩"为主题，国家主席习近平向会议致贺信强调，中国高度重视创新驱动发展，坚定贯彻新发展理念，加快推进数

① 《代表广大青年赢得广大青年依靠广大青年 让广大青年敢于有梦勇于追梦勤于圆梦》，《人民日报》2018年7月3日，第1版。

② 《第十一届中英创业大赛助力两国创新创业》，《人民日报》2018年7月18日，第21版。

③ 《亚太青年领导力与创新创业论坛开幕》，《中国青年报》2018年8月3日，第2版。

④ 《大力扶持退役军人就业创业》，《人民日报》2018年8月3日，第4版。

⑤ 《青年"双创"助力亚太地区发展》，《人民日报》2018年8月4日，第3版。

⑥ 《2018年"挑战杯——彩虹人生"全国职业学校创新创效创业大赛决赛开幕》，《中国青年报》2018年8月16日，第3版。

字产业化、产业数字化，努力推动高质量发展、创造高品质生活。中国愿积极参与数字经济国际合作，同各国携手推动数字经济健康发展，为世界经济增长培育新动力、开辟新空间。①

9 月 3 日 中非合作论坛北京峰会在北京开幕。国家主席习近平出席开幕式并发表题为《携手共命运　同心促发展》的主旨讲话。习近平宣布："中国愿以打造新时代更加紧密的中非命运共同体为指引，在推进中非'十大合作计划'基础上，同非洲国家密切配合，未来 3 年和今后一段时间重点实施'八大行动'。"② 其中，包括展开能力建设行动。中国决定同非洲加强发展经验交流，为非洲提供人力资源培训，支持设立旨在推动青年创新创业合作的中非创新合作中心。③

9 月 10 日 全国教育大会在北京召开。习近平总书记出席会议并发表重要讲话，他强调，要在坚定理想信念上下功夫，要在厚植爱国主义情怀上下功夫，要在加强品德修养上下功夫，要在增长知识见识上下功夫，要在培养奋斗精神上下功夫，要在增强综合素质上下功夫。要树立健康第一的教育理念，要全面加强和改进学校美育，要在学生中弘扬劳动精神，教育引导学生崇尚劳动、尊重劳动，懂得劳动最光荣、劳动最崇高、劳动最伟大、劳动最美丽的道理，长大后能够辛勤劳动、诚实劳动、创造性劳动。要推进产学研协同创新，积极投身实施创新驱动发展战略，着重培养创新型、复合型、应用型人才。要扩大教育开放，同世界一流资源开展高水平合作办学。④

9 月 15—21 日 以"创新引领时代，智慧点亮生活"为主题的 2018 年全国科普日活动在全国范围内启动。北京主场在中国科技馆首次举办"科学之夜"活动，江苏、山东等地举办公益科普创作大赛，上海、湖南等地开展公民科学素质知识竞赛，中国林学会推出践行"两山"思想、建设生态文明科普活动等。⑤

---

① 《习近平向首届中国国际智能产业博览会致贺信》，《人民日报》2018 年 8 月 24 日，第 1 版。

② 《习近平谈治国理政》第 3 卷，外文出版社，2020，第 451 页。

③ 《携手共命运　同心促发展》，《人民日报》2018 年 9 月 4 日，第 2 版。

④ 《坚持中国特色社会主义教育发展道路　培养德智体美劳全面发展的社会主义建设者和接班人》，《人民日报》2018 年 9 月 11 日，第 1 版。

⑤ 《全国科普日活动启动》，《人民日报》2018 年 9 月 16 日，第 2 版。

9月17日 世界公众科学素质促进大会在北京召开。国家主席习近平向大会致贺信。习近平指出，科学技术是第一生产力，创新是引领发展的第一动力。当前，全球新一轮科技革命孕育兴起，正在深刻影响世界发展格局，深刻改变人类生产生活方式。加强科技产业界和社会各界的协同创新，促进各国开放合作，是让科技发展为人类社会进步发挥更大作用的重要途径。①

9月19日 2018年夏季达沃斯论坛开幕，国务院总理李克强出席并致辞，指出，当前国际环境中不稳定不确定因素明显增多，逆全球化倾向抬头，怎样继续壮大新动能、促进世界经济持续稳定增长，是各方普遍关心的问题。本届论坛以“在第四次工业革命中打造创新型社会”为主题，具有很强的针对性。②

9月26日 国务院印发《关于推动创新创业高质量发展打造“双创”升级版的意见》，指出要按照高质量发展要求，深入实施创新驱动发展战略，打造“双创”升级版，为加快培育发展新动能、实现更充分就业和经济高质量发展提供坚实保障。③

10月9日 2018年全国大众创业万众创新活动周在四川成都拉开帷幕，国务院总理李克强做出重要批示。批示指出：近年来，在各方面共同努力下，“双创”活动蓬勃开展，为激发创新潜力和市场活力、扩大就业发挥了积极作用；面对新形势，要以习近平新时代中国特色社会主义思想为指导，认真贯彻党中央、国务院决策部署，按照高质量发展的要求，更大力度实施创新驱动发展战略，持续深入推进“双创”。④ 在2018年全国双创活动周期间，由国家发改委组织编写、人民出版社出版发行的《2017年大众创业万众创新发展报告》在北京发布，该报告是我国双创领域发布的第三份年度报告。⑤

同日 第五届“创青春”中国青年创新创业大赛全国赛在江苏省苏州

① 《习近平向世界公众科学素质促进大会致贺信》，《人民日报》2018年9月18日，第1版。

② 《李克强出席2018年夏季达沃斯论坛开幕式并发表特别致辞》，《人民日报》2018年9月20日，第1版。

③ 《推动创新创业高质量发展》，《人民日报》2018年9月27日，第1版。

④ 《激发创新潜力和市场活力推动高质量发展》，《人民日报》2018年10月10日，第1版。

⑤ 《创新创业年度报告发布（科技短波）》，《人民日报》2018年10月26日，第18版。

高新区开幕，共有310个全国赛参赛项目代表及创投机构、创业导师、青年创客代表3000余人参与。[①] 自2014年以来，“创青春”中国青年创新创业大赛已举办4届，共吸引超过31万支创业团队、150万名创业青年参赛。[②]

10月12日 第二届中美青年创新创业论坛在江苏省苏州市举办，本届论坛由中华全国青年联合会与美国亚利桑那州立大学合作主办。来自中美两国的50位青年创新创业者围绕“全球化新形势与创业新机遇”展开深入研讨。[③]

10月15日 国务院副总理孙春兰出席厦门大学第四届中国“互联网+”大学生创新创业大赛闭幕式，转达习近平总书记对参加大赛和“青年红色筑梦之旅”活动全体同学的亲切问候。大赛于3月28日全面启动，有265万名学生参赛，创历史新高，来自47个国家和地区的600多支团队同台竞技，1000多家企业和投资机构支持参与大赛，70万名大学生参加“青年红色筑梦之旅”活动，涌现出一大批优秀创新创业项目。[④]

10月28日 国家优秀自费留学生奖学金获得者联谊会主办的首届“硬科技”创新创业大赛在伦敦举行。大赛旨在让创业项目实实在在地孵化落地，为广大留英学子创业创新提供新模式，为中英教育科技交流做出新贡献。[⑤]

10月29日 中国科技发展战略研究院在上海浦江创新论坛发布的《中国区域科技创新评价报告2018》显示，我国综合科技创新水平指数得分为69.63分，比上年提高2.06分。其中，上海、北京的科技创新水平引领全国，东部地区创新优势明显，中西部地区的创新水平进步较快，我国多层次、各具特色的区域创新格局日渐形成。[⑥]

11月2日 国务院总理李克强主持召开国务院常务会议，确定进一步促进就业的针对性措施。按照党中央、国务院部署，坚持就业优先战略，推出更加积极的政策。一是对符合条件的努力稳定就业的参保企业，可通

---

① 《“创青春”大赛全国赛开幕》，《人民日报》2018年10月12日，第20版。
② 《第五届中国青年创新创业大赛启动》，《人民日报》2018年4月13日，第11版。
③ 《第二届中美青年创新创业论坛举行》，《中国青年报》2018年10月16日，第3版。
④ 《积极投身创新创业实践》，《人民日报》2018年10月16日，第4版。
⑤ 《中英科技创新合作渐入佳境》，《人民日报》2018年11月5日，第21版。
⑥ 《区域创新　特色鲜明》，《人民日报》2018年10月30日，第16版。

过减费方式，返还企业及其职工缴纳的50%的失业保险费。二是支持创业带动就业。通过政府性融资担保、鼓励创业担保贷款等促进创业就业。民营企业、中小微企业是吸纳就业的主力军，各项支持创业就业政策要重点向它们倾斜。三是支持参加技能培训。[①]

11月5日 国家主席习近平在首届中国国际进口博览会开幕式上发表演讲："各国应该坚持创新引领，加快新旧动能转换。创新是第一动力。只有敢于创新、勇于变革，才能突破世界经济发展瓶颈。世界经济刚刚走出国际金融危机阴影，回升态势尚不稳固，迫切需要各国共同推动科技创新、培育新的增长点。造福人类是科技创新最强大的动力。在休戚与共的地球村，共享创新成果，是国际社会的一致呼声和现实选择。各国应该把握新一轮科技革命和产业变革带来的机遇，加强数字经济、人工智能、纳米技术等前沿领域合作，共同打造新技术、新产业、新业态、新模式。"[②]

11月7—9日 第五届世界互联网大会在浙江乌镇举行。国家主席习近平致贺信，指出当今世界，正在经历一场更大范围、更深层次的科技革命和产业变革。互联网、大数据、人工智能等现代信息技术不断取得突破，数字经济蓬勃发展，各国利益更加紧密相连。为世界经济发展增添新动能，迫切需要我们加快数字经济发展，推动全球互联网治理体系向着更加公正合理的方向迈进。世界各国虽然国情不同、互联网发展阶段不同、面临的现实挑战不同，但推动数字经济发展的愿望相同、应对网络安全挑战的利益相同、加强网络空间治理的需求相同。各国应该深化务实合作，以共进为动力、以共赢为目标，走出一条互信共治之路，让网络空间命运共同体更具生机活力。[③]

贺信指出，本届世界互联网大会以"创造互信共治的数字世界——携手共建网络空间命运共同体"为主题。希望大家集思广益、增进共识，共同推动全球数字化发展，构建可持续的数字世界，让互联网发展成果更好造福世界各国人民。来自76个国家和地区的约1500名嘉宾围绕"创造互信

---

① 《李克强主持召开国务院常务会议》，《人民日报》2018年11月3日，第2版。

② 《习近平谈治国理政》第3卷，外文出版社，2020，第201页。

③ 《让网络空间命运共同体更具生机活力——习近平主席致第五届世界互联网大会贺信引发中外人士共鸣》，中国政府网，http：//www.gov.cn/xinwen/2018-11/07/content_5338309.htm，最后访问日期：2021年2月23日。

共治的数字世界——携手共建网络空间命运共同体”的主题，纵论网络空间发展大势大计，展示信息技术创新成果成就，共商数字经济合作思路途径。[①]

11月17日 国家主席习近平应邀出席在巴布亚新几内亚莫尔兹比港举行的亚太经合组织工商领导人峰会，发表题为《同舟共济创造美好未来》的主旨演讲，强调要“坚持创新导向，开辟增长源泉”[②]，要“探寻新的增长动力和发展路径，消除一切不利于创新的体制机制障碍，充分激发创新潜能和市场活力，深化国际创新交流合作”[③]；“引领新科技革命和产业变革朝着正确方向发展”[④]；共同探讨建立面向新科技革命和产业变革的政策制度体系，营造国际合作环境，让科技创新成果为更多国家和人民所及、所享、所用。[⑤]

11月30日 二十国集团领导人第十三次峰会在阿根廷布宜诺斯艾利斯举行。国家主席习近平出席第一阶段会议并发表题为《登高望远，牢牢把握世界经济正确方向》的重要讲话，强调二十国集团要坚持开放合作、伙伴精神、创新引领、普惠共赢，以负责任态度把握世界经济大方向。坚持创新引领，挖掘经济增长动力。我们要鼓励创新，促进数字经济和实体经济深度融合，同时关注新技术应用带来的风险挑战，加强制度和法律体系建设，重视教育和就业培训。我们既要立足自身发展，也要敞开大门，鼓励新技术、新知识传播，让创新造福更多国家和人民。建议二十国集团将“新技术应用及其影响”作为一项重点工作深入研究，认真探索合作思路和举措。[⑥]

12月4日 由中国科学技术部和意大利教育大学科研部共同主办的第九届中意创新合作周在意大利米兰开幕。合作周以“中意携手，创新共赢”为主题，聚焦中意双方创新合作的十大技术领域及优质资源，通过主题演讲、平行论坛等多种形式进行，促进中意双方商洽合作，推动中意两国创

---

① 《习近平向第五届世界互联网大会致贺信》，《人民日报》2018年11月8日，第1版。
② 《习近平谈治国理政》第3卷，外文出版社，2020，第458页。
③ 《习近平谈治国理政》第3卷，外文出版社，2020，第458页。
④ 《习近平谈治国理政》第3卷，外文出版社，2020，第458页。
⑤ 《习近平谈治国理政》第3卷，外文出版社，2020，第459页。
⑥ 《习近平出席二十国集团领导人第十三次峰会并发表重要讲话》，《人民日报》2018年12月1日，第1版。

新资源深度融合，助力科技创新与合作。①

12月5日 国务院总理李克强主持召开国务院常务会议，决定再推广一批促进创新的改革举措，更大激发创新创造活力。会议决定，将新一批23项改革举措向更大范围复制推广，更大力度激活创新资源、激励创新活动，培育壮大发展新动能。其中，创业创新团队可约定按投资本金和同期商业贷款利息，回购政府投资基金所持股权。鼓励开发专利执行险、专利被侵权损失险等保险产品，降低创新主体的侵权损失。②

同日 国务院印发《关于做好当前和今后一个时期促进就业工作的若干意见》，提出鼓励支持就业创业。加大创业担保贷款支持力度，符合条件的个人和小微企业，可分别申请最高不超过15万元和300万元的创业担保贷款。鼓励各地加快建设重点群体创业孵化载体，支持就业压力较大地区为失业人员自主创业免费提供经营场地。实施三年百万青年见习计划，将就业见习补贴范围扩展至16—24岁失业青年。③

12月6日 国务院总理李克强主持召开国家科技领导小组第一次全体会议，指出完善创新机制，拓展国际创新合作渠道，促进科技创新突破和成果转化。发展科技资源共享平台、新型研发机构等创新平台和工业互联网平台，支持大中小企业、线上线下融通创新，深入推进大众创业、万众创新，促进“双创”上水平，推动产业向中高端跃升。④

12月12日 国务院总理李克强主持召开国务院常务会议，决定实施所得税优惠促进创业投资发展，加大对创业创新支持力度。进一步落实党中央、国务院加大对创业创新支持的部署，鼓励发展创业投资，促进扩大就业和科技成果转化、产业升级。⑤

12月14日 由中华全国总工会、共青团中央指导，为期3天的第三届（2018）国际创新创业博览会在北京开幕。创博会以“青春与创新”为主题，吸引了来自美国、英国、波兰、新加坡等20多个国家和地区超过300

① 《第九届中意创新合作周在意大利开幕》，《人民日报》2018年12月6日，第21版。

② 《李克强主持召开国务院常务会议》，《人民日报》2018年12月6日，第1版。

③ 《做好当前和今后一个时期促进就业工作》，《人民日报》2018年12月6日，第1版。

④ 《深化改革更大激发社会创造力　更好发挥科技创新对发展的支撑引领作用》，《人民日报》2018年12月7日，第1版。

⑤ 《李克强主持召开国务院常务会议》，《人民日报》2018年12月13日，第1版。

家创新创业机构参展。[①]

12 月 19—21 日 中央经济工作会议在北京举行。习近平、李克强、栗战书、汪洋、王沪宁、赵乐际、韩正出席会议。会议指出要增强制造业技术创新能力，构建开放、协同、高效的共性技术研发平台，健全需求为导向、企业为主体的产学研一体化创新机制，抓紧布局国家实验室，重组国家重点实验室体系，加大对中小企业创新支持力度，加强知识产权保护和运用，形成有效的创新激励机制。会议强调，我国发展拥有足够的韧性、巨大的潜力，经济长期向好的态势不会改变。要落实创新驱动发展战略，全面提升创新能力和效率，提高大众创业万众创新水平。[②]

12 月 22 日 国务院公布修订后的《中华人民共和国个人所得税法实施条例》。其中，为支持鼓励自主创业，对个体工商户等经营主体在计算经营所得时给予家庭生计必要支出减除。[③]

12 月 24 日 国务院总理李克强主持召开国务院常务会议，部署加大对民营经济和中小企业支持力度，增强市场主体活力和发展信心。会议指出，落实中央经济工作会议精神，大力支持民营企业和中小企业发展，有利于增强经济发展内生动力、推动创业创新和就业。一要打造公平便捷营商环境。二要更大力度减税降费，改进融资服务。三要维护合法权益。[④]

---

① 《第三届国际创新创业博览会开幕》，《中国教育报》2018 年 12 月 15 日，第 2 版。

② 《中央经济工作会议在北京举行》，《人民日报》2018 年 12 月 22 日，第 1 版。

③ 《公布修订后的〈中华人民共和国个人所得税法实施条例〉》，《人民日报》2018 年 12 月 23 日，第 1 版。

④ 《李克强主持召开国务院常务会议》，《人民日报》2018 年 12 月 25 日，第 1 版。

后 记

“大事记”作为一种特殊的编年体形式，目的在于把重大事件按照特定的主题集聚在时间轴上，将事件的核心观点提纲挈领地呈现出来，使人能够知晓相关事件的发展脉络、前后关联及历史回响，并为相关研究提供线索支撑。系统梳理我国创新创业教育实践中具有重要意义和历史价值的事件，有利于推动新时代“大众创业、万众创新”科学发展，有利于促进我国创新创业教育改革创新，有利于培养具有创新创业精神的社会主义建设者和接班人。

正是基于以上思考，我们组织力量编写了《中国创新创业教育大事记（1978—2018）》（以下简称《大事记》），此书作为《中国创新创业教育史》的姊妹篇，经过对史实材料、相关专著、国家文献、政策文件等进行细致汇总、科学整合、精准提炼并予以必要的补充加工整理，形成了此项研究成果。

《大事记》的编写，秉承实事求是的科学研究态度，以时间为经，以事件为纬，力求准确、朴实、精练地将改革开放40年来中国创新创业教育领域的大事、要事系统翔实记述在案，更好地为读者提供科学可靠的资料依据，以便迅速了解历史概况，理解创新创业教育发展变化的深层原因与特定社会背景的关系。在编写过程中，确立了三个努力目标和指导思想。一是大事记汇集大事件，以限定主题、限定时间、限定大小为原则，做好事件的筛选和取舍；二是大事件体现大视野，以长线观察、整体眼光、多维视角为方法，在事件选取上呈现出与历史发展相符的判断；三是大事记彰显大逻辑，以符合发展规律为遵循，将事件的客观记述与价值评价融为一体。这是我们的理想，虽不能至，心向往之。在此目标达成之前，读者至少可以大事记为线索进行索引，或是为其他研究提供查找资料的线索，全面把握创新创业教育领域的重要事项。

《大事记》的编写历经4个年头，由我负责统筹、提炼、整合工作，我的学生曹傲然、刘峄、栾宇、孔洁珺、罗兰、于洋、赵嘉君、刘聪、任航、张楠、于爽先后协助查找资料、汇总校对、撰写初稿，大家共同付出了艰辛的努力。之所以用了这么长时间，是因为我们共同把编写过程转化成培养的过程，大家在此项目平台上“以写带看、以写运思、以写促学”，共同奋斗，共同成长。我们深知，努力将中国创新创业教育发展历程和重大事件通过这样一部著作进行浓缩，难免有不周全之处，恳请广大读者朋友不吝指正，以便我们在修订之时能够改正并加以完善。

王占仁

2019年9月10日

图书在版编目（CIP）数据

中国创新创业教育大事记. 1978-2018 / 王占仁主编
. -- 北京 ：社会科学文献出版社，2021.4
ISBN 978-7-5201-8162-4

Ⅰ.①中… Ⅱ.①王… Ⅲ.①创造教育-教育史-大事记-中国-1978-2018 Ⅳ.①G529

中国版本图书馆 CIP 数据核字（2021）第 055028 号

中国创新创业教育大事记（1978~2018）

主　　编 / 王占仁

出 版 人 / 王利民
责任编辑 / 岳梦夏
文稿编辑 / 韩宜儒

出　　版 / 社会科学文献出版社 · 政法传媒分社（010）59367156
地址：北京市北三环中路甲 29 号院华龙大厦　邮编：100029
网址：www.ssap.com.cn
发　　行 / 市场营销中心（010）59367081　59367083
印　　装 / 三河市尚艺印装有限公司

规　　格 / 开　本：787mm × 1092mm　1/16
印　张：15.25　字　数：248 千字
版　　次 / 2021 年 4 月第 1 版　2021 年 4 月第 1 次印刷
书　　号 / ISBN 978-7-5201-8162-4
定　　价 / 98.00 元

本书如有印装质量问题，请与读者服务中心（010-59367028）联系